16	3	2	13
5	10	11	8
9	6	7	12
4	15	14	1

Ricardo Arnt (org.)

O que os economistas pensam sobre sustentabilidade

Antonio Delfim Netto
André Lara Resende
Edmar Bacha
Eduardo Giannetti
Luciano Coutinho
Gustavo Franco
José Roberto Mendonça de Barros
José Eli da Veiga
Luiz Gonzaga Belluzzo
Maílson da Nóbrega
Aloizio Mercadante
Sérgio Besserman Vianna
Persio Arida
Luiz Carlos Bresser-Pereira
Ricardo Abramovay

Report

editora■34

EDITORA 34

Editora 34 Ltda.
Rua Hungria, 592 Jardim Europa CEP 01455-000
São Paulo - SP Brasil Tel/Fax (11) 3816-6777 www.editora34.com.br

Copyright © Editora 34 Ltda., 2010
O que os economistas pensam sobre sustentabilidade © Ricardo Arnt, 2010

A FOTOCÓPIA DE QUALQUER FOLHA DESTE LIVRO É ILEGAL E CONFIGURA UMA
APROPRIAÇÃO INDEVIDA DOS DIREITOS INTELECTUAIS E PATRIMONIAIS DO AUTOR.

Capa, projeto gráfico e editoração eletrônica:
Bracher & Malta Produção Gráfica

Preparação:
Daniel Seraphim

Revisão:
Mell Brites, Isabel Junqueira

1ª Edição - 2010, 2ª Edição - 2011

Catalogação na Fonte do Departamento Nacional do Livro
(Fundação Biblioteca Nacional, RJ, Brasil)

Arnt, Ricardo
A724q   O que os economistas pensam sobre
sustentabilidade / organização de Ricardo Arnt;
entrevistas de Antonio Delfim Netto, André Lara Resende,
Edmar Bacha, Eduardo Giannetti, Luciano Coutinho,
Gustavo Franco, José Roberto Mendonça de Barros,
José Eli da Veiga, Luiz Gonzaga Belluzzo, Maílson da
Nóbrega, Aloizio Mercadante, Sérgio Besserman
Vianna, Persio Arida, Luiz Carlos Bresser-Pereira
e Ricardo Abramovay. — São Paulo: Ed. 34, 2010.
288 p.

ISBN 978-85-7326-452-4

1. Economia brasileira - História e crítica.
2. Sustentabilidade. I. Título.

CDD - 330

O QUE OS ECONOMISTAS PENSAM
SOBRE SUSTENTABILIDADE

Apresentação 7

Antonio Delfim Netto
"Nunca tive a ilusão de que esta astronave independente,
rodando em torno do Sol, tivesse recursos infinitos" 11

André Lara Resende
"A coisa mais disfuncional do mundo de hoje é o automóvel" 33

Edmar Bacha
"Nosso problema é a natureza ser um bem sem dono" 51

Eduardo Giannetti
"Estamos presos a uma corrida armamentista de consumo" 65

Luciano Coutinho
"A capa de gases de efeito estufa sobre o planeta constitui,
na verdade, uma falha maciça de mercado" 87

Gustavo Franco
"Não creio que a ideia de que estamos à beira
de uma catástrofe seja dominante nos dias de hoje" 101

José Roberto Mendonça de Barros
"Temos uma perspectiva gigantesca
de crescimento sistêmico na área de biocombustíveis" 119

José Eli da Veiga
"Não é que os empresários vejam a sustentabilidade
como obstáculo; ela é mesmo um obstáculo" 135

Luiz Gonzaga Belluzzo
"Não estamos mais no mundo natural e nem podemos renaturalizá-lo" 155

Maílson da Nóbrega
"Nos anos 1970 predominava uma visão economicista errada
sobre a exploração da Amazônia" 175

Aloizio Mercadante
"O mercado não é capaz de se autorregular,
seja para distribuir renda, seja para buscar sustentabilidade" 197

Sérgio Besserman Vianna
"Qualquer pessoa abaixo da linha da pobreza gera um
impacto ambiental muito superior ao de D. João VI" 215

Persio Arida
"Quanto a geração atual está disposta a se sacrificar
para que, daqui a cinquenta ou cem anos,
tenhamos uma qualidade de vida aceitável?" 235

Luiz Carlos Bresser-Pereira
"Somos uma democracia
porque evoluímos com as cobranças da sociedade" 251

Ricardo Abramovay
"O discurso ambientalista continuará precário
enquanto não desenvolver uma compreensão mais refinada
sobre o que é o mercado" 265

Índice onomástico 283
Sobre o organizador 285

A luz da discussão

Este livro apresenta as convicções de um conjunto de economistas brasileiros formadores de opinião sobre as questões de sustentabilidade, avaliando a emergência desse discurso novo e transformador, porém frequentemente vago, difuso, genérico e sujeito a variadas interpretações e apropriações — como toda torrente renovadora das ideias.

O relatório *Nosso futuro comum*, da Comissão Brundtland, das Nações Unidas, propôs, em 1987, o *desenvolvimento sustentável* — "aquele que procura atender às necessidades e aspirações do presente sem comprometer a capacidade de atender às do futuro" —, mas não mostrou como alcançá-lo. Na verdade, as sociedades modernas levantaram limites às utopias de reinvenção ao consagrarem a segurança social e o acesso aos bens de consumo modernos como valores democráticos universais. As liberdades comprimem-se em um mundo disciplinado pela expansão demográfica e por recursos limitados e desigualmente distribuídos.

Instigados pelas teses de sustentabilidade, quinze pesquisadores, entrevistados nos últimos meses de 2009 e nos primeiros de 2010, expõem um panorama pluralista de interpretações sobre a crise ambiental e climática que aflige o século XXI. O objetivo da consulta é aprofundar a discussão e disseminar o conhecimento, mostrando como economistas do *mainstream* encaram as novas propostas, por que as aceitam ou refutam, e o que consideram necessário, viável ou utópico. À guisa de contraponto, pesquisadores engajados com a agenda ambientalista também apresentam suas críticas à teoria econômica.

Diante dos cenários climáticos divulgados pela ciência, o desenvolvimento econômico não pode mais ignorar suas externalidades e efeitos colaterais. Impõem-se à sociedade a defesa e a conservação do patrimônio natural, dos bens e dos recursos comuns. No Brasil, a racionalidade eco-

Apresentação

nômica evolui nessa direção, mas a demanda por crescimento e as falhas nos mercados continuam a sancionar práticas cujos altos custos socioambientais exigem revisão, correção e mitigação.

Apesar dos desajustes que persistem, nos últimos vinte anos o país abriu sua economia, acabou com uma inflação de décadas, estabilizou a moeda, criou leis de responsabilidade fiscal, elevou o salário mínimo, expandiu o crédito, implantou programas sociais que protegem milhões de famílias, retomou o crescimento, distribuiu renda e promoveu mobilidade social.

Para alcançar um desenvolvimento sustentável, no entanto, é preciso superar impasses e construir consensos. A qualidade do debate precisa evoluir. Parte da pesada inércia política brasileira deriva do predomínio da polarização. A ausência de diálogo e o desrespeito entre adversários são comuns. Boa parte das discussões acontece, estranhamente, entre partidários das mesmas ideias. As divergências abusam do exagero retórico e da desqualificação. "No Brasil, da discussão não nasce luz, nascem perdigotos", disse uma vez Nelson Rodrigues.

Este livro procura mostrar as motivações por trás das convicções. Se for verdade que a sociedade não se impõe problemas que não pode resolver, o conjunto de convicção racional e de opinião sentimental que anima o movimento pela sustentabilidade precisa demonstrar que o crescimento qualitativo importa mais que o quantitativo. Os economistas desta antologia sabem que essa é uma tarefa tão necessária quanto desafiadora.

Ricardo Arnt

O que os economistas pensam
sobre sustentabilidade

Antonio Delfim Netto

"Nunca tive a ilusão de que esta astronave independente, rodando em torno do Sol, tivesse recursos infinitos."

Antonio Delfim Netto nasceu em 1928, em São Paulo. Estudou e lecionou Economia na Faculdade de Ciências Econômicas e Administrativas (FEA), da Universidade de São Paulo, onde fez mestrado e doutorado e aposentou-se como professor emérito. Ingressou na vida pública em 1959, na equipe de planejamento do governo Carvalho Pinto. De 1966 a 1967 foi secretário da Fazenda de São Paulo no governo Laudo Natel. Em 1967 foi nomeado ministro da Fazenda no governo do general Arthur da Costa e Silva. No governo do general Ernesto Geisel, foi embaixador do Brasil na França, de 1976 a 1979. No governo do general João Baptista Figueiredo, foi ministro da Agricultura (1979) e ministro-chefe da Secretaria de Planejamento da Presidência da República (1979-1985). Em 1986 elegeu-se deputado federal de São Paulo pelo Partido Democrático Social (PDS). Reelegeu-se quatro vezes pelo mesmo grupo político, que mudou de sigla, sucessivamente, para Partido Popular Reformador (PPR), Partido Progressista Brasileiro (PPB) e Partido Progressista (PP). Em 2005 ingressou no Partido do Movimento Democrático Brasileiro (PMDB), aliado ao governo do presidente Luiz Inácio Lula da Silva. É autor de inúmeros artigos e livros, entre os quais a tese *O problema do café no Brasil*. É colunista dos jornais *Folha de S. Paulo* e *Valor Econômico* e da revista *Carta Capital*.

O senhor deve ter surpreendido os seus leitores ao começar a escrever sobre energias renováveis, emissão de carbono e novos paradigmas econômicos. No VI Fórum de Economia, da Escola de Economia da Fundação Getúlio Vargas, o senhor advertiu a audiência sobre o "problema da finitude da terra". O senhor está virando ambientalista?

Não propriamente ambientalista. Sou uma pessoa que sempre reconheceu as limitações físicas. Nunca tive a ilusão de que esta astronave independente, rodando em torno do Sol, tivesse recursos infinitos. Também nunca imaginei que fôssemos viver um período em que a evidência da finitude dos recursos fosse visível. Acho que houve uma aceleração brutal no consumo de recursos. Eu aprendi que tínhamos de levar em conta o meio ambiente e respeitar a natureza no projeto Carajás, no Pará. Quando apresentamos o projeto ao presidente do Banco Mundial, que era o Robert McNamara, ele ficou entusiasmado, mas estabeleceu uma condicionalidade fundamental: "Vocês vão lá, fazem o projeto, mas deixam a natureza inteira". Ele tinha jogado aquelas bombas no Vietnã. Quer dizer, tinha adquirido uma consciência clara.

A variável ambiental surgiu, então, no planejamento do desenvolvimento em 1980, no Programa Grande Carajás, induzida pela antiga Companhia Vale do Rio Doce. Eu escrevi um livro sobre a influência dessas condicionalidades externas.[1]

Foi a primeira vez. O planejamento começou antes, acho que lá por 1972. Não me lembro direito, mas foi por aí. Antes eu ficava furioso quando diziam que "crescer é importar a poluição" — a China é um exemplo; importou poluição junto com capitalismo e uma semieconomia de mercado. Então, eu dizia: "vem para o Brasil". Se diziam que a indústria de aço ia sair da Europa por causa de poluição, eu respondia: "vem para o Brasil, porque temos espaço bastante para poluição e é mais importante fazer aço; da poluição cuidamos depois". Já com o projeto Carajás houve uma mudança radical. Primeiro porque os métodos de produção já começaram a levar em conta o problema da poluição. Você já não produz aço com a poluição gerada antes. Praticamente em todos os setores há filtros e tecnologias novas. Todos os setores, hoje, cuidam da poluição. O problema da poluição é, na verdade, humano; não muda apenas a temperatura da Terra, encurta também a vida do cidadão.

Trinta anos depois, apesar dos desajustes que persistem, a economia brasileira está bem mais arrumada, sem o drama da inflação crônica. Mas agora estamos às voltas com outro tipo de pressão: mudanças climáticas

---

[1] Ricardo Arnt e Stephan Schwartzman, *Um artifício orgânico: transição na Amazônia e ambientalismo (1985-1990)*, Rio de Janeiro, Rocco, 1992.

derivadas da emissão de gases de efeito estufa. Construir uma economia de baixa emissão de carbono implica numa mudança de paradigma no pensamento econômico ou a crise climática é apenas mais uma entre as muitas do capitalismo?

O capitalismo nunca se sabe o que é. Não é uma coisa. É um processo. Não foi inventado por ninguém. É por isso que sobrevive a todas essas tolices que são ditas por aí. O homem encontrou o capitalismo numa busca que começou, sei lá, há 200 mil anos, quando saiu da África. O capitalismo é um processo de seleção biológica, uma evolução. O homem foi encontrando formas de organização, umas melhores, outras piores, e chegou ao mercado, que é uma forma de organização bastante eficiente do ponto de vista produtivo. Produz muita desigualdade, mas é compatível com a liberdade. Os valores da liberdade, da igualdade e da eficácia não podem ser atingidos todos ao mesmo tempo, porque são contraditórios. Se você tem igualdade completa, não tem eficácia produtiva, porque eficácia exige alguma hierarquia. Mas a produção organizada pelo mercado é compatível com a liberdade. O capitalismo é uma síntese desses três valores que o homem foi descobrindo, quase que num processo evolutivo biológico, até chegar ao que temos aí. Não foi um cérebro peregrino que inventou. É um processo. Toda construção de cérebro peregrino terminou destruindo o homem. O século XX é um cemitério de cérebros peregrinos. O velho Schumpeter dizia que o capitalismo é "inovação mais crédito". Pois agora estamos diante de um novo ciclo de inovação. Não tenho a menor dúvida. Ao contrário do que as pessoas pensam, os Estados Unidos não estão morrendo, estão renascendo.

Então é um novo paradigma?

É certamente um novo paradigma produtivo. A nova restrição é minimizar a emissão de CO_2 equivalente por unidade de PIB. Quando você planeja o desenvolvimento econômico, você faz seu modelo matemático e coloca lá dentro: maximizar o crescimento, melhorar a distribuição de renda, manter a liberdade dos agentes, diminuir as desigualdades regionais. Essas metas de crescimento ganharam uma nova meta de crescimento sustentável, uma nova restrição: tudo tem de ser produzido minimizando a relação de emissão de gás carbônico por unidade de PIB. Trata-se, portanto, de uma nova forma de organização, usando instrumentos antigos. Minha convicção é que esse novo paradigma já está nascendo. Os Estados Unidos investiram US$ 800 bilhões na pesquisa de biocombustíveis! Toda potência precisa de três autonomias: alimentar, energética e militar. Os Estados Unidos têm incontestavelmente a maior autonomia militar e são os maiores produtores de alimentos do mundo — os chineses produzem mais, porém não são autossuficientes —, mas perderam a autonomia energética. Com a dependência e o consumo de petróleo do século XX, perderam a autonomia energética. Hoje produzem um terço do petróleo que consomem, ou nem isso. Então, decidiram reconstruir a autonomia energética. Para tanto vão usar o bioetanol, que é uma tecnologia de baixo carbono. O cinismo desse processo é que os Estados Unidos não estão atrás de uma economia de baixo carbono: a economia de baixo carbono é que é uma consequência da busca de reconquista da autonomia energética. Mas isso vai mudar o mundo. Por quê? Porque 60% do consumo de petróleo é gasto no transporte, portanto você precisa de um combustível líquido. O melhor combustível líquido que tínhamos era o etanol, mas havia problemas: ele absorve mais água, há problemas de durabilidade e de armazenagem. Mas, aos poucos, estão surgindo tecnologias que têm aperfeiçoado a produção do etanol. No Brasil, há trinta anos ganhamos 3% ao ano em produtividade no etanol. Estamos produzindo mais etanol com menos terra e menos gente, porque substituímos a colheita manual pela colheita mecânica. Ocorrem, então, alguns movimentos simultâneos: enchemos as cidades de gente, criamos um problema urbano dos diabos e estamos substituindo o combustível. Se substituirmos 70% do consumo de petróleo já estará bom. A demanda de petróleo nos próximos dez anos vai cair dramaticamente e não adianta chorar. A Europa está procurando substitutos, a Ásia e os Estados Unidos também, e o Brasil está avançando de maneira brilhante. O etanol já não é mais um combustível só para automóvel: move ônibus, caminhão, tanque de guerra e Boeing 747. Estamos ampliando a substituição do petróleo por esse novo combustível líquido e ainda temos muitas pesquisas em andamento que gerarão novos produtos.

A Agência de Proteção Ambiental norte-americana reconheceu a excelência do etanol de cana-de-açúcar como combustível de baixo carbono. Há anos esperamos que as tarifas sobre a importação do etanol brasileiro caiam, mas elas continuam.

Têm de cair. O Brasil deveria tomar a iniciativa e derrubar a sua tarifa sobre a importação de etanol, para acelerar a derrubada nos EUA. Entretanto, ficamos com probleminhas ridículos: "não podemos fazer isso sozinhos; reduza a sua que eu reduzo a minha". Acho que reduzir a nossa tarifa exerceria uma pressão moral sobre os Estados Unidos. No dia em que esse problema for resolvido, o etanol será transformado em *commodity*. Aí vai ter bolsa fixando preço, preço futuro e todas as demais vantagens do sistema que já está montado. Essa é a mudança do mundo.

Há economistas que consideram as mudanças climáticas a maior e a mais abrangente falha de mercado jamais vista. O que o senhor acha?

Pobre do mercado. O que o mercado tem a ver com isso? Isso é ridículo! Que mercado é esse de que eles falam? O mercado é só um instrumento de alocação de recursos. Se o aquecimento reduzir os recursos, o mercado continuará sendo o melhor instrumento para se escolher a produção de bens com menor uso de recursos. Não tem falha nenhuma de mercado. Isso é ridículo. Suspeito que quem diz isso tem problemas para entender o aquecimento ou o mercado.

É o Nicholas Stern,[2] ex-economista chefe do Banco Mundial no Reino Unido, quem diz.

Bom, o Nicholas Stern a gente pode perdoar. Mas não tem falha de mercado coisa nenhuma. Uma das piores contribuições dessa patifaria financeira que aconteceu em 2008/2009 foi trazer de volta a ideia de que o Estado balofo resolve. O Estado produtor é uma tragédia! Nós sabemos disso por experiência própria! Precisamos de um Estado indutor forte, não um Estado produtor. Um Estado capaz de dar suporte jurídico para o mercado, de garantir contratos e de regular os mercados. Os mercados não existem sem um Estado forte. Do que estão reclamando? Só se descobrirem um mecanismo mais eficiente do que o mercado.

A tecnologia e o engenho humano adquiriram a capacidade de alterar o planeta em uma fração do tempo histórico. Grandes mudanças não intencionais estão ocorrendo na atmosfera, nos solos e nas águas. Como o senhor vê a busca pela sustentabilidade? Moda? Ideologia? Necessidade?

O homem incorporou a finitude física do mundo. Ficamos 200 mil anos na África. Algumas famílias saíram de lá, houve alguns desvios, *Cro-*

---

[2] *The Stern Review on the Economics of Climate Change.* Ver em: http://www.hm-treasury.gov.uk/sternreview_index.htm.

-*magnons* aqui, *Neandertais* lá, até chegarmos ao *Homo sapiens sapiens*. Depois, sabe o que mudou, mesmo? A humanidade tornou-se estável. No início da Revolução Industrial, a população do mundo era de 1 bilhão de habitantes. O mundo ficou quase vazio até o começo da Revolução Industrial. A Revolução Industrial é obra do carvão, da engenhosidade humana e de uma lei de patentes criada por um dos reis Jorge, em mil setecentos e alguma coisa. Ela mudou o mundo e o patamar de bem-estar dos homens. Permitiu que, de 1 bilhão, fôssemos a 6,5 bilhões. Só que, quando chegou a 6,5 bilhões, a Terra disse: "Ufa!".

Ufa?
Pois é. Hoje estamos internalizando a finitude da Terra. Foi Kenneth Boulding, o grande economista inglês radicado nos EUA, que inventou a história da Terra como uma espaçonave. Durante muitos séculos havia tantos recursos que a lei mais elementar era ignorada: tudo o que é produzido volta para a Terra, só que em estado diferente. Enquanto existiu oferta infinita de recursos — infinita não, aparentemente infinita —, ninguém ligava. Hoje se recicla tudo, porque a finitude tornou-se evidente. Não há como deixar de reciclar. Cada vez mais se difunde essa consciência ecológica que foi surgindo lentamente e que agora é moda. Quando eu era menino a gente caçava sabiá no Cambuci, para comer. Você viu meu jardim quando entrou aqui. Viu o que tem de passarinho e de peixe? Eu atraio passarinho, dou de comer, faço criação em todo o lugar. Você imagina sua filha caçando pardal? Pois era a diversão da molecada. Hoje é impensável. O mundo já introjetou a ideia de que é preciso conservar.

O cenário climático é desanimador. Segundo os cientistas do Painel Intergovernamental de Mudanças Climáticas (IPCC), a atmosfera do planeta está abafada por um manto de 800 bilhões de toneladas de gás carbono e a cada ano emitimos mais 6 bilhões. As tentativas diplomáticas de controlar esse risco não estão dando certo. Se o cenário business as usual continuar, em 2030 dispararemos um aquecimento superior a 2 °C que gerará mudanças climáticas. O senhor acha que a inovação tecnológica poderá mudar esse quadro, como mudou o prognóstico de catástrofe econômica antevista por Malthus no século XIX?
Claro que sim. A probabilidade é grande. E essas previsões, em geral, acabam em fiasco. Lembre-se do Herman Kahn. Todas essas previsões são ridículas. Mas no caso do aquecimento não se trata simplesmente

de uma previsão. Temos um fato concreto. Mesmo não sabendo ao certo se o aquecimento global é um efeito antrópico ou um fenômeno natural — tenho dúvidas sobre isso —, a prevenção nos obriga a tentar corrigir pelo menos aquilo que podemos corrigir e a nos prepararmos para aquilo que não podemos corrigir. O que é antrópico pode ser reduzido. O que é da natureza não, vai continuar. Sabemos que vai haver variação de temperatura. Vai ter modificação no nível do mar. Vai ter uma porção de coisas. O mínimo a fazer é tomar precauções com inteligência. Precisamos de uma política para eliminar os efeitos antrópicos do aquecimento. A tecnologia pode fazer isso. Fazer o eixo da Terra girar de outra forma não pode. É fundamental, em cada ação, cuidar do problema ecológico e do meio ambiente.

O aumento histórico das emissões de carbono está diretamente associado à arrancada de produtividade do capitalismo nos últimos cinquenta anos. Milhões melhoraram de vida. Cerca de 300 milhões de pessoas saíram da miséria na China em uma geração — fato inédito na história. Mas a crise ambiental também veio se agravando ao longo do século XX, com colapsos de ecossistemas, como água, pesca, ar e florestas,[3] e graves externalidades,[4] como Minamata (1956), Three Mile Island (1979), Bhopal (1984), Chernobyl (1986) e Exxon Valdez (1989). Por que os alertas para os impactos colaterais dos processos econômicos não foram ouvidos?

O discurso ambientalista contém exageros, mas não tem nada de errado. A ideia de que é preciso conservar a natureza está em Lavoisier. Não precisa ir longe. Estamos presos em uma astronave. Toda a patifaria que eu fizer volta sobre mim mesmo. Pode demorar, pode não ser para

---

[3] Millenium Ecosystem Assessment, *Ecosystems and Human Well-Being*, Washington DC, Island Press, 2003.

[4] Externalidades são efeitos colaterais da produção de bens e serviços, positivos ou negativos, que envolvem a imposição involuntária de custos ou benefícios sobre terceiros. Uma fábrica que polui o ar afetando as comunidades vizinhas gera externalidades negativas, assim como uma mineradora que lança dejetos num rio e polui a água dos demais usuários. Já investimentos em saúde pública, educação, infraestrutura, defesa e segurança geram externalidades positivas, com benefícios para todos os agentes econômicos e a sociedade, mas oneram o Estado.

mim, mas será para o meu trineto. Essa consciência está apoiada em um fato óbvio e verdadeiro. Você está dentro de um planeta, uma espaçonave que está rodando por aí, e ela é finita. Essa consciência já foi incorporada. Quando falo dos exageros, penso, por exemplo, no que chamo de socialismo verde. O socialismo verde é pior que o socialismo vermelho. As contradições são do mesmo tipo. Mas a virulência dos ataques, contra hidrelétricas, por exemplo, produz tanta bobagem que o mercado acaba produzindo energia com petróleo, com gás ou atômica, que são menos limpas e mais poluidoras. As extravagâncias de alguns movimentos ambientalistas produzem caricaturas.

O senhor acha que há alarmismo e catastrofismo?

Há. Em larga medida acho que eles não sabem o que fazem. Não têm a reflexão necessária para discernir como fazer. Não pensam que a economia é uma matéria complexa, que tenho que produzir crescimento e tenho de compatibilizá-lo com minimização da emissão de CO_2 equivalente por unidade de PIB. Uma hidrelétrica causa danos, é lógico. É preciso providenciar a mitigação e a recuperação dos impactos da melhor maneira possível. Vai aumentar o custo? Vai. Assim como aumentou o custo da produção de cimento depois que foram impostos filtros, ou como aumentaram os custos da produção de aço desde que se tornou inadmissível poluir. Essas, sim, são falhas do mercado. Você não pode confiar no mercado. O mercado não resolve esses efeitos com livre negociação. O Estado precisa decidir em nome de todos nós. Mas os exageros criam caricaturas. Por exemplo, o drama da hidrelétrica de Belo Monte virou caricatura. A crítica do movimento ambientalista ao projeto original foi muito importante. Se você olhar bem, o tamanho do lago da usina foi reduzido a praticamente um quinto. A pressão obrigou a estudar, a reestudar e a reavaliar até enxugar e chegar ao atual formato. Agora, quando chega ao ponto de o Ministério Público processar o pobre diabo que assinou o licenciamento, isso é ideologia misturada com ignorância. As ONGs, em larga medida, são um negócio meio aleatório. E o financiamento delas é bastante duvidoso.

Não lhe parece que nas democracias de massa a conveniência imediata prepondera sobre as ameaças futuras? Aparentemente, a sociedade considera os benefícios do crescimento mais importantes. Talvez ela só se mova na beira da catástrofe — se tanto.

Deixa eu lhe dizer uma coisa: o homem gosta do crescimento. Em 2008, o Instituto Gallup fez uma pesquisa mundial, em 132 países, sobre o estado de satisfação pessoal, o estado de felicidade.[5] Fizeram umas oitenta perguntas na linha daquela propagandinha do Pão de Açúcar: "O que é que faz você feliz?". Jogaram as respostas em um gráfico e constataram que, quanto maior o nível de renda *per capita*, maior é o grau de satisfação. Finlândia, Noruega, Nova Zelândia, Estados Unidos, Itália e México têm índices de satisfação mais altos. Haiti, Congo, Quênia, Camarões, Angola e Etiópia, bem mais baixos. É claro que você pode discutir que satisfação não se mede, ou que toda pesquisa é produzida por intelectuais e sujeita a viés ideológico. Tudo bem, alguém pode dizer que essa pesquisa tem um viés que valoriza o luxo, ao contrário do viés ideológico ultra-ambientalista. Não há pesquisa com zero de valor. Mas uma coisa é certa e basta olhar para a gente: nós gostamos do conforto. O homem é imediatista, como você disse. É por isso mesmo que a pressão ambientalista é fundamental para mudar a concepção de sociedade. A urna é o pior de todos os mecanismos de escolha, com exceção de todos os outros. A urna revela a preferência do cidadão que pode ser facilmente enganado. É por isso que vendedor de óleo de cobra tem sucesso. Você é moço e talvez não lembre daqueles filmes de faroeste em que o sujeito chegava de carroça, de cartola, vendendo óleo de cobra, o bálsamo para tudo, a cura para unha encravada e para o câncer do cérebro. O vendedor de óleo de cobra prospera se o ouvinte não estiver preparado para entender o que é óleo de cobra. No público não informado a preferência é pelo imediato. Para mudar isso é preciso mudar, na verdade, o pensamento ideológico e a compreensão da sociedade.

Muitos acham que a expressão "desenvolvimento sustentável" é um oxímoro, uma contradição em termos, já que não é possível desenvolver conservando. Economia e Ecologia podem ser ajustadas, ou haverá sempre incompatibilidade entre elas? Nicholas Georgescu-Roegen dizia que a Economia acabará necessariamente absorvida pela Ecologia e que os economistas ignoram a termodinâmica porque não gostam de pensar na entropia que produzem.

---

[5] Gallup World Poll 2008, New Jersey, Princeton, www.gallup.com/poll/104608/worldwide-residents-richer-nations-more-satisfied.aspx.

O nosso Roegen passou anos nos visitando na USP. Deixou aqui um grupo de admiradores do seu livro, *A economia e a lei da entropia*.[6] É evidente que a economia é termodinâmica. É só pensar um pouco. O Georgescu tinha toda razão. Olha aqui, esqueça esse problema financeiro recente, que é pura patifaria. O sistema produtivo, a economia, é claramente termodinâmica. Se você perseguir o máximo de crescimento acelerado, esse crescimento será destrutivo. Há cinquenta ou sessenta anos, quando não havia essa consciência que temos hoje, você podia almejar isso. Tanto que os Estados Unidos e a Europa se desenvolveram assim. Nós é que chegamos atrasados. A Europa acabou com a sua floresta no ano 1000. Os Estados Unidos acabaram com as deles. Nós continuamos com a nossa, mais ou menos. Aguentamos quinhentos anos. O homem destrói mesmo. Eu sempre tive essa convicção. Meus quatro avós eram italianos. O italiano não pode ver um morrinho que ele vai lá e acaba com ele.

Há economistas que afirmam que, para que uma mudança de paradigma se concretize, os produtos e serviços deveriam ser precificados pelo custo total, embutindo, no preço, o custo das externalidades e dos impactos socioambientais. Paralelamente, o Estado deveria contribuir emitindo regulamentação, taxando a poluição e criando incentivos à conservação. O problema é que, além de difícil de operacionalizar, a precificação pelo custo total significa aumento de custos para empresas e consumidores. A sustentabilidade custa mais caro?

Isso é uma visão ridícula! Não vai precificar pelo custo total coisa nenhuma! As preferências do consumidor é que vão definir isso. E se houver alguém disposto a atendê-las! É claro que as externalidades não podem ser resolvidas pelo mercado. Elas podem, às vezes, ser resolvidas pela livre negociação, como no Teorema de Coase.[7] Foi com esse tipo de barbaridade que o Massachusetts Institute of Technology (MIT) atrasou a Índia! O MIT ficou cinco ou seis anos na Índia projetando o crescimento. Enquanto estiveram lá, o país não cresceu. Só cresceu quando chegou

---

[6] Nicholas Georgescu-Roegen, *The Entropy Law and the Economic Process*, Nova York, iUniverse, 1999.

[7] O Teorema de Coase, desenvolvido pelo economista americano Ronald Coase, sugere que os agentes envolvidos com externalidades podem negociar, a partir de direitos de propriedade definidos pelo Estado e de incentivos corretos, chegando a acordos em que os custos das externalidades sejam internalizados nos preços dos bens e serviços.

o primeiro-ministro Manmohan Singh, limpou tudo e pôs o mercado para funcionar. A China só cresceu quando o Mao foi posto de lado e puseram o mercado para funcionar. E como funcionou! O mercado é um instrumento, mas não uma chave inglesa ou um martelo, e nem tem múltiplos usos. Ele tem defeitos. Um deles é uma grande dificuldade para lidar com externalidades e com os bens comuns.[8] Por isso o Estado é importante. O papel do Estado é importante no controle, por meio de agências adequadas e da definição de objetivos.

É impossível embutir o custo das externalidades nos preços?
É impossível. Isso é sonho! Está bem, se quiserem eu faço uns modelos de topologia incluindo custos. Qual seria a consequência, além, é claro, de dar com os burros n'água? Uma intervenção enorme. Seria o paraíso do burocrata. Acabaria com o mesmo fim do Gosplan.

O Gosplan soviético?[9]
É. Seria o paraíso dos economistas. Precisaria de uns 200 mil economistas, todos com PhD, para fazer uma besteira desse tamanho.

Sustentabilidade é um termo vago e difuso que já virou uma panaceia, tão flexível quanto o conceito de democracia no passado. Antigamente, qualquer ditadura latino-americana ou democracia popular do Leste Europeu se autoproclamava democrata. Agora todos são "sustentáveis". Existem empresas admiráveis e socialmente responsáveis, mas a maioria realiza programas pontuais e o marketing reivindica crédito planetário. Como o senhor vê a atual onda de "maquiagem verde"?
É uma onda, mesmo. É politicamente incorreto levantar dúvidas sobre esse processo. Mas entre o que as pessoas dizem e o que fazem sem-

---

[8] "Bens comuns" (*commons*, em inglês) são recursos que não podem ser apropriados privadamente, mas cujo uso pode ser privatizado. O ecólogo norte-americano Garret Hardin definiu como a "tragédia dos bens comuns" a utilização desordenada e competitiva dos recursos naturais que pertencem a todos e não pertencem a ninguém. Ar, água, clima, pastagens comunais, oceanos e polinização são exemplos de bens comuns, assim como os bens públicos criados pelo Estado. Garret Hardin, "The Tragedy of the Commons", *Science Magazine*, v. 162, nº 3.859, Nova York, AAAS, 13/12/1968.

[9] Gosplan era a sigla derivada da aglutinação de "Gossudarstvennii Komitet po Planirovaniu", o Comitê Estatal de Planejamento, responsável pelos antigos Planos Quinquenais da política de economia planejada da ex-União Soviética.

pre houve muita diferença. Isso só vai mudar com a maior internalização do problema. Hoje, a criança já é ensinada na escola, no primeiro grau, a respeitar e a conservar a natureza, desde cedo. Essa mudança de valores está mudando o mundo.

O relatório Limites do crescimento, *do Clube de Roma,[10] provocou polêmica, em 1972, por questionar a ideologia do crescimento econômico, mas suas previsões revelaram-se erradas. Hoje, há de novo economistas propondo uma "economia de não crescimento" para os países desenvolvidos.[11] A sociedade pode abdicar da ideia de crescimento econômico?*
Convencer o sujeito de que continuar pobre é ótimo me parece uma tarefa difícil. Nos países que já atingiram certo nível de crescimento, não sei. Num país como o Brasil, que tem o nível de renda *per capita* que tem, é inimaginável. O que precisamos é chegar no nível *per capita* da Noruega sem destruir o que sobrou.

O problema é que a conta não fecha. O Relatório do crescimento, da Comissão sobre Crescimento e Desenvolvimento, do Banco Mundial,[12] afirma que há um "impasse conceitual" sobre como cortar as emissões de carbono em níveis seguros, acomodando o crescimento dos países em desenvolvimento. A solução seria reduzir a dependência de energia e de carbono, promovendo a eficiência energética. Mas ao mesmo tempo, para os países emergentes "alcançarem" a renda per capita *dos países industrializados, sugere um crescimento anual médio de 5,7% na China, 5,3% no Brasil e 7,4% na Índia, até 2050. Só a urbanização prevista para a China nos próximos anos é da ordem de mais 600 milhões de pessoas. Como acomodar os custos socioambientais desse crescimento?*
Pegue o caso brasileiro. Toda a tragédia que estamos vivendo é de uma urbanização impensada, produzida pelo próprio desenvolvimento.

[10] O Clube de Roma é um grupo formado por pesquisadores, cientistas e membros da sociedade civil que discute questões de política internacional, desenvolvimento e meio ambiente. Fundado em 1968, seu relatório *Limites do crescimento*, de 1972, atraiu atenção mundial ao advertir que a combinação de crescimento populacional, exploração dos recursos naturais e aumento da poluição seria insustentável a longo prazo.

[11] Herman Daly, *Toward a Steady-State Economy*, São Francisco, CA, W. H. Auden, 1973.

[12] The World Bank, *The Growth Report: Strategies for Sustained Growth and Inclusive Development*, Washington, DC, The World Bank, 2008.

Nós expulsamos a população rural. O ganho de produtividade na agricultura é uma barbaridade. A agricultura brasileira economiza terra e mão de obra. A mineração economiza mão de obra. O Brasil é um país que vai ter 230 milhões de habitantes. Vai ter que dar emprego para 150 milhões de sujeitos entre 15 e 65 anos. Como fazer isso sem um crescimento robusto? Ninguém vai abdicar do crescimento. Isso é idiotice. Você não vai convencer as pessoas de que elas têm de continuar pobres. Isso é conversa mole para boi dormir, mais uma.

Se 600 milhões de chineses comprarem um Volkswagen a sua espaçonave vai ficar pesada.

Está bom. Então convença a China de que 600 milhões de chineses não merecem um Volkswagen. Se alguém for lá e convencer eles, tudo bem. Ora, isso é sonho! Seria preciso uma ditadura mundial, que produziria uma enorme bagunça mundial, para decidir quem consome e quem não consome. Essas coisas são de um absurdo só! Cada vez que você faz uma intervenção de caráter impositivo no processo produtivo, você o piora. A União Soviética era a pior em eficácia produtiva e campeã em destruição ambiental! É o caso da China. Eles aperfeiçoaram o processo produtivo mas não cuidaram do ambiente. Deram só uma arrumadinha na Olimpíada.

A dúvida é sobre como acomodar um crescimento incessante.

Não vai ter crescimento infinito. Tudo está ligado à população. Aí voltamos para o velho Malthus. Todas essas projeções para cinquenta anos são balelas. No livro do próprio Paul Samuelson, que todo mundo usava, tinha uma projeção de que a União Soviética alcançaria os Estados Unidos em 1980. Vimos como acabou: a União Soviética ruiu. Agora vem a Goldman Sachs e diz que, daqui a cinquenta anos, em 2050, a China será muito maior que os Estados Unidos. Pode ser que sim, pode ser que não. Há uma revolução demográfica em andamento. No Brasil, essa revolução demográfica já é uma coisa visível. O Brasil já é um país em estado de envelhecimento sem ter ficado rico.

A capacidade de suporte do planeta não lhe preocupa?

Eu me preocupo, mas o que posso fazer? Este futuro eu não vou viver.

A Global Footprint Network, uma ONG ligada à Universidade de British Columbia, calcula a biocapacidade do planeta, isto é, a capacidade dos ecossistemas gerarem recursos e regenerarem resíduos em um determinado prazo. Eles afirmam que em 1987 o consumo global de recursos ultrapassou a capacidade de regeneração do planeta. Se continuarmos no ritmo atual, em 2050 a humanidade precisará de dois planetas. O que o senhor acha?

Como não temos dois planetas, isso nunca vai acontecer. Essas projeções catastróficas não ajudam em nada. Projeção é caricatura.

De qualquer maneira, o Brasil chegará ao futuro com vantagens. Em 2035 o planeta terá 8 bilhões de pessoas, menos recursos e uma temperatura alguns graus Celsius mais quente. A população brasileira atingirá crescimento zero em 2039 e entrará em decréscimo num país ainda rico em terra agriculturável, água e florestas. Como o senhor vê a nossa economia no futuro?

Digamos que o Brasil está em um *turnpike* numa *autobahn* alemã. Se soubermos aproveitar as oportunidades que temos, será muito bom. Dois problemas, a falta de energia ou a crise no balanço de pagamentos, sempre abortaram o nosso crescimento. A partir de 2003, a economia global viveu uma grande expansão que o Brasil aproveitou muito, resolvendo seu problema de país devedor e passando a país credor. Mas se você olhar bem, a nossa posição relativa continua pobre: as exportações brasileiras continuam sendo 1,1% das exportações mundiais. Em 1984, o Brasil, a Coreia e a China exportavam a mesma coisa, US$ 20 bilhões, de 1,1% a 1,2% do comércio mundial. Em 2010 o Brasil continua com 1,2%, a Coreia tem 3% e a China, 12%. Surfamos uma onda e soubemos aproveitar, eliminando a restrição da balança de pagamentos. Mas é pouco. Aí, no ano 2000, aparece o US Geological Survey e sugere que existe petróleo no pré-sal. A Petrobras vai lá, olha e tem mesmo. Só que o petróleo do pré-sal não é para amanhã nem para depois de amanhã. Sempre brinco que a idade da pedra não acabou por falta de pedra e que a idade do petróleo não vai acabar por falta de petróleo — não sei de quem tirei essa frase. O fato é que temos a possibilidade de desenvolver um uso mais nobre do petróleo — a petroquímica. Também temos a tecnologia e as condições para conquistar o estado da arte na produção do maior substituto do petróleo, que é o etanol, sem falar do biodiesel. Ou seja, temos uma estrada enorme pela frente. Precisamos entender que o petróleo é do século XX e que a tecnologia do século XXI vai ser diferente da tecnologia do século XX. O Brasil, portanto, tem boas condições econômicas, ambientais e demográficas. Não dá para saber o que vai ser o mundo daqui a cinquenta anos, mas uma coisa é certa: seremos um pitéu altamente desejado.

A antropologia diz que a liberdade é o resultado de uma relação de adequação entre população e recursos disponíveis. Quanto mais abundantes os recursos e menores as sociedades, mais igualitárias, como as indígenas; quanto mais complexas e populosas, mais precisamos de regras, disciplinas e controles. A demografia é um bônus para o desenvolvimento brasileiro?

O Brasil tem uma coisa fantástica. Somos o único país, de todos os Brics, que acertou suas contas com o passado. Acertamos a nossa história. Fizemos a transição de um regime autoritário para um regime democrático sem grandes tumultos. O Brasil é o quinto país do mundo em dimensão, é o quinto em população, tem todas as religiões e nenhum problema religioso, tem uma única língua, dez vizinhos sem nenhum problema e uma Constituição que, com algumas extravagâncias aqui e ali, mostrou que é funcional. Os três poderes são razoavelmente independentes. O Supremo Tribunal Federal funciona bem. Temos tudo para promover um crescimento adequado. Não precisamos crescer 7% ou 10% ao ano. Na verdade, a taxa de crescimento do Brasil está indo para 0,5%, ou 0,8%, ou 0,9%. Com crescimento de 5% ao ano nem a China nos alcança.

A economia tem obtido superávits comerciais e resistido a crises graças à exportação de produtos primários e commodities *agrícolas. O senhor já manifestou sua preocupação com o câmbio, cuja sobrevalorização inviabiliza parte das exportações industriais, pela concorrência dos importados. Com o país especializando-se em produtos primários, afirma-se que seria difícil gerar os empregos necessários para o futuro. O que o senhor acha?*

Não há a menor dúvida. Fico espantado quando vejo pessoas que eu pensava serem razoáveis dizendo que o nosso modelo deve ser a Austrália e a Nova Zelândia. A Nova Zelândia é menor que São Bernardo! Vamos ter que dar emprego de qualidade para 150 milhões de pessoas daqui a quinze anos. Isso é incompatível com especialização primária. Precisamos dos três, da indústria, dos serviços e da agricultura, crescendo. É uma idiotice imaginar alguém contrário à exportação de produtos agrícolas, ao *agrobusiness* ou aos minerais. Pelo contrário, esses setores é que têm nos ajudado a melhorar as nossas relações de troca. Mas a questão é que apenas um setor primário forte não é capaz de produzir um país decente! País decente é aquele capaz de dar emprego e salários adequados à população de 15 a 65 anos.

O pré-sal abre perspectivas econômicas para o desenvolvimento em áreas como aços especiais, automação, software e projetos de engenharia. Mas, ao mesmo tempo, significa mais emissões de carbono. Há quem veja nessa riqueza uma ameaça à matriz energética limpa do país, de hidroeletricidade e de biomassa. O senhor não teme a perda da vantagem competitiva da nossa matriz renovável?

A vantagem de chegar mais tarde ao desenvolvimento é saber o que vai acontecer. Se nos metermos no pré-sal com a ideia de exportar petróleo não vamos crescer coisa nenhuma. Seremos um país miserável que exporta petróleo. Seremos autossuficientes em 2014 ou 2018. Este petróleo deve ser destinado a desenvolver a indústria de transformação, a petroquímica. Ocasionalmente também podemos exportar. Mas é preciso entender o seguinte: não dá para transformar petróleo em educação sem passar pelo câmbio. Para transformar petróleo em educação é preciso vender petróleo, pegar os dólares, internalizar e encontrar alguém que compre dólares e transforme em reais, porque a educação precisa de reais. Se não soubermos calibrar isso podemos ter uma taxa de câmbio que em lugar de estimular um crescimento desejável, robusto, equilibrado e minimizando emissões de CO_2 equivalente por unidade de PIB, produza uma grande porcaria. Esse é um momento em que o Brasil precisa da sua maior inteligência. Recebemos dois bônus, um da expansão global e outro da natureza. Não podemos desperdiçá-los.

Há consenso de que o país precisa de investimentos em educação e infraestrutura para melhorar a competitividade e reduzir o "custo Brasil" agravado por estradas deficientes, portos congestionados, ferrovias precárias e falta de energia. O licenciamento ambiental frequentemente demonstra incompreensão da importância econômica desses empreendimentos. Mas os relatórios de impacto ambiental apresentados pelas empresas também revelam má vontade e desleixo com as externalidades. Como romper esse impasse?

Pelo equilíbrio. A empresa vai tentar fazer o empreendimento com o menor custo. O meio ambiente não vai deixar. O problema é que os ambientalistas são cegos, contra investimento. Eles não são contra o estrago que eventualmente será produzido. São contra o crescimento. E sabe por quê? Porque vivem por conta do Estado. A maioria deles ou vive por conta do Estado brasileiro ou por conta de algum Estado estrangeiro. O Brasil é um país em que as organizações não governamentais são sustentadas por governos.

O economista Simon Kuznets, prêmio Nobel de 1971, ficou famoso pela "curva de Kuznets", a curva em "U invertido", que ilustra a evolução da relação entre crescimento e distribuição de renda no desenvolvimento capitalista. Ela sugere que a desigualdade de renda aumenta na fase inicial da industrialização de um país e diminui quando se alcança o desenvolvimento. Essa é a base científica da famosa parábola sobre a necessidade de o bolo crescer primeiro para ser repartido depois, que é atribuída ao senhor...

Não, não e não. Essa ideia de deixar o bolo crescer e depois distribuir é uma frase de batalha, inventada, acredito, pelo Fernando Henrique Cardoso, quando ele pensava que era socialista. Na época era contra o regime autoritário. É um absurdo imaginar que pode haver crescimento sem distribuição. Só num Estado autoritário. O Brasil não tinha aquele Estado autoritário que controlava o consumo. O consumo sempre foi livre e, mais do que isso, o Estado autoritário sempre fez questão de conservar o mercado como instrumento de alocação, e ainda dava suporte ao setor privado. Quando criou as grandes empresas estatais foi porque o setor privado não tinha musculatura. Quando o setor privado tem musculatura tem que deixar tudo para ele. Essa ideia do bolo era uma brincadeira que virou mito.

Era uma crítica ideológica ao planejamento do regime militar.

Era uma crítica burra! O regime militar não controlava o consumo. Pelo contrário: tentou construir um mercado interno robusto, aliás, como foi construído. Deu emprego a 15 milhões de pessoas.

De volta à pergunta, dois economistas da Universidade de Princeton, Gene Grossman e Alan Krueger, sugerem a existência de uma "curva ambiental de Kuznets". Eles sustentam que a poluição e os impactos am-

bientais também evoluem nas economias industriais segundo o "U invertido", ou seja, que os impactos crescem durante os estágios iniciais do desenvolvimento, mas, a partir da obtenção de certo nível de renda, estabilizam e entram em declínio, junto com a intensificação da racionalidade ambiental.[13] O Brasil está se aproximando de uma fase de racionalidade ambiental?

É difícil falar em racionalidade. Normalmente quem fala muito de racionalidade é irracional, quer dizer, tem paixão pela racionalidade. O homem é bem mais do que isso. A racionalidade é um pedacinho do comportamento humano. Isso é uma hipótese, suposição. Na medida em que você toma conhecimento do problema, começa a meditar e a refletir. Não é nem uma teoria, é uma hipótese que resta ser provada, tal como a "curva de Kuznets", que já foi levada mais a sério do que hoje.

Para fazer o bolo crescer é inevitável gerar impacto ambiental?

Para crescer é inevitável ter impacto ambiental. Porque se trata de algo correlato, de produção conjunta. Não é possível produzir PIB sem produzir impacto ambiental e emissão de gás carbônico. É uma produção conjunta. Reduzir o crescimento ninguém quer. Reduzir o impacto ambiental do crescimento significa desenvolver tecnologias que produzam menos CO_2 equivalente por unidade de PIB. Essas tecnologias estão sendo desenvolvidas.

Em 1972, quando eu tinha vinte anos, 1% da Floresta Amazônica havia sido desmatada. Em 2010, 18% se foi. Pela lógica dos impactos da "curva ambiental de Kuznets", esse destino seria inevitável?

É assim mesmo. Por que iríamos deixar de usar a Amazônia, que era um bem disponível? Os americanos mataram todos os seus índios, os europeus comeram todas as florestas e nós, em 1970, íamos nos sacrificar pelo mundo? Ora, o Brasil é um infinitésimo neste mundo. É claro que a Floresta Amazônica é muito importante, como a floresta da Malásia, a da Indonésia. O mundo é que precisa pagar pelo não uso desse bem.

Pagamos caro pelo tipo de desenvolvimento promovido na Amazônia.

[13] Gene Grossman e Alan Krueger, "Economic Growth and the Environment", *The Quarterly Journal of Economics*, Princeton University, maio de 1995, pp. 353-77.

Que tipo de desenvolvimento econômico? Diga para mim: como foi feito o desenvolvimento econômico na Inglaterra? A Inglaterra já foi a maior floresta da Europa!

A propósito, atribuem-lhe uma frase no estilo western: "Na Amazônia primeiro vão os bandidos, a lei a gente manda depois".

Não, não, não. Esse não sou eu. Isso eu falei sobre o sistema financeiro, nos anos 1970. Eu dizia até "uma bandidagem": "o xerife só vai depois".

Como transformar a vantagem comparativa da Amazônia em vantagem competitiva? As florestas são um ativo econômico e ecológico essencial para o ciclo hidrológico, para as chuvas, para a agropecuária, a geração de energia e o abastecimento de água. Seria possível criar uma "economia da floresta em pé"?

Eu acho que é isso que o Brasil está tentando fazer. Usar a Amazônia de maneira a sustentar aquela gente que está lá com salários decentes. Hoje ninguém defende o direito de desmatamento. Temos, inclusive, de recuperar as áreas degradadas. Temos recursos grandes para continuar o crescimento e agora temos uma consciência. A Amazônia vai ser preservada não porque o mundo quer, mas porque entendemos que ela é fundamental para nós mesmos, porque o regime de chuva no Sul depende da Floresta Amazônica. A nossa sobrevivência depende dessa floresta.

Há sinais de que o Congresso dos Estados Unidos está determinado a adotar tarifas de equalização de emissão de carbono contra Índia, China e Brasil se estes não adotarem metas de redução de emissões. O senhor acha que o aquecimento global pode se transformar em barreira comercial?

Vai se tornar, inevitavelmente. Mas não para defender o meio ambiente e sim porque as grandes nações praticam protecionismo escondido. Um idiota disse que a cana em São Paulo é produzida com trabalho escravo. Alguém pode levar isso a sério? No entanto, reúne-se o "Conselho da Europa" para discriminar o açúcar produzido pelo trabalho escravo. É um bando de ignorantes.

O capitalismo não é uma invenção de ninguém, mas o resultado de um processo de seleção natural que vai avançando, mudando e se ajustan-

Antonio Delfim Netto

do ao longo de séculos. *Sua vantagem é permitir aperfeiçoamento contínuo e eficácia segundo o interesse de indivíduos e empresas. Sua desvantagem é que a competitividade pressupõe uma liberdade econômica incompatível com a igualdade social — trata-se de um sistema que não caminha para o equilíbrio. O senhor disse que a virtude e o vício da economia de mercado é funcionar relativamente livre, sem objetivos ou valores morais além dos seus interesses imediatos, mas que, por isso mesmo, ninguém sabe para onde o capitalismo vai, se vai se suicidar ou não. Isso significa que o senhor admite a hipótese?*

Marx não inventou a palavra capitalismo, ela já existia. O capitalismo é cada vez mais diferente. Tem o capitalismo inglês, o sueco, o japonês, o paraguaio e o dos Estados Unidos. À medida que evolui, ele vai encontrando novas fórmulas. A única coisa realmente importante é que se trata de um mecanismo de administração de recursos que permite eficácia produtiva em compatibilidade com a liberdade individual.

Se assumir um sentido social, deixa de ser capitalismo?
Não, por que deixaria? É só uma ferramenta.

Mas a dinâmica não é funcionar segundo os interesses imediatos?
Se alguém disser que o capitalismo não tem moral, pode impor a sua moral. O capitalismo se move pelo lucro. Tudo bem, isso é um pecado mortal. Mas eu prefiro, a ser mandado por um burocrata. Pode-se preferir o lucro. O que acontece é que volta-se a um debate que está perdendo racionalidade. No Brasil, estão voltando a vender óleo de cobra. A pior consequência dessa patifaria do sistema financeiro foi trazer de volta a ideia de que o burocrata é melhor que o mercado, que o burocrata é mais sábio do que o mercado. É claro que o mercado não tem sapiência nenhuma. O mercado é um instrumento que o homem descobriu por acaso e foi aperfeiçoando.

O senhor exerce uma influência duradoura no Brasil. Liderou o projeto de desenvolvimento que transformou o país em oitava economia do mundo e campeão mundial de concentração de renda, e hoje apoia um governo distributivista. Suas convicções mudaram?
Não, não mudaram as minhas convicções! As pessoas é que não sabem o que é o Índice de Gini, que mede o grau de distribuição de renda. O Índice de Gini não mede bem-estar, mede distância numa escala. As

pessoas são muito ignorantes. Houve, sim, aumento na distribuição de renda! Funciona assim: você divide a renda em dez pedaços, os que ganham de zero a dez, de dez a vinte, de vinte a trinta etc. Cada faixa é um decil. O Índice de Gini mede a distância entre elas. Você pega uma ilha com dois sujeitos, um colhe cem cocos, outro colhe mil cocos, porque é mais eficaz, esperto e ativo. Então, a distribuição de renda é extremamente desigual, cada um no seu nível. Você volta, tempos depois, e o que colhia cem cocos está colhendo duzentos cocos, porque desenvolveu tecnologia ou porque copiou o outro, e aquele que colhia mil está colhendo 5 mil. Os dois estão melhores do que estavam antes, mas a distribuição de renda piorou dramaticamente. O Índice de Gini mede a distância entre faixas de renda, não o bem-estar. Todos podem estar melhorando mas ainda assim a distância pode estar aumentando. Ora, o Brasil tinha uma oferta ilimitada de mão de obra. Havia um exército de reserva ilimitado no primeiro decil e uma oferta de mão de obra limitada no décimo decil, dos engenheiros, economistas, físicos, químicos. Quando você acelera o crescimento, aumenta a demanda de todos, mas aumenta mais a de quem tem mais educação. Todos melhoram, mas uns mais do que outros. É claro que você pode dizer: "No meu índice de bem-estar, prefiro ficar pobre junto ao João Pobre do que um pouco mais rico junto ao João Rico que é muito mais rico do que eu". Quanto ao governo do Lula, acho que ele está cumprindo a vontade expressa nas urnas: crescimento razoável com melhor distribuição de renda. O Lula é uma intuição imensa e uma inteligência privilegiada. A sociedade não pode escolher simultaneamente o máximo de crescimento e o máximo de distribuição. Há uma contradição nisso.

Antonio Delfim Netto

André Lara Resende

"A coisa mais disfuncional do mundo de hoje é o automóvel."

André Pinheiro de Lara Resende nasceu no Rio de Janeiro, em 1951. Estudou Economia na PUC-RJ, fez mestrado na Fundação Getúlio Vargas, da mesma cidade, e obteve PhD em Economia no Massachusetts Institute of Technology. Foi professor de Economia na PUC-RJ de 1979 a 1988. Trabalhou no Banco de Investimentos Garantia, no Unibanco e foi sócio-diretor do Banco Matrix. Participou da montagem do Plano Cruzado, em 1986, durante o governo Sarney, como diretor da Dívida Pública e Mercado Aberto do Banco Central (1985-1986). Em 1994, integrou a equipe que elaborou o Plano Real, no governo Fernando Henrique Cardoso, como negociador-chefe da dívida externa. Foi Assessor Especial da Presidência da República (1998) e presidente do BNDES (1998). De 2002 a 2003, foi pesquisador-visitante do St. Antony's College, na Universidade de Oxford, Inglaterra. É membro do Conselho da Gerdau S.A., do International Advisory Board do Itaú-Unibanco e sócio da administradora de fundos Lanx Capital.

Em 2006, quando o senhor ganhou o prêmio de Economista do Ano, fez um discurso afirmando que o capitalismo desvaloriza a vida pública e política, erodindo a base cultural e institucional que lhe é imprescindível. Nele, defendeu a reversão da influência da publicidade e do marketing na vida pública e o controle dos seus efeitos sobre as expectativas de consumo. Disse, também, que o capitalismo é incapaz de resolver a questão da desigualdade. Entretanto, como um dos idealizadores do Plano Cruzado e do Plano Real, o senhor deu uma contribuição notável para o fim da inflação e para a estabilização da economia. À sua lista de adversidades do capitalismo deveríamos incorporar a atual expectativa de mudanças climáticas no planeta?

Deveríamos, com certeza. Leio para você um texto meu, antigo: "Habituamos a identificar crescimento com aumento do bem-estar e da qualidade de vida, com desenvolvimento harmônico, para usar um termo fora de moda. É evidente que a riqueza material é o único elemento determinante da qualidade de vida. Até que se tenha atingido um padrão mínimo de riqueza material é muito provavelmente impossível falar em sociedade desenvolvida. Essa é a razão pela qual a identificação do crescimento econômico com o desenvolvimento seja tão recorrente. A associação automática entre crescimento econômico e melhoria na qualidade de vida sempre foi, na melhor das hipóteses, uma simplificação operacional da teoria do desenvolvimento. No início deste século, quando já não há mais dúvida quanto aos estreitos limites ecológicos do crescimento mundial, quando a riqueza material para o mundo como um todo não é mais restrição à qualidade de vida, é preciso reconsiderar o arcabouço teórico do desenvolvimento".

Apesar dos desajustes que persistem, estamos vivendo um momento melhor na economia. Mas há novos ajustes e pressões ambientais globais.

Vamos tirar a discussão da questão circunstancial, conjuntural e especificamente nacional do Brasil. Estamos falando de um problema mais amplo. Quero distinguir também o uso dos termos "capitalismo" e "mercado competitivo". Em geral falamos de capitalismo supondo o ideal-tipo do mercado competitivo, como se fossem substitutivos perfeitos, quando não são. A ideia do mercado competitivo perfeito é uma construção analítica, abstrata e teórica. É um ideal-tipo poderoso como ferramenta de organização da economia. Quando falamos de capitalismo, falamos de muitas coisas. A China hoje é capitalista, de certa forma, mas está muito distante de uma economia de mercado competitivo. O mercado competitivo é uma abstração, um ideal-tipo. Um equívoco comum e recorrente, quase uma banalidade ideológica, é que o *laissez-faire* leve ao mercado competitivo. É exatamente o oposto. O mercado competitivo, por ser uma fórmula analítica, abstrata, conceitual, é profundamente antinatural. Do *laissez-faire* total só vem a barbárie, na qual faltam instituições, regras, arcabouço jurídico, comportamental e ético. O mercado competitivo, ao contrário, é fruto de um arcabouço institucional elaborado que depende de uma compreensão profunda do que o constitui. Até porque é um ideal-tipo, ele não é necessariamente atingível. Mas onde eu queria chegar é que a produção de bens e de serviços, a economia organizada, ainda que de forma aproximada ao funcionamento de um mercado competitivo, é um instrumento poderoso de criação de riqueza — a melhor forma, graças à sua capacidade de conceder os estímulos corretos e fazer os ajustes de forma descentralizada. Quando se fala de capitalismo, está-se falando de uma coisa muito genérica, muito mais ampla do que a questão de como organizar a produção de bens e serviços. Com o capitalismo, vem uma forma de organização da sociedade como um todo, que tem um elemento cultural distinto. Embora o ideal-tipo do mercado competitivo me pareça algo desejável, o capitalismo é algo muito mais questionável. Das críticas feitas ao capitalismo, a melhor é do século XIX, de Max Weber, ainda não influenciada pelo marxismo. Você ainda tem uma grande crítica, já no século XX, que é a de Ortega y Gasset, em *A revolta das massas*, sobre a questão da modernidade. Depois, quase toda crítica cultural do capitalismo foi impregnada pelo marxismo. Como o marxismo e a economia centralizada e planejada foram completamente vencidos como forma de organização da economia, com o desmoronamento da União Soviética, também se jogou fora, com a crítica da economia de mercado competitivo, a crítica cultural ao capitalismo. Embora eu ache que a crítica à economia centralizada seja pertinente, porque é mesmo muito ineficiente — o planejamento central está muito aquém do ideal-tipo do mercado competitivo —, a crítica cultural marxista ao capitalismo também é pertinente. Essa crítica diz que o capitalismo funciona ao estimular a insatisfação e a ilusão de que a satisfação das necessidades materiais leva à felicidade, quando acredito que esse talvez seja um grave equívoco. A dinâmica do capitalismo depende da criação de necessidades materiais cada vez mais artificiais. Esse é um dos eixos da crítica cultural do capitalismo com o qual estou de acordo integralmente. O segundo é o da sua pergunta, sobre o qual falo muito. É o tema do livro que escrevi quando fui para Oxford em 2002, mas mudei de ideia tantas vezes que não me animo a publicar: o capitalismo desvaloriza o arcabouço institucional do qual a economia de mercado depende. Desvaloriza a vida pública, desvaloriza a "grande política" e desvaloriza a vida comunitária, que é um valor fundamental, sem o qual a domesticação do capitalismo é impossível. E, sem vida pública e política, não se resolve a questão da distribuição e da equidade. Não tem solução.

André Lara Resende

E a sustentabilidade? O que o senhor acha da crítica dos ecologistas ao capitalismo?

Acho altamente pertinente. Eles têm toda a razão. Agora, o que discordo é associar a agressão ecológica ao capitalismo, porque isso é um estreitamento da questão. Como diz o filósofo britânico e professor da London School of Economics, John Gray, em *Straw Dogs:*[14] *"The destruction of the natural world is not the result of global capitalism industrialization, western civilization or any flaw in human institution. It is a consequence of the evolutionary process of an exceptionally rapacious pride".*[15] A humanidade é extremamente agressiva ao ambiente. John Gray sustenta que a crença no progresso é uma fé como qualquer outra. A ideia iluminista da razão e da ciência como...

... um progresso evolutivo rumo à liberdade.

... Qualquer progresso é uma ilusão, é uma fé, uma fé que substituiu a fé religiosa do século XIX. Mas vamos voltar ao ponto em que estávamos na pergunta anterior. A ideia de que estamos ameaçando perigosamente o sistema ecológico é absolutamente verdadeira e tem de ser enfrentada. Agora, associar isso exclusivamente à forma de organização do sistema de mercado e de produção de riqueza, a um mercado de estímulos a preços competitivos, acho burrice completa. Porque o mercado é uma forma competente de organização da produção de riqueza. A questão de como domá-lo é uma questão cultural. Não é preciso matar o sistema, o ideal-tipo da economia competitiva, mas sim definir os seus objetivos.

O Brasil tem um registro incomum de crescimento econômico, pouco desenvolvimento social e muito impacto ambiental. Mas crescimento e desenvolvimento econômico não são incompatíveis.

Associar desenvolvimento ao crescimento é apenas uma aproximação operacional enquanto você está abaixo de uma linha mínima de po-

---

[14] John N. Gray, *Straw Dogs: Thoughts on Humans and Other Animals*, Londres, Granta Books, 2003.

[15] "A destruição do mundo natural não é resultado da industrialização global capitalista, da civilização ocidental ou de qualquer falha institucional humana. É consequência do processo evolutivo de um amor-próprio extraordinariamente predador".

breza. Depois de ultrapassado esse limiar, a associação entre crescimento material e desenvolvimento, ou melhor, bem-estar, não só não vale, como, pelo contrário, eles podem se divorciar. Mais crescimento pode se tornar menos bem-estar. Isso envolve a questão da propaganda em dois sentidos: o da política ser feita como propaganda, de ter virado marketing, e o da publicidade como instrumento de geração de necessidades materiais artificiais.

Deixa eu provocar um pouco. Há uma controvérsia sobre desenvolvimento, desindustrialização e câmbio, cuja sobrevalorização dificulta as exportações industriais. Com o país especializando-se em produtos primários não será mais difícil gerar empregos? Como o senhor vê esse debate?

A dimensão da questão ecológica me dá certa aflição porque levanta temas sobre os quais quero escrever e não tenho tempo. Fico desesperado, querendo parar e me organizar. A restrição ecológica, sobre a qual não se prestava atenção porque parecia distante, hoje é premente. Uma das consequências da ideia da restrição ecológica, na situação em que estamos, é que o Estado-Nação se tornou uma coisa anacrônica. Por isso, tenho especial desinteresse em discutir a questão brasileira. Você viu um vídeo maravilhoso do presidente Lula explicando a questão ecológica? Ele diz: "Se a Terra fosse quadrada, ou retangular, não haveria o problema da poluição; mas, como ela é redonda, quem polui aqui, acaba passando a poluição para o outro". Extraordinário! A atmosfera fica parada no ar e a Terra gira.

Eu vi.

Mas, desculpe, desviei da sua pergunta. Essa questão do câmbio é irrelevante. Num certo sentido o presidente Lula tem a intuição correta: o problema ecológico é um problema do todo. Essa discussão de política industrial é completamente anacrônica — discussão de produtos primários que agregam mais ou agregam menos, câmbio sobrevalorizado... Se há algo que me enjoa é a discussão sobre câmbio valorizado. Há dez anos não falo sobre esse assunto. Isso é *lobby* de um, *lobby* de outro. A questão do Estado-Nação ficou ultrapassada. É preciso, sem dúvida, uma forma de organização centralizada. Você tem de ter um governo central, é óbvio, mas o mundo ficou pequeno. O que existe, de fato, é uma questão no tempo. Se o progresso material estraga a natureza e o sistema ecológico, você não pode dizer: "quem progrediu lá atrás tudo bem, mas agora você e você não podem mais progredir". Essa é a questão. Mas é uma questão internacional, mundial, nada trivial. A Inglaterra tem muita consciência sobre esse tema da equidade, que, pelo menos nos anos que vivi lá, permeava o discurso político. O mundo ficou pequeno. Não tem como você dizer "vamos defender a nossa riqueza, preservando", enquanto os outros continuam pobres. Isso é impossível.

Essa foi a postura da Índia na COP-15, em Copenhague: "Queremos crescimento e desenvolvimento já, se possível acelerado".
É exatamente isso. Não tem jeito. Hoje, o sistema tem de ser um só. Uma das coisas mais anacrônicas, ultrapassadas e que me irritam é o nacionalismo. Isso vale para um dos pontos mais polêmicos da humanidade hoje, que é a questão da imigração. Se você é coerente com o sistema de mercado competitivo, se acredita na livre movimentação de capitais, não há justificativa para não acreditar na livre movimentação de trabalho. William Boyle, um economista holandês que escreve no *Financial Times* e foi diretor do Banco Central da Inglaterra, escreveu: "As nações têm de ser como clubes abertos". Não importa onde você nasceu e quem é seu pai, desde que aceite as regras. Então, essa questão nacional... Tenho certa resistência à ideia de uma forma brasileira de ver o problema ecológico.

Se bem que há singularidades.
A Amazônia?

Por exemplo.
É o ponto. É o que eu ia dizer: tem uma questão específica que é a questão da Amazônia.

Mas espere um pouco. Entendo que o senhor considere o discurso sobre a sustentabilidade vital. Mas aqui também há ideologia. O que lhe parece a atual onda de sustentabilidade? Moda? Necessidade? Demagogia?
Tem uma questão de retórica, e a retórica é parte da discussão política. Isso é outra questão. A questão de que os limites ecológicos agora estão claros, de que estamos perigosamente perto deles, como no caso do aquecimento, seja verdade ou não; ou se a temperatura vai ou não vai continuar subindo; se você pode projetar isso para a frente ou não —

nada disso interessa. A probabilidade da catástrofe pode ser baixa, mas não podemos correr esse risco! Por outro lado, todo discurso é ideológico. Qual discurso não é ideológico? Todo movimento minoritário, não dominante e não reconhecido pela maioria, tende a ser radical. É por isso que as teses ambientalistas têm conotação radical. Mas, quando entram para o *mainstream*, mudam.

O economista Simon Kuznets ficou famoso pela "curva de Kuznets", que sugere que a desigualdade de renda aumenta na fase inicial da industrialização e diminui quando o país alcança o desenvolvimento. Dois economistas da Universidade de Princeton propõem a existência de uma "curva ambiental de Kuznets". Eles sustentam que a poluição e os impactos ambientais também evoluem segundo o "U invertido", ou seja, crescem durante os estágios iniciais do desenvolvimento, mas a partir da obtenção de certo nível de renda estabilizam e entram em declínio, intensificando-se a racionalidade ambiental. O Brasil estaria se aproximando da fase de racionalidade ambiental?

Longe disso. Muitíssimo longe disso! A primeira vez que ouvi falar dessa "curva de Kuznets ambiental" foi exatamente agora. Se a curva do Kuznets já era questionável, essa ambiental... sei lá. O que sei é que civilização e educação estão cada vez mais ligadas à redução da agressão ambiental. Mas educação e civilização não têm correlação necessária com riqueza material — esse é um ponto fundamental. O Butão não é rico, mas é menos agressivo ambientalmente. Não precisamos fazer essa correlação como se fosse uma coisa determinística.

Considere que, em quarenta anos, 18% da Floresta Amazônica foi destruída. Pela lógica dos impactos do desenvolvimento da "curva ambiental de Kuznets", esse destino seria inevitável.

Claro que não é inevitável! Sobre a Amazônia — esse é um problema especificamente brasileiro na questão ecológica —, é um absurdo o Brasil achar que precisa destruir a Amazônia para se desenvolver. Isso é estapafúrdio. Num mundo futuro, com um governo único, você poderá dizer que um país com florestas que prestam determinados serviços climáticos pode ser compensado por isso — faz sentido. Já a ideia de destruir porque os outros destruíram, de que devemos morrer todos juntos — "vocês destruíram antes, agora vamos destruir também" —, nem merece ser comentada. Além do mais, o Brasil tem espaço. O Brasil não é o

Japão, sem área agrícola e com uma densidade populacional difícil, mas com muita floresta preservada.

No Brasil não se valoriza o que se tem em excesso.
Exatamente.

Muitos afirmam que, para domesticar o capitalismo, os produtos e os serviços deveriam ser precificados pelo "custo total", embutindo o custo das "externalidades" e dos impactos socioambientais. Paralelamente, o Estado deveria contribuir emitindo regulamentação pertinente, taxando a poluição e o uso de recursos, privatizando ativos naturais e criando incentivos à conservação.

Isso é sonho. Teoricamente, faz sentido, mas não é implementável. Como vai fazer? Esse problema decorre de uma falha de sistema nos preços competitivos, uma falha de mercado no tratamento dos "bens comuns". A preservação ecológica é um bem comum que só pode ser resolvido por taxação. Depende de impostos. Como toda questão de bem comum, quem vai suprir é o Estado. Para tanto, você teria de estabelecer *shadow prices* corretos. Em tese, num sistema de planejamento central seria mais fácil de fazer funcionar. Mas isso implicaria construir um planejamento central capaz de atender a todos, porque o sistema de preços competitivos não inclui o bem comum. No preço do sistema competitivo o custo do bem comum não aparece. Então, os preços-sombra estão errados. Se o problema ecológico é um problema maior — e esse é um ponto muito sério —, aí você pode dizer que o sistema competitivo não funciona num mundo em que a restrição ecológica é dominante; ele entra em colapso. Não sei como se poderia tentar introduzir custos totais em todos os preços. Com isso, você matou o sistema competitivo.

Matou ou tornou mais caro?
Não, você matou. Porque, para cada preço, teria que ter alguém, algum burocrata, calculando qual o impacto ambiental. Assim, voltamos às agências centrais.

Vamos falar das agências ambientais. Há consenso de que o país precisa de investimentos em infraestrutura para melhorar a competitividade e reduzir o "custo Brasil", agravado por estradas deficientes, portos congestionados, transporte ferroviário precário e pouca energia. O licencia-

mento ambiental frequentemente demonstra incompreensão da importância desses empreendimentos. Mas os relatórios de impacto ambiental apresentados pelas empresas também revelam má vontade e desleixo com suas externalidades. Como avançar nesse impasse?

Veja só — na pergunta anterior, você propôs a ideia de inserir o impacto ambiental em todos os preços. Agora você diz: apenas a tentativa de conceder a licença ambiental, que é um subconjunto ínfimo em relação à proposta de ter preços-sombra com custo ambiental, já é extremamente complicada, porque as agências reguladoras são precárias. Por um lado, as empresas têm capacidade de corromper e de falsificar o que apresentam. Por outro, a agência é radical, ou corrupta, com todas as dificuldades de uma agência reguladora. Isso só para conceder licenças ambientais. Não é para dar preço, não, é só dar licença. Imagine o quanto seria utópico um sistema geral de preços com as externalidades embutidas.

Muitos acham que a expressão "desenvolvimento sustentável" é um oxímoro, uma contradição em termos, uma vez que não é possível desenvolver conservando. Compara-se com o Abominável Homem das Neves: tem gente que jura que ele existe, há quem afirme já ter visto pegadas e há aqueles que se recusam a discutir o assunto. Mas o Nicholas Georgescu-Roegen diz que, a longo prazo, a Economia será absorvida pela Ecologia.

Concordo integralmente. Não conhecia essa frase do Georgescu-Roegen, mas concordo. O oxímoro vale na medida em que desenvolvimento e crescimento material estão identificados. Mas não acho que "bem-estar sustentável" seja um oxímoro; pelo contrário, tenho a impressão de que o bem-estar tem a ver com certa estabilidade. Bem-estar e Ecologia acho muito possível de combinar, mas crescimento material com Ecologia é difícil.

O Clube de Roma provocou polêmica em 1972 por suas críticas à ideologia do crescimento. Hoje, há de novo economistas propondo uma economia de "não crescimento" para os países desenvolvidos. A sociedade pode abdicar da ideia de crescimento econômico?

Fazer futurologia é complicado. Acho até que pode. Em minha opinião, pode. Será difícil. Será preciso uma mudança cultural radical. Mas primeiro você precisa definir crescimento econômico. Abdicar do progresso tecnológico e da melhoria das condições materiais a sociedade provavelmente não abdicará. Até poderia abdicar, mas ninguém vai querer. Mas a ideia de ter cada vez mais em termos quantitativos em vez de qualitativos, disso com certeza vai ter que abdicar.

Mas esse é o "moto" das empresas. As empresas vivem do crescimento. Como progredir sem crescer? Mesmo empresas notáveis em responsabilidade social adoram crescer 50% ao ano, se possível todos os anos.

As empresas estão numa corrida competitiva. Uma empresa que não estiver crescendo morre, porque as outras estão. Se ninguém crescer, isso deixa de ser verdade. Todo mundo está crescendo porque a humanidade está crescendo. Como diz o John Gray: no século XVI, eram 500 milhões de habitantes, hoje são 6 bilhões, indo para 8 bilhões. A tese dele é que, primeiro, essa preocupação ecológica — a ideia do homem salvar o planeta — é uma inversão: o homem salva a si mesmo, porque o planeta, com certeza, vai continuar. Se alguém vai acabar, seremos nós. Se você olhar a história, a população humana sofre um aumento brutal a partir do século XVII, no século XVIII e no final do XX. Essa expansão caracteriza a nossa espécie como praga: o homem é uma praga sobre a Terra. Exatamente como você tem pragas de baratas, de ratos e formigas. E o ecossistema se autocorrige. Todos os mamíferos têm um sistema de estresse que, acionado, passa a gerar menos reprodução. Portanto, quem está ameaçada é a humanidade, não o ecossistema. Isso é um dado.

Fala-se muito em capacidade de suporte do planeta. A Global Footprint Network, uma ONG ligada à Universidade de British Columbia, calcula a "pegada ecológica", a marca das nossas atividades no ambiente. Ela avalia a biocapacidade do planeta, isto é, a capacidade dos ecossistemas gerarem recursos e regenerarem resíduos em um determinado prazo, e afirma que o consumo global de recursos ultrapassou a capacidade de regeneração do planeta em 1987. Se continuarmos no ritmo business as usual, em 2050 precisaremos de dois planetas. O que o senhor acha?

Não sei, porque não conheço esses números. Já o Clube de Roma eu assisti de perto. Meu ex-sogro, o Hélio Jaguaribe, era membro do Clube de Roma. O Israel Klabin também. Desde jovem ouvi falar do Clube de Roma. Eu também li o Herman Kahn. A ideia de fazer exercício de futurologia quantitativa é uma arma de retórica. Eu não gosto de fazer futurologia. Fazer previsão para daqui a cinquenta anos, num sistema caótico como o nosso, é impossível. Agora, a pergunta é: essa preocupação com a capacidade de sustentação é relevante, é legítima? Claro que sim! É evidente que sim. O resto são instrumentos de retórica, usados para o convencimento das pessoas.

Então vamos falar do passado. O aumento exponencial das emissões de carbono está diretamente associado à arrancada de produtividade e prosperidade do capitalismo. Só na China, 300 milhões saíram da miséria. Milhões melhoraram de vida, no Brasil, na Índia, na África do Sul. Mas, ao mesmo tempo, a crise ambiental veio se agravando ao longo do século XX, com colapsos de ecossistemas e megaexternalidades, como Minamata, no Japão (1956), Three Mile Island (1979), Bhopal (1984), Chernobyl (1986) e Exxon Valdez (1989). Por que os alertas para os impactos colaterais dos processos econômicos não foram ouvidos? Por que os benefícios do desenvolvimento eram maiores? Por que a consciência dos impactos deriva de uma lógica incremental?

Porque o limite só veio agora. Antes estava longe. Portanto, a taxa de desconto era grande. Este é o ponto. O problema ambiental sempre existiu, só que era marginal. A restrição não era mandatória, agora é. O ponto é que a probabilidade de catástrofe, pequena ou grande, daqui a não importa quantos anos, é irreversível. É tangível e não é reversível. Não é reversível num prazo relevante para a humanidade, porque já está acumulada na atmosfera. E, se houver mudanças climáticas significativas, a vida na Terra pode ser inviabilizada completamente para grande parte da população. A Terra vai se tornar menos hospitaleira para a humanidade. Talvez voltemos a ser 500 milhões. A Terra vai resolver o problema da praga humana.

A mensagem ambiental aponta para sacrifícios, severidade e disciplina. As empresas veem a sustentabilidade como obstáculo e restrição ao crescimento. Os ambientalistas pregam mais regulação e controle. Para os consumidores, sugere-se limitação do consumo, comprar menos, gastar menos, dirigir menos, compartilhar recursos e até fazer menos sexo e ter menos filhos, como o Malthus sugeriu.

Menos filhos talvez, mas não necessariamente menos sexo! Isso a tecnologia já resolveu!

É verdade. Mas a mensagem é avessa à abundância e ao desfrute. Seria possível mudar essas percepções?

Promovendo uma mudança cultural, sim. Para mim, a evolução foi, partindo da filosofia ocidental grega, da valorização da natureza heroica e da ação — estou fazendo uma simplificação —, chegar à filosofia oriental, budista, o tao, o zen-budismo. Passar da ação para a contemplação. O filósofo ocidental que me levou a essa transição foi o Schopenhauer, o único que abre essa porta. Curiosamente, eu tinha uma impressão negativa dele, como filósofo do pessimismo. Na verdade, é um filósofo da compreensão, da lucidez. O problema ocidental é grave. Não estou subestimando. Não é algo fácil de resolver. Você tem razão na pergunta. Dado que estamos habituados ao "quero porque quero" e ao "mais é melhor", não será fácil. Mas há uma dimensão mais profunda. Essa noção ocidental de que a vida só faz sentido na ação, o conceito heroico de agir sobre o ambiente e sobre a natureza, os outros, a sociedade, confronta-se desde muito com o *ethos* oriental de que a felicidade é feita de harmonia e de contemplação. É claro que essa mudança não vai ser para amanhã.

O cenário climático é desanimador. A atmosfera do planeta está abafada por um manto de gás com 800 bilhões de toneladas de carbono. A cada ano lançamos mais 8 bilhões de toneladas, dos quais 2 bilhões são absorvidos e 6 bilhões sobem para adensar o manto. As tentativas diplomáticas de negociar uma solução global não estão dando certo. O aquecimento da temperatura média global em mais 2 °C em 2030 já está contratado. A inovação tecnológica poderá mudar esse quadro, como mudou o prognóstico de catástrofe econômica antevista por Malthus no século XIX?

É verdade, pode, mas ninguém sabe como nem se vai. Mudar uma vez não significa que dará certo sempre. Além disso, agora é diferente, porque o prognóstico do Malthus era de que não haveria comida suficiente para alimentar a população. Você poderia pensar que, se não há o suficiente para alimentação, as pessoas morrem e restam menos. Suponhamos que o progresso tecnológico fosse tardio na questão da alimentação. As pessoas ficariam mais fracas, mais morreriam de inanição, a população seria mantida em níveis mais baixos, e quando o progresso tecnológico viesse, resolveria. Mas você não estaria estragando o ambiente. Agora, o risco é muito diferente. Pode até ser que a gente venha a ter um progresso tecnológico que evite o aquecimento. Mas pode ser tarde demais. Talvez não haja como reverter. A atmosfera já está poluída. O risco agora não é de diminuir o número de pessoas, mas de chegarmos a um ponto em que a Terra seja inabitável.

Mas é possível sequestrar e enterrar carbono. Talvez a atmosfera possa ser reciclada.

Talvez. Dizem que estamos próximos de descobrir uma bactéria que consome gás carbônico. Sim, pode haver inovação. Quando o problema se tornar mais premente, haverá mais investimento, mais retorno em todos os sentidos, tanto financeiro quanto institucional, e mais pessoas vão se dedicar a essa questão. Você pode ter *breakthrough* tecnológico capaz de mudar significativamente o contexto de restrições.

O senhor já leu um relatório do IPCC?
Não.

É uma experiência mortificante. É de torcer para estarem errados. Mas lembro de uma aflição anterior, nos anos 1980, quando a Europa protestava contra a instalação dos mísseis nucleares norte-americanos Pershing e Cruise. Eles eram acionados pelo alarme de um ataque na tela de radar — um mecanismo chamado de launch on warning *— e demoravam seis minutos para chegar ao alvo. Se você estudasse a lógica do incremento da eficiência destrutiva das famílias de armamentos — regulada, aliás, por tratados internacionais —, perceberia que o sistema não poderia continuar evoluindo sem chegar a alguma culminação sinistra.[16] Mas o imprevisto aconteceu. A União Soviética entrou em colapso. Foi-se a União Soviética. Um dos polos do sistema se dissolveu.*

Por isso essa questão de proibição é muito difícil. Minha convicção de que felicidade e bem-estar estão associados mais à contemplação do que à ação, ao crescimento, ao consumo e às necessidades materiais, não vem da restrição ecológica. Eu não cheguei a essa conclusão por medo da restrição ecológica. Ao longo da vida me convenci. Portanto, para mim é indiferente. Você pergunta por que deveríamos abdicar de ter cinquenta carros, duzentas motocicletas e 34 aviões se a restrição ecológica pode

---

[16] Ricardo Arnt, "A lógica do casal fatal", *in O armamentismo e o Brasil: a guerra deles*, São Paulo, Brasiliense, 1985.

não acontecer. Para mim é questão de convencimento. Eu acho que dá para ser muito mais feliz mudando os objetivos de vida.

Desde que Marx espinafrou Malthus, boa parte da intelligentsia *recusa-se a pensar em demografia. Em 2035 o planeta terá 8 bilhões de pessoas, menos recursos e uma temperatura alguns graus centígrados mais quente. Já a população brasileira atingirá "crescimento zero" em 2039, com 219 milhões, e entrará em decréscimo, num país rico de terra agriculturável, água e florestas. Muitos acreditam que temos condições para completar a transição de economia exportadora de* commodities *para economia exportadora de manufaturados. O senhor acha que esse é um ideal cepalino?*

Para começar, discordo da crítica à exportação de *commodities*. Essa tese é ultrapassada. A ideia da deterioração dos termos de troca é furada. Os preços dos produtos industriais caíram uma barbaridade. Compare o preço do computador e o do petróleo e veja. Em termos de troca mudaram em que sentido? Compare com o preço de automóvel. O que subiu é o preço de serviços. Os exportadores de serviços é que estão se beneficiando dos termos de troca. As *commodities* é que estão ficando mais escassas. E a restrição ecológica vai valorizar as *commodities*, inclusive as *commodities* agrícolas. Isso é uma falsa oposição, uma discussão velha. Isso é cepalino. Essa lógica já se mostrou equivocada. É justamente o contrário: se a gente acredita que vai haver uma restrição ecológica, que a restrição ecológica vai apertar a sociedade, as *commodities* vão se valorizar.

Mas geram menos emprego.

Mas as pessoas não precisam de emprego, nesse sentido. Trata-se de primeiro viver, não de ter renda, não? Emprego é outra discussão. O livro clássico da Hannah Arendt, *A condição humana*, defende a ideia de que a valorização do trabalho é um fenômeno da modernidade. As pessoas precisam ter atividade, mas atividade não significa necessariamente trabalho. Nas sociedades ricas as pessoas vão ter atividades, não necessariamente em um emprego no sentido industrial. Emprego é algo que você precisa para viver, mas se pudéssemos viver sem emprego seria melhor. Eu preciso me sentir valorizado, me sentir pertencendo à comunidade, fazendo algum serviço útil, que me dá valor. Teoricamente, se eu tiver atividades e puder pagar minhas contas, não preciso de emprego. Se a sociedade já for rica para todo mundo viver bem, não precisamos de emprego para todo mundo.

A agenda do presidente Obama pressupõe a retomada do crescimento econômico numa economia de baixa emissão de carbono. Isso significa uma nova fronteira tecnológica e um novo tipo de infraestrutura econômica, como transportes elétricos, por exemplo. Como o Brasil pode se inserir nesse novo paradigma?

A gente está falando de grandes temas, mas há melhorias extraordinárias que não exigem tanta mudança. A coisa mais evidentemente disfuncional no mundo de hoje é o automóvel com motor a explosão. A consciência já está em tal nível, há tal demanda de público, que Carlos Ghosn, que trabalha na Nissan e é meu colega no conselho internacional do Itaú-Unibanco, me disse: "A pressão pelo carro elétrico é tão violenta, que tem demanda política em todo o mundo". Qualquer prefeitura oferece subsídio. O carro elétrico é viável com o petróleo a US$ 90. Agora, tem uma questão de logística: o grande custo do carro elétrico é a bateria, porque a autonomia dá para 160 quilômetros diários, o que é pouco. O americano viaja mais do que isso, você tem de recarregar. Ou você precisa de um sistema de troca de baterias. Você não compra a bateria; tem *leasing*: você entrega e troca enquanto a sua recarrega. Há todo um sistema de logística a construir. O Ghosn me disse claramente: "Acabou o carro tradicional". Em mais cinco, dez anos, os carros elétricos serão dominantes. Com isso, vai haver uma redução brutal de gás carbônico. Além disso, a ideia do automóvel como transporte individual urbano, além da questão ecológica e do gás carbônico, é inviável! Você não pode ter cidades do tamanho que temos baseadas no transporte individual de automóvel. Em Londres, no período em que morei lá, foi introduzido o *congestion charge*, que taxava a circulação no centro. No início, tinha uma campanha radical contra o Ken Livingstone, o prefeito socialista que introduziu o imposto. Aí, foi um sucesso gigantesco e ele resolveu ampliar para os bairros de Kensington e Chelsea. Virou o paraíso. De repente todo mundo percebeu: que maravilha, que silêncio na rua!

Como São Paulo e Rio de Janeiro nos feriados.

Exatamente! Então, a questão do automóvel hoje é um problema de coordenação. Você pensa "eu não posso me sacrificar", e eu penso igual, mas e se ninguém mais andar de carro? Hoje, da minha casa, em São Paulo, para cruzar a ponte Cidade Jardim e chegar até o Itaim, eu levo, de automóvel, exatamente o mesmo tempo, se não for mais, do que levaria se viesse a pé. Eu não venho a pé porque é uma barbárie, é uma confusão, uma poluição danada. Mas, se todo mundo estivesse a pé, eu viria a pé, ou de bicicleta — cem vezes melhor! Não dá para andar de bicicleta nessa cidade. Já tentei andar de motocicleta. A vida inteira andei de motocicleta, mas não ando mais em São Paulo. Ficou impossível, pela loucura que é. O automóvel é uma mistificação. Ele já se foi, mas tem um *imprint* tão forte no imaginário que você não consegue substituir. É uma questão cultural. Para isso, você precisa de uma medida de força — como a que introduziu o cinto de segurança. Há quinze anos, se você dissesse que todo mundo teria de andar com cinto de segurança, seria taxado de louco. Essas coisas é preciso fazer com coordenação. São questões políticas, públicas, que têm de ser feitas. O automóvel é a primeira delas. O Fernando Henrique Cardoso, na transição para o segundo governo, flertou com a ideia de criar uma espécie de ministério de novas ideias, e pensou em mim, para levar a cabo novas ideias e estratégias — que acabaram virando a função do Mangabeira Unger no governo Lula. Questões de sociedade, questões do futuro. A primeira que eu sugeri — tenho essa tese há muito tempo — foi o automóvel. Naquela época a gente estava com uma preocupação grande com a questão de déficit público, estabilidade da moeda, déficit fiscal. Eu disse que a indústria automobilística é a indústria que gera mais déficit público. Por quê? Porque quando põe um carro novo na rua, está criando congestionamento e mais necessidade de investimentos públicos. O gasto público subsidia a indústria automobilística e o comprador de automóvel! É um dos gastos mais regressivos que existe! Por não ter automóvel, o pobre sofre uma barbaridade para andar de ônibus. O governo é obrigado a usar seus recursos escassos para fazer pontes, ruas, viadutos, subterrâneos. O automóvel é incentivador do gasto público e gerador de gasto regressivo. O Fernando Henrique me chamou no corredor e disse: "Mas isso faz parte do modelo, e se faz parte do modelo não vamos mexer". Como todo político, ele viu a dificuldade — o Fernando Henrique é um intelectual, mas na época era o presidente da República. Então eu disse: "Você não quer esse Ministério, tenho certeza que você não quer esse Ministério". Ele riu. O automóvel é uma coisa relativamente fácil de mexer.

Parece difícil.

Não, não, não é verdade! É mito. Automóvel você dá jeito. Na Dinamarca, os impostos sobre automóvel são barra pesada. Você chega na Dinamarca e não tem um carro caro. Ninguém tem carro caro. Eu perguntei: "Como é possível um país tão rico e ninguém com carro caro?". Em Londres, você só vê Rolls-Royce, Mercedes. O segundo grande poluidor, além do automóvel, é o avião. Esse é mais complicado. É outra coisa que está na fronteira de se tornar disfuncional: avião e aeroportos.

Edmar Bacha

"Nosso problema é a natureza ser um bem sem dono."

Edmar Lisboa Bacha nasceu em 1942, em Lambari (MG). É bacharel em Economia pela Universidade Federal de Minas Gerais e PhD pela Universidade de Yale, EUA. Foi professor da PUC-RJ, da Universidade Federal do Rio de Janeiro (UFRJ), da Universidade de Brasília, da Fundação Getúlio Vargas-RJ e das universidades de Yale, Berkeley, Stanford e Columbia. Foi presidente do IBGE em 1985-1986. Participou da definição do Plano Cruzado, no governo José Sarney, e foi membro da equipe econômica do governo Itamar Franco responsável pelo Plano Real, de 1993 a 1994. Foi presidente do BNDES em 1995, no governo Fernando Henrique Cardoso. Foi presidente da Associação Nacional de Bancos de Investimentos (Andib) de 2000 a 2003. É consultor sênior do Banco Itaú BBA e diretor do Instituto de Estudos de Política Econômica da Casa das Garças. Publicou vários livros sobre economia brasileira e latino-americana.

As negociações sobre mudanças climáticas mostram a dificuldade de conciliar interesses e coordenar ações entre 192 países. É difícil obter consenso entre Tuvalu e Rússia. Martin Wolf, do Financial Times, *diz que "combater a ameaça das mudanças climáticas é o desafio coletivo mais complexo que a humanidade já enfrentou". A entropia da economia global ameaça nossa capacidade de administrá-la?*

Esse é um tema emergente. Nos últimos anos, talvez você possa datar esse esforço desde a Conferência da ONU sobre Meio Ambiente e Desenvolvimento, a Rio-1992, mas acho que só muito recentemente ele adquiriu certa urgência e proeminência. Certamente, entre os economistas, eu diria que somente a partir do relatório do Nicholas Stern, de 2006, é que o tema tem provocado discussões mais centrais, do ponto de vista dos economistas. Antes, era restrito a pessoas especializadas. A consciência do problema obviamente vem crescendo a partir do acúmulo da evidência científica a respeito do aquecimento global, por um lado, e, por outro, do acúmulo da evidência científica de que esse aquecimento global tem a ver com a atividade humana nesses últimos dois séculos. Essas projeções, apesar de certo grau de incerteza, indicam que, se continuarmos assim, corremos o risco de chegar a um aquecimento superior a 5 °C até o final deste século.

O que você acha dos esforços diplomáticos realizados?
No caso da COP-15, eu receava que a reunião de Copenhague fosse apenas o que os americanos chamam de *"photo oportunity"*. Nem isso foi. Nem foto no final teve. Acho difícil esse esquema de negociação tradicional da ONU em que você tem de encontrar um consenso entre quase duzentos países. É muito pouco produtivo. Faltou, no fundo, uma preparação a partir de reuniões de grupos menores — o G20, por exemplo — responsáveis pelo grosso das emissões, de qualquer modo.

Se o cenário business as usual continuar, dizem os cientistas, em 2030 o aquecimento climático ultrapassará 2 °C, gerando mudanças climáticas. A inovação tecnológica poderá mudar esse quadro, como mudou o prognóstico de catástrofe econômica antevista por Malthus no século XIX?
Bem, bem mais perto do que isso nós tivemos as previsões do Clube de Roma, nos anos 1970, que falharam. Por enquanto, me parece improvável, porque até agora não temos nenhuma das fontes energéticas alternativas de baixo carbono com boa perspectiva econômica. A mais econômica é a energia atômica, em que ninguém quer pôr a mão, especialmente os europeus — estão tratando de se livrar dela —, e acho que confiar que os ventos nos darão suficiente energia a preço baixo parece meio improvável, no momento. Mas, certamente, se quisermos olhar a perspectiva de manutenção do crescimento tanto do PIB *per capita* quanto da população mundial, vamos ter de encontrar a solução por meio de processos tecnológicos que sejam economizadores de carbono.

Construir uma economia de baixa emissão de carbono implica numa mudança de paradigma no pensamento econômico?
Estamos lidando com um assunto cuja novidade para os economistas decorre do fato de que a gente sempre tomou, na análise econômica,

a natureza como um bem livre, de oferta ilimitada, a preço zero. Portanto, não era objeto da indagação dos economistas. Os economistas se perguntam sobre como alocar recursos escassos com usos alternativos, e a natureza não aparentava ser um recurso escasso. Certamente não era, há duzentos anos. Essa escassez de bens naturais é um fenômeno recente. Então, estamos nos dando conta de que esse bem, a natureza, é escasso, e, dada essa visão de que há escassez, temos um problema econômico. O problema econômico deriva de que a natureza não tem dono.

Estamos falando de limites naturais ao crescimento?
Não. Estamos falando da existência de um fator de produção cuja escassez não está incorporada na análise econômica. Antes não era incorporada porque era abundante. Agora, que percebemos que os recursos naturais são escassos, o nosso problema é a natureza ser um bem sem dono e, portanto, como não tem dono, continua sendo usada como se de graça fosse, ou seja, excessivamente. O problema econômico, agora, é como vamos encontrar formas de precificação desse bem, ou de regulação eficiente do seu uso, de tal maneira que possamos preservá-la para as gerações futuras.

O Relatório do crescimento, da Comissão sobre Crescimento e Desenvolvimento, do Banco Mundial, da qual você faz parte, afirma que há um "impasse conceitual" sobre como reduzir as emissões de carbono a níveis seguros, acomodando o crescimento dos países em desenvolvimento. O jeito seria reduzir radicalmente a dependência de energia e de carbono, promovendo a eficiência energética. Mas, ao mesmo tempo, para os países emergentes alcançarem a renda per capita dos países industrializados, o relatório sugere um crescimento anual médio de 5,7% na China, 5,3% no Brasil e 7,4% na Índia, até 2050. Só a urbanização prevista para a China nos próximos anos é da ordem de mais 600 milhões de pessoas. Como acomodar os custos socioambientais desse crescimento?
Como é que a gente viabiliza uma economia de baixo carbono? Hoje em dia esse problema é extremamente custoso, essa viabilização. Se a gente fosse prescindir de petróleo e carvão, provavelmente teríamos de nos acomodar, do dia para a noite, a um padrão de vida, nos países desenvolvidos, bem inferior ao que hoje dispomos, e os países em desenvolvimento teriam de abdicar dessa perspectiva de crescimento intensivo com o uso de carbono. Então, há um problema. Se quisermos, realmente, chegar às

metas de 2030 de não aquecer a Terra mais do que 2 °C, e a partir daí conseguir reduções no nível de aquecimento global, temos o problema da viabilização de tecnologias alternativas. Mas não se trata só de descobrir novas tecnologias. Os modos alternativos podem já estar disponíveis. Usa-se o modo intensivo em carbono porque é a maneira mais barata do ponto de vista individual. Se você conseguir um sistema em que o custo das emissões de carbono seja internalizado por quem está produzindo e por quem está consumindo, ou seja, se você precificar adequadamente o carbono, a coisa muda. É claro que essa questão de precificação adequada é supercomplicada. Mas isso induzirá as pessoas a produzir de outras formas, a produzir os mesmos bens de outras formas, e a produzir outros bens menos intensivos na emissão de carbono.

Fala-se muito em "capacidade de suporte" do planeta. A ONG Global Footprint Network, ligada à Universidade de British Columbia, afirma que o consumo global de recursos ultrapassou, em 1987, a capacidade de regeneração do planeta. Se continuarmos no ritmo atual, em 2050 precisaremos de dois planetas. O que você acha?

Não posso falar de coisas sobre as quais não tenho familiaridade. A questão do aquecimento global me parece um pouco mais tangível de lidar. Essa perspectiva de deixar a Terra continuar a aquecer pode chegar a um ponto de não retorno. Significa uma perspectiva de destruição da humanidade. Isso, entendo, é um risco, que pode até ser pequeno, mas um risco pequeno totalmente destruidor: pode acabar com a atividade humana. Nesse sentido, não pode ser ignorado.

Muitos afirmam que, para que uma mudança de paradigma se concretize, os produtos e serviços deveriam ser precificados pelo "custo total", embutindo no preço o custo das externalidades e dos impactos socioambientais como desperdício e poluição. É esse o problema?

Sim. Acho que esse é o dilema. Se você olhar a questão do aquecimento global, tem um economista americano, da Universidade de Harvard, que estuda esses temas, o Martin Weitzman,[17] que diz o seguinte: reduzir as emissões de carbono é muito dispendioso, custa muito caro,

---

[17] Martin L. Weitzman, "On Modeling and Interpreting the Economics of Catastrophic Climate Change", www.economics.harvard.edu/files/faculty/61_Modeling.pdf.

trilhões de dólares. Aí, do outro lado, tem esse pessoal da geoengenharia. Você leu o *Superfreakonomics*,[18] do Levitt? Tem lá um artigo em que ele fala mal do Al Gore, dos esquemas que o Gore propõe como alternativa, estimando o custo em trilhões de dólares e comparando com alternativas de geoengenharia para retirar carbono da atmosfera, ou para impedir que os raios solares tenham reflexos tão fortes, essas coisas de espelhos em órbitas. O custo, comparado com o custo de redução de carbono, é mínimo. Eles falam em experimentos de US$ 250 milhões, o que quer dizer quase nada. O problema com essas coisas de geoengenharia — agora mesmo a Academia de Ciências do Reino Unido disse que temos de incorporar a geoengenharia como parte da solução para o problema — são as consequências imprevistas. Na hora em que você começa a mexer na obra da natureza, a alterar os seus padrões de funcionamento, pode ser que funcione e pode ser que não. Quer dizer, sabe lá... Nós destruímos a camada de ozônio pensando que tínhamos resolvido outro problema.

O aumento exponencial das emissões de carbono está diretamente associado à arrancada de produtividade e prosperidade do capitalismo. Só na China, 300 milhões saíram da miséria em uma geração. O governo chinês fala até em 500 milhões. Milhões melhoraram de vida no Brasil, na Índia, na África do Sul. Mas, ao mesmo tempo, a crise ambiental veio se agravando ao longo do século XX, com colapsos de ecossistemas e externalidades desastrosas como Minamata, no Japão (1956), Three Mile Island (1979), Bhopal (1984), Chernobyl (1986) e Exxon Valdez (1989). Por que só agora os economistas e o público em geral percebem a correlação entre esses processos? Por que os alertas para os impactos colaterais do desenvolvimento não foram ouvidos?

Pergunta complicada. Traduzindo isso que você está dizendo em termos de Economia, qual é a taxa de desconto que você aplica ao futuro? Que taxa de juros vamos usar para descontar o bem-estar dos nossos tataranetos comparado ao nosso bem-estar? Esse é um problema de alta natureza filosófica. Obviamente, se não estamos preocupados com o bem-estar dos nossos tataranetos tanto quanto estamos preocupados com o nosso — nosso, digamos, da coletividade humana ora existente sobre o

[18] Steven D. Levitt e Stephen J. Dubner, *Superfreakonomics*, Nova York, Harper Collins Publishers, 2009.

planeta —, essa discussão é ociosa. O interesse dos não nascidos ainda não se faz presente agora — esse é um problema. Outro problema é o seguinte: provavelmente eles vão ser mais ricos do que nós. Do jeito que a economia está crescendo, eles vão ter muito mais recursos, lá na frente, para fazer face às ameaças que, então, se lhes apresentem. Esta dupla dinâmica — a distância no tempo e a ideia de que o futuro será mais rico — fez com que os economistas tradicionalmente não levassem as ameaças ecológicas muito a sério. O problema só se torna mais premente quando nos damos conta de que esse futuro está muito mais próximo do que imaginávamos, e que não adianta ser milionário se você não puder existir. Então, essas duas características do pensamento econômico tradicional — o tempo e a riqueza relativa — deixaram de existir. Portanto, ponto para quem tem preocupação com a ecologia.

Você acha que o discurso ambientalista é alarmista?
A gente vê isso na prática aqui no Brasil, essa discussão entre o Ministério do Meio Ambiente, o Ministério de Minas e Energia e o Ministério da Agricultura, os dois últimos preocupados em produzir mais energia e mercadorias e os ambientalistas criando dificuldades. Esse é um problema — como é mesmo que a Comissão do Banco Mundial falou? —, um "impasse conceitual". É um problema realmente custoso. Certos economistas ambientalistas dizem: "Não olhe por esse ponto de vista pessimista, imagine o amplo espectro de oportunidades da expansão tecnológica numa economia de baixo carbono; será uma nova concepção econômica". Certo, mas isso também é dourar a pílula. Lembro de certos economistas estruturalistas, do passado, que falavam assim: "Você tem de aumentar o custo da mão de obra porque isso vai incentivar o desenvolvimento de tecnologias que economizem mão de obra e elas vão dinamizar o desenvolvimento econômico" — como se não fosse exatamente o contrário.

Estamos diante do fato de que a tecnologia e o engenho humano adquiriram a capacidade de alterar o planeta em uma fração do tempo histórico. Grandes mudanças não intencionais estão ocorrendo na atmosfera, nos solos e nas águas, entre plantas e animais. Como você vê a busca pela sustentabilidade em economia? Moda? Necessidade? Ideologia?
Acho que o problema, agora, está muito claro: existe uma enorme externalidade. Quando você produz um bem — petróleo ou aço —, você

também produz um mal, que é a emissão de carbono. Essas emissões de carbono, que você gera, não têm preço — o custo delas é zero para você. Para a sociedade como um todo, o custo é altíssimo, sei lá, US$ 100 por tonelada. Então, desse ponto de vista, uma vez que você reconhece, existe de fato um problema econômico. Se você medisse o desenvolvimento econômico corretamente, incorporando a deterioração do ambiente devidamente precificada no custo do que você produz, o Produto Interno Líquido seria muito menor do que você precifica. Então, esse é um custo social, não um custo privado — e continuará assim enquanto não houver uma precificação adequada para os males que você gera ao produzir os seus bens.

Muitos acham que a expressão "desenvolvimento sustentável" é um oxímoro, uma contradição em termos, já que não é possível desenvolver conservando. Economia e Ecologia podem ser ajustadas? Nicholas Georgescu-Roegen diz que, a longo prazo, a Economia será absorvida pela Ecologia.

Quando a gente publicou o *Relatório do crescimento*, você me disse: "Você é membro da Comissão do Crescimento Sustentável". Eu fui ler o título e não é "crescimento sustentável". É "crescimento sustentado". Nesse sentido, você estaria correto em afirmar que a própria comissão estaria caindo numa contradição em termos, porque, como é que vai ser um crescimento sustentado indefinidamente, se não tem uma discussão extensa sobre a questão do aquecimento global e as questões ecológicas — exceto no capítulo quatro? Realmente, existe aqui uma contradição. Por outro lado, os ecologistas estão totalmente focados nas questões da preservação do planeta do jeito que ele é, enquanto a atividade humana o modifica o tempo todo. Além disso, não é só a atividade industrial, não. Não é só a produção econômica que impacta o planeta. É também o número de pessoas, a expansão demográfica.

Um mundo de 6 bilhões a caminho de 8, talvez 9 bilhões.

Se você olhar do ponto de vista brasileiro, por exemplo, diversos pensadores gostariam que tivéssemos 500 milhões, para sermos uma potência mundial. Se tivéssemos 500 milhões de pessoas, onde colocaríamos esse segundo Brasil, senão na Amazônia? E como colocá-lo na Amazônia senão destruindo-a, como já fizemos com a Mata Atlântica? Isso não é um problema de crescimento econômico, mas de crescimento populacional.

O Lévi-Strauss diz que as sociedades, ao se tornarem demasiadamente numerosas, não podem perpetuar-se, "não obstante o gênio dos seus pensadores, senão segregando servidão".

Veja o problema da Ásia e da África. Existe um problema de super-população que não enfrentamos, sufocante. O grau de deterioração do meio ambiente provocado pelo impacto da população pobre sobre recursos limitados é extremamente destrutivo. O problema, portanto, não é só a Revolução Industrial e os seus gases. Inclusive, boa parte da nossa responsabilidade pelo aquecimento global no Brasil não vem de processos industriais, mas do desmatamento e da expansão do gado.

Você conhece a "curva de Kuznets", que ilustra a evolução da relação entre crescimento e distribuição de renda no desenvolvimento capitalista. Dois economistas da Universidade de Princeton, Gene Grossman e Alan Krueger, sugerem a existência de uma "curva ambiental de Kuznets". Ou seja, que os impactos crescem durante os estágios iniciais do desenvolvimento, mas que, a partir da obtenção de certo nível de renda, estabilizam e entram em declínio, intensificando-se a racionalidade ambiental. Você acha que, para fazer o bolo crescer, é inevitável gerar impacto ambiental? O Brasil estaria se aproximando da racionalidade ambiental?

Eu não vi esse artigo a que você se refere, mas presumo que tenha a ver com a participação do setor secundário, da indústria, no PIB. Para uma dada população que está em equilíbrio agrícola, com baixa emissão de carbono, quando o país começa a crescer, a proporção da indústria no PIB cresce e emite gases, principalmente as indústrias intensivas em petróleo e carbono. Depois de certo nível de renda, a participação da indústria estaciona e você tem uma participação crescente de serviços, que, eu imagino, sejam menos intensivos na geração de carbono, de maneira geral. Se você olha por unidade de PIB, a China emite duas vezes mais do que os Estados Unidos, mas por unidade de gente ela emite quatro vezes menos. Então, parece um PIB ineficiente, por causa da natureza dos produtos. É uma economia ainda muito intensiva em indústria, assim como a da Índia, onde também está crescendo a participação da indústria. O Brasil já entrou numa fase em que a participação da indústria está caindo, há pelo menos vinte anos isso acontece. Mas o problema, aqui, especificamente, é o grosso das emissões ligadas à atividade da agricultura e da pecuária, o desmatamento. Nos últimos vinte ou trinta anos, por causa da interiorização do desenvolvimento, estamos atingindo ecossistemas na Amazônia e no Centro-Oeste. Ali está o problema.

Nos últimos quarenta anos, 18% da Floresta Amazônica foi destruída. Pela lógica dos impactos do desenvolvimento da "curva ambiental de Kuznets", esse destino seria inevitável. Você concorda?

Não, é claro que não. Acho apenas que, dadas as considerações de preços que as pessoas enfrentavam, era melhor fazer queimada do que introduzir novos métodos agrícolas que pudessem ter outros resultados. Pode-se fazer de outra forma, como tem sido feito agora com a cana-de--açúcar. Há um programa em curso para acabar com as queimadas ligadas à cana-de-açúcar. São programas custosos, que requerem mecanismos de indução, mas que são viáveis. Aí a gente entra em outra questão, que é a desconfiança dos ecologistas com relação aos mecanismos de preços. O Carlos Minc, quando era ministro do Meio Ambiente, deu uma entrevista ironizando os europeus "que querem usar mecanismos de mercado". Há dois tipos de mecanismos de mercado: ou você coloca o imposto sobre a emissão de carbono, que é o que os economistas prefeririam, ou você estabelece limites a nível nacional, depois a nível regional, setorial e em cada fábrica, pondo limites e permitindo um comércio. Permitir um comércio é importante porque quem economizar além dos limites pode obter créditos de carbono para vender para quem emite acima dos limites. Esse é um sistema eficaz. Quando trata do problema de aquecimento, a Comissão de Crescimento do Banco Mundial afirma que a solução tem de ser equitativa e eficiente. Equitativa na distribuição dos ônus da redução das emissões entre países desenvolvidos e subdesenvolvidos. Eficiente no sentido de usar mecanismos de mercado para que os setores, as atividades e os países que tenham maior capacidade de reduzir as emissões a menos custo possam fazê-lo, beneficiando-se disso e vendendo a redução extra para os países, os setores e as atividades intensivos em emissões de carbono, para os quais seria muito custoso atingir as metas estabelecidas através da redução das atividades. Acho importante que os ecologistas entendam a natureza desse raciocínio econômico. Não entendo qual o problema. É aversão ao mercado? Uma vez que você estabelece um mecanismo de crédito de carbono, que vai ter compra e venda, inevitavelmente haverá uma bolsa, inevitavelmente existirão derivativos e tudo terá que ser regulado. É possível fazer uma boa regulação. No diálogo entre ecologistas e economistas essas mensagens têm trânsito difícil. Tem gente que fala: "Os economistas querem estabelecer mecanismos de mercado quando o mercado financeiro já falhou". Ora, um mercado bem regulado é melhor do que regulações quantitativas para serem obedecidas a ferro e fogo. Isso seria muito mais custoso. E seguindo por essa linha geralmente não se chega a lugar nenhum, porque os ruralistas, os industriais e os empresários não vão deixar passar uma solução que obstrua a atividade econômica.

Como transformar a vantagem comparativa da Amazônia em vantagem competitiva? Há trinta anos fala-se da criação de uma "economia da floresta em pé" com serviços ambientais, manejo sustentável de recursos, biodiversidade e biotecnologias, mas pouco se avançou.

Não entendo nada do assunto específico. Como é que o economista aproxima o problema? Se há um tipo de extrativismo ou de agricultura que destrói o meio ambiente da Amazônia, é porque os custos sociais não estão se refletindo nos custos privados. Então, é preciso criar mecanismos de internalização junto ao processo decisório dos agentes econômicos, para induzi-los a fazer as coisas da maneira socialmente correta. Se formos criar só mecanismos de interdição, "proíbe-se isso", "proíbe-se aquilo", paramos a economia. Esse é o problema. Outro fato é a existência de 30 milhões de amazonenses. O que fazer? Vamos deslocar os 30 milhões? Para onde? Então, se quisermos preservar, temos o problema de compensar. Sei que não é um problema simples. Estou dizendo que precisamos criar mecanismos de internalização no cálculo econômico dos agentes para que eles atuem de forma compatibilizada.

Há consenso de que o país precisa de investimentos em infraestrutura para melhorar a competitividade e reduzir o "custo Brasil", agravado por estradas deficientes, portos congestionados, transporte ferroviário precário e falta de energia. O licenciamento ambiental frequentemente demonstra incompreensão da importância desses empreendimentos. Mas os relatórios de impacto ambiental apresentados pelas empresas também revelam má vontade e desleixo com as externalidades. Como avançar nesse impasse?

Esse impasse é terrível. Você vê as restrições postas para a construção de hidrelétricas na Amazônia. Qual tem sido umas das consequências? Estamos aumentando a participação das termoelétricas a gás, a diesel e a carvão na matriz energética, sujando uma matriz que era limpa e renovável. Então, precisamos ter uma visão holística desse problema. Qual é o dano menor dentro das tecnologias existentes, enquanto procuramos alternativas tecnológicas menos danosas? Dado o leque de alternativas que existe, a gente precisa chegar a uma escolha. Esse processo decisório, na verdade, parece muito picotado! Essa tentativa do governo de passar uma nova lei ambiental que estabeleça uma melhor categorização, quem é responsável pelo quê, quem dá a licença e quem faz a fiscalização, sugere superposição de funções. Isso é um problema de gerenciamento, de gestão, do setor público. A gente foi criando, além de licitações, tantas restrições para a administração pública — o Lula volta e meia fala sobre isso —, tem de se haver com a Advocacia Geral da União, com o Ministério Público Federal, com a área ambiental, que não conseguimos avançar nesse emaranhado burocrático. Isso é o que os americanos chamam de *red tape*.

Muitos empresários veem a sustentabilidade como obstáculo e restrição. Já os ambientalistas advogam regulações e controles às empresas. Para os consumidores, a mensagem ambiental prega limitação do consumo, comprar menos, gastar menos, dirigir menos, compartilhar recursos e até fazer menos filhos, ou seja, sacrifícios e severidade. A proposta ambientalista é avessa à abundância e ao desfrute. Seria possível mudar essas percepções?

Pense numa equação em que o total das emissões de carbono seja um produto de três fatores: emissão de carbono por unidade do PIB, que é problema tecnológico, vezes o PIB *per capita*, que é problema de afluência, vezes a população. Se você tomar a emissão de carbono por unidade do PIB como dado, com a tecnologia dada, não existe muita escolha. Os outros dois fatores seriam: reduzir a população ou reduzir a renda *per capita*. Não tem como fugir. Essa é a verdade. Então, em última instância, a maneira de resolver o problema é resolver do ponto de vista da tecnologia. A civilização humana, a civilização industrial dos últimos duzentos anos, resolveu problemas tecnológicos muito complexos. Estamos diante de um enorme desafio do ponto de vista de desenvolvimento de tecnologias de baixo carbono. Por um lado, como os orçamentos de desenvolvimento de pesquisas são fundamentalmente de setores públicos, deveria haver um enorme aumento no gasto em pesquisa e desenvolvimento de tecnologias de baixo carbono. Essa é a maneira progressiva, digamos, de resolver o problema. Enquanto isso, temos de procurar fórmulas, usando o sistema de preços e regulações adequadas, para que possamos chegar a soluções duradouras. A indução certa é usar menos emissões de carbono por unidade do PIB.

O termo sustentabilidade virou uma panaceia, tão vaga e flexível quanto o conceito de democracia no passado. Antigamente, as ditaduras latino-americanas ou as democracias populares do Leste Europeu se autoproclamavam democratas. Agora todos são "sustentáveis". Como você vê a onda de "greenwashing"?

Em princípio, acho uma coisa boa, quer dizer, é mesmo como a democracia. Ok, as pessoas podem chamar uma ditadura de democracia popular. Não sei se o Hitler chamava a Alemanha de democracia nacional-socialista, mas essa é só uma questão de propaganda enganosa.

A agenda do presidente Obama pressupõe a retomada do crescimento econômico numa economia de baixa emissão de carbono. Isso significa uma nova fronteira científica e tecnológica e um novo tipo de infraestrutura econômica, como transportes elétricos, por exemplo. Como o Brasil pode se inserir nesse novo paradigma?

Temos um grande trunfo. A maneira pela qual podemos reduzir substancialmente nossas emissões de carbono não é tão danosa para o crescimento econômico. A redução do desmatamento na Amazônia e a criação de mecanismos para a pecuária ser menos produtora de metano me parecem mais à mão e muito mais baratas do que se privar de carvão e de petróleo na produção econômica. Temos soluções mais "baratas" para darmos uma contribuição significativa para a redução das emissões globais. Com a criação de um mercado de carbono podemos ter a possibilidade de ganhos substanciais para subsidiar os setores industriais com dificuldade de reduzir suas emissões.

Há sinais de que o Congresso dos Estados Unidos está determinado a adotar tarifas de equalização de emissão de carbono contra Índia, China e Brasil se não adotarem metas de redução de emissões. O aquecimento global pode se transformar em barreira comercial?

Acho que o primeiro passo deveria ser definir uma estratégia adotada por um conjunto significativo de países, que produza, digamos, 85% das emissões: América do Norte, União Europeia, Japão, o Basic (Brasil, África do Sul, Índia e China) e, provavelmente, a Rússia. Uma vez que esse conjunto entrou em acordo, trata-se de induzir os outros 15% a não buscar uma *free ride*. O privilégio de um país sem metas de redução de carbono continuar exportando e importando, sem custos, recebendo investimento direto porque pode produzir mais barato, deve ser evitado. As indústrias vão querer se transferir para os 15% que não estão dentro do acordo. Uma vez que haja esse entendimento, você precisa de mecanismos que impeçam o *free ride,* não por decisão do congresso americano. Acho plausível imaginar como parte do pacote a criação de mecanismos e barreiras tarifárias contra esses países dentro de um contexto de um acordo global.

As ferramentas de análise econômica talvez não estejam evoluindo em velocidade compatível com a crise global. O presidente Sarkozy patrocina uma revisão do conceito de Produto Interno Bruto. Diz-se que a preocupação excessiva com a métrica teria ajudado a desencadear a crise financeira de 2008, na medida em que desprezou os índices de endividamento das famílias e das empresas norte-americanas. Existiria um fetichismo do PIB?

Em 1974 eu escrevi uma fábula que se chamava "O economista e o rei da Belíndia".[19] Era uma fábula para tecnocratas, justamente sobre o fetichismo do PIB. No final, o rei da Belíndia se convence de que o PIB era o "felicitômetro dos ricos" e manda o instituto de estatística da Belíndia começar a calcular outras fórmulas de bem-estar que levassem em conta o bem-estar não somente dos ricos, mas também dos pobres. Essa questão do PIB como uma medida inadequada do bem-estar do conjunto da população existe há tempo. Foi o que levou a ONU, em 1990, a criar o Índice de Desenvolvimento Humano (IDH), introduzindo, ao lado da produção material, a educação e a saúde — o que já foi um ganho. Agora, discutimos outra coisa: a questão é a destruição da natureza. Como é que a gente deduz do PIB o custo imposto pelo esgotamento dos recursos naturais? O PIB nunca vai poder fazer isso, porque o PIB é bruto em depreciação, é Produto Interno Bruto. Queremos discutir como se cria um conceito de Produto Interno Líquido em que a depreciação não seja somente a das máquinas e do capital físico, mas também a depreciação da natureza, cujos recursos disponíveis estão escasseando. Esse Produto In-

---

[19] Edmar Bacha, "O economista e o rei da Belíndia", *Jornal Opinião*, São Paulo, agosto de 1974.

terno Líquido que deduz as perdas da natureza mostraria que o crescimento econômico é muito menor do que aparenta ser. Acho que isso é parte do esforço, junto com a precificação dos recursos naturais, dessa mudança de paradigma de que falamos no início. É importante, sim. Eu já achava isso em 1974. Mas não é fácil. O PIB está aí desde quando? Desde o pós-guerra? Não sei quando os primeiros PIBs foram montados. O nosso está aqui desde 1947.

Eduardo Giannetti

"Estamos presos a uma corrida armamentista de consumo."

Eduardo Giannetti nasceu em Belo Horizonte em 1957. Formou-se em Economia (1978) e em Ciências Sociais (1980) na Universidade de São Paulo (USP) e fez PhD na Universidade de Cambridge. Foi pesquisador da Fundação Instituto de Pesquisas Econômicas (FIPE) da Faculdade de Economia e Administração da USP, de 1978 a 1980, e professor de História do Pensamento Econômico, em Cambridge, de 1984 a 1987. É professor da Faculdade Insper, em São Paulo. É autor de vários artigos e livros, entre eles *Vícios privados, benefícios públicos?* (Companhia das Letras, 1993), *Autoengano* (Companhia das Letras, 1997), *Felicidade* (Companhia das Letras, 2002), *O mercado das crenças* (Companhia das Letras, 2003) e *O valor do amanhã* (Companhia das Letras, 2005).

O senhor é um economista engajado com a discussão sobre a sustentabilidade do desenvolvimento. O Brasil tem um registro incomum de muito crescimento econômico, pouco desenvolvimento social e vasto impacto ambiental. Nossos economistas parecem nutrir indiferença pelas questões ambientais, tanto quanto os ambientalistas aparentam ignorar a Economia. O que mais contribui para a permanência desse modelo de expansão econômica?

A nossa formação histórica e cultural. A maior dificuldade brasileira é agir no presente tendo em vista o futuro. Todas as questões que envolvem sacrifícios imediatos em prol de benefícios remotos são extremamente dificultadas na vida brasileira. O imediatismo impera. Se fôssemos regidos por um mito grego, seria uma cultura dominada não por Prometeu, mas por Epimeteu, seu irmão. Prometeu é racional. Epimeteu age antes de pensar, movido por impulsos e por uma enorme capacidade de desfrutar as possibilidades do momento, muitas vezes comprometendo seriamente seu próprio futuro. Escolhi esse tema para ser o foco de um trabalho de pesquisa que resultou em *O valor do amanhã*.[20] Essa é uma enorme dificuldade da vida brasileira.

Sendo o Brasil um país continental, com clima bom, sol, florestas, biodiversidade e 12% da água do planeta — uma das mais duradouras molduras do naturalismo no mundo —, seu desenvolvimento não deveria ter seguido o caminho oposto, cultivando o zelo pelo meio ambiente?

Acho exatamente o contrário. As facilidades que a natureza nos oferece para a reprodução da vida são tolerantes com o imediatismo e a inconsequência em relação ao futuro. Isso se manifesta até na vegetação, por incrível que pareça. Uma árvore num ambiente tropical pode viver um dia de cada vez. Ela tem água e sol todos os dias do ano, e não precisa desenvolver mecanismos sofisticados de transferência de recursos do presente para o futuro. Uma árvore num ambiente exigente de clima temperado, por seleção natural e por evolução, acaba tendo de desenvolver esses mecanismos, por imposição biológica, antes de qualquer coisa. Acho que as facilidades e a generosidade da natureza tropical favorecem uma visão mais descomprometida e mais imediatista da vida.

Há um divórcio entre a natureza estetizada que celebramos na cultura e o que a sociedade faz na prática.

É. Acho que isso é outra característica nossa: total descompromisso prático em relação às ideias. Tem um verso do samba "O orvalho vem caindo", de Noel Rosa, que ilustra essa relação entre trabalho e planejamento nos trópicos: "Minha terra dá banana e aipim/ O meu trabalho é encontrar quem descasque por mim". O preocupante é o encontro de uma geografia que nos concede, por acidente, um patrimônio ambiental único no planeta, com uma história marcada por uma forte propensão a descontar o futuro, a não agir no presente tendo em vista o futuro, e a desfrutar tudo do presente, independentemente de consequências remotas.

Apesar da persistência de desajustes e de déficits preocupantes, nossa economia está mais arrumada hoje do que nos tempos de inflação crônica. Mas, agora, estamos às voltas com outro tipo de pressão: mudanças

---

[20] Eduardo Giannetti, *O valor do amanhã: ensaio sobre a natureza dos juros*, São Paulo, Companhia das Letras, 2005.

*climáticas ameaçadoras derivadas da emissão de gases de efeito estufa.
Como você encara essa questão? O desafio de construir uma economia de
baixa emissão de carbono implica numa mudança de paradigma no pensamento econômico ou é apenas mais uma crise?*

Vamos por partes. Eu acho que os economistas vão ter de levar, mais
cedo ou mais tarde, muito mais a sério as restrições e as oportunidades
que o nosso meio ambiente particular oferece. Não acho que uma mudança de comportamento virá por conta de uma mudança da teoria econômica ou dos paradigmas vigentes na academia. Não vejo essa relação de
causalidade dessa maneira. Temos de entender também quais são as par-
ticularidades do Brasil no contexto complexo do aquecimento global. Os
desafios e as oportunidades que se oferecem ao Brasil são muito diferentes daqueles que prevalecem nos países de alta renda do hemisfério norte, principalmente. Temos um enorme desafio que é a preservação do nosso patrimônio florestal. Temos de viabilizá-lo economicamente de alguma maneira que não seja destrutiva do ponto de vista de preservação, da
biodiversidade e da integridade do patrimônio. Esse é um desafio. Outra
coisa que me preocupa muito também é a questão da agropecuária. Estive na Nova Zelândia, há uns dois anos, e vi a seriedade com que, por
exemplo, eles tratam a questão da emissão de gases de efeito estufa. É
uma grande questão nacional. Nós temos um rebanho muito maior, o
maior do mundo. Só de bovinos são mais de 200 milhões de cabeças. Tem
um estudo da FAO mostrando que a emissão de dióxido de carbono equivalente por parte do rebanho mundial, incluindo o bovino, o suíno e o
aviário, o impacto ambiental do rebanho mundial, medido em CO_2 equivalente, supera o impacto de toda a frota automobilística do planeta. Nós
nem começamos a prestar atenção nesse assunto. Você pega o crescimento da demanda global de carne e de leite, liderado pela China e pela Índia, que estão começando a ter acesso a produtos de mais intensidade
calórica, faz uma extrapolação disso para poucos anos à frente e desco-
bre que essa conta é explosiva.

Os neozelandeses têm uma estratégia para melhorar esse quadro?

Eles estão pesquisando muita tecnologia de redução do impacto ambiental de rebanho, que é muito alto. São vários mecanismos: a decom-
posição dos resíduos, o desmatamento, o processo digestivo... Você vai
somando, tem vários componentes. É difícil enfrentar todos. E a demanda por carne e leite da Ásia é explosiva. Essa conta não fecha.

Eduardo Giannetti

A tecnologia e o engenho humano adquiriram a capacidade de alterar o planeta em uma fração do tempo histórico. Grandes mudanças não intencionais estão ocorrendo na atmosfera, nos solos e nas águas, entre plantas e animais. Como você vê a atual busca pela sustentabilidade em economia?

Eu vejo como uma necessidade de garantir o bem-estar e de garantir a viabilidade biológica da população humana hoje existente. É algo que se impõe. Quais são as respostas de menor custo a essa nova realidade? Acho que é aí que está realmente a discussão. O que é eficaz e o que não é.

Você conhece a curva de Kuznets, a curva em "U invertido". Dois economistas da Universidade de Princeton sugerem a existência de uma "curva ambiental de Kuznets". Eles sustentam que a poluição e os impactos ambientais também evoluem segundo o "U invertido", ou seja, crescem durante os estágios iniciais do desenvolvimento, mas, a partir da obtenção de certo nível de renda, estabilizam e entram em declínio, junto com a intensificação da racionalidade ambiental. Você acha que, para fazer o bolo crescer, é inevitável gerar impacto ambiental?

Tenho dúvidas sobre a validade empírica dessa curva ambiental. Sérias dúvidas. Acho que ela pode ser decrescente em termos de aceleração, mas o volume do impacto é crescente. Ou seja, para cada unidade adicional de PIB, a partir do momento em que o país se desenvolve, você pode ter um impacto declinante no meio ambiente, mas ele nunca se torna negativo, é sempre positivo. É uma desaceleração do ritmo de crescimento do impacto. Os países que começam a sua arrancada de crescimento no final do século XX já se deparam com uma situação muito mais restritiva do ponto de vista ambiental do que os países que começaram esse processo no século XVIII ou XIX. Como foram os Estados Unidos no final do século XIX. Já o Brasil é um país de surtos. Isso é até uma característica da nossa dificuldade com tudo o que diz respeito à sustentabilidade. No conceito estritamente econômico, o crescimento sustentado no Brasil nunca se deu de fato. Ele vai aos arrancos. São arrancos com colapsos e arrancos.

Nos últimos quarenta anos, 18% da Floresta Amazônica foi destruída. Pela lógica dos impactos do desenvolvimento da "curva ambiental de Kuznets", esse destino seria inevitável.

Eu acho que isso é de um determinismo absoluto. Devemos mudar esse caminho, se tivermos um mínimo de sensatez como sociedade. Esse é um impacto burro, porque não interessa ao Brasil, no longo prazo, transformar o ecossistema amazônico num deserto. Você pode ter algumas gerações que vivem um pouco melhor, porque consomem os recursos naturais desse meio ambiente, mas legam para seu próprio futuro uma situação de terra arrasada. E o equilíbrio do ecossistema amazônico, por tudo o que eu sei, é muito mais frágil do que pode parecer à primeira vista, dada a sua exuberância.

Há trinta anos propõe-se o desenvolvimento de uma "economia da floresta em pé" como alternativa ao desmatamento, mas pouco se avançou. O extrativismo não retém o êxodo da população da floresta. O manejo sustentável da madeira nativa não avança. O marco regulatório de acesso aos recursos genéticos e aos conhecimentos tradicionais desestimula a pesquisa científica e o empreendedorismo. A primeira opção econômica na Amazônia continua a ser converter floresta em capim. É possível criar uma economia da floresta em pé?

Creio que é possível e acho que o grande problema brasileiro é *enforcement*. Nós temos leis até avançadas e exigentes de preservação, mas uma capacidade muito restrita de transformá-las em realidades e comportamentos. A capacidade do Estado brasileiro de se impor e de garantir o respeito ao marco legal, especialmente na região Norte, é ínfima. Começa pela questão da propriedade fundiária. Nós temos um caos de indefinição de direitos de propriedade na região amazônica que é altamente nocivo do ponto de vista da preservação. Há situações em que um posseiro se afirma como detentor de uma área pela destruição da floresta que nela existe. Até multa de desmatamento do Ibama é usada como título legal para reivindicação de direitos de ocupação da terra. Sem *enforcement*, não há Direito. Você pode escrever o que quiser no papel, como na Constituição brasileira: "a Constituição brasileira dá direito ao idoso à vida e à saúde". E daí? Houve uma iniciativa de regularização fundiária vinda do Roberto Mangabeira Unger, mas não vi desdobramentos disso, nem um esforço real de implementação. A incapacidade de *enforcement* do Estado brasileiro vai nos prejudicar também na possibilidade de obter financiamento externo para a preservação das florestas. O mercado existe, ou seja, existem recursos no mundo e proprietários de recursos dispostos a financiar projetos de preservação intacta ou manejada de flores-

Eduardo Giannetti

tas hoje existentes em território brasileiro, e nos interessa nos beneficiarmos desse ativo, como nação, vendendo serviços ambientais ao mundo — existe um encontro que permite um mercado. Onde a roda pega é no *enforcement*. Que garantia podemos oferecer de que o que estamos vendendo será entregue? Quais são os limites da soberania brasileira para o *enforcement* desse contrato? Quem vai fiscalizar e quem vai impor a execução? Qual é o tribunal, qual a instância que será encarregada da execução desse contrato internacional? Temos um ativo na mão. O mundo está interessado nesse ativo, que é um ativo como qualquer outro, e está disposto a pagar pelos serviços desse ativo.

Muitos afirmam que, para que uma mudança de paradigma se concretize, os produtos e serviços deveriam ser precificados pelo "custo total", embutindo no preço o custo das externalidades e dos impactos socioambientais, tais como desperdício e poluição, de maneira a internalizá-los nos orçamentos das empresas e dos consumidores. O que você acha?

Você tocou o ponto central. O sistema de preços, que eu prezo e acho eficiente, realmente é surpreendentemente eficiente e espontâneo em termos de interação humana. No entanto, padece de uma deficiência que, com o tempo, foi se tornando cada vez mais gritante: não é capaz de registrar todos os custos envolvidos na produção de determinado bem ou serviço — tem um ponto cego grave. Essa história começou a ser melhor examinada com o Alfred Marshall, que é um economista inglês do final do século XIX. O Marshall dá um exemplo que é o seguinte: uma comunidade dispõe de água potável como bem comum, livre; as pessoas obtêm água potável com a mesma facilidade com que obtêm o ar que respiram. É um bem livre, não tem custo de produção e não tem preço no mercado. É como o ar que a gente está respirando agora. Isso não entra nas contas nacionais, não entra no PIB e não é registrado economicamente — é um dado da vida. Agora, digamos que essa comunidade polua todas as fontes de água potável que possui. A partir de certo momento, ela passa a ter de buscar água, purificá-la, engarrafá-la e distribuí-la, e a ter de trabalhar para poder saciar as suas necessidades de líquido. O que ocorre com o PIB dessa comunidade? Aumenta! O PIB registra tudo aquilo que é mediado nas trocas do mercado, que passa pelo sistema de preços. Na verdade, essa sociedade ficou pobre, ela perdeu algo que tinha, perdeu um bem vital, mas ganhou crescimento no PIB. No registro puramente monetário dos fatos, essa sociedade avançou. Na vida real, sua qualidade de vida piorou, o bem-estar piorou, a saúde piorou e, no entanto, o registro econômico disso vem com o sinal errado — não é uma questão de magnitude, é uma questão de sinal errado! O ar que nós estamos respirando agora: o dia que cada um de nós tiver que andar com uma garrafinha de oxigênio para continuar respirando, o PIB vai aumentar.

Haverá máscaras de oxigênio de todos os tipos, cores e tamanhos.
O ar que estamos respirando agora está mais poluído e causa uma série de doenças respiratórias, e outras que nem sabemos muito bem quais são. Os serviços médicos, mediados pelo mercado, que pagamos para corrigir as doenças causadas pela poluição do ar que respiramos de graça, entram no PIB com sinal positivo — são serviços mediados pelo sistema de preços. Passou pelo mercado, entra como se fosse uma conquista! Tem muita coisa errada na maneira como registramos o que se passa na vida econômica usando esse critério do sistema de preços. Você está lá na China e compara: posso fazer uma termelétrica a carvão ou posso fazer uma geração de energia solar. Você faz uma contabilidade, mede a taxa interna de retorno e o custo e benefício dos dois projetos. Evidentemente, será mais barato fazer o carvão. Mas não será tão evidente se você considerar não só os custos monetários, mas também o custo ambiental de ter uma termelétrica a carvão funcionando durante vinte anos. Então, a noção de custo em Economia é muito fechada, muito restrita ao monetário, àquilo que é mediado pelo mercado, que passa pelo sistema de preços. Este é um ponto cego gravíssimo de todo esse sistema econômico: os preços não refletem o real custo daquilo que está sendo feito. O Marshall dá outro exemplo, que é o trabalho infantil. Você tem a renda do trabalho infantil, que é o benefício para a família, no curto prazo, do que aquela criança obtém com seu trabalho. E o custo no ciclo de vida de uma criança que deixou de se educar porque passou a infância trabalhando? É um custo real e é muito mais importante do que o benefício monetário de curto prazo. No entanto, o sistema de preços não registra, não aparece.

Dá para mudar isso?
Vai ter de mexer nos preços relativos. Os preços relativos das coisas vão ter de mudar, dramaticamente! Pegar um avião para atravessar o Atlântico é uma extravagância sem tamanho, do ponto de vista ambiental. Você emite mais dióxido de carbono do que um indiano durante uma vida, ao pegar um avião e cruzar o Atlântico. Isso não está no preço da

passagem. O preço da passagem vai medir o custo do combustível, o desgaste do equipamento, os serviços de bordo e o salário do piloto, mas não vai medir o impacto ambiental e a emissão de carbono produzida. Então, essas pessoas que viajam alegremente, cruzando o Atlântico, e que se consideram ambientalistas, quando chegar a hora de pagar a conta da extravagância que estão fazendo, vão chiar. Mas essa realidade vai ter de mudar. Comer um bife é uma extravagância do ponto de vista ambiental. O preço da carne vai ter de ser muito caro, o leite terá que ficar mais caro. Tudo o que tem impacto ambiental vai ter de embutir o custo real e não apenas o monetário. Essa é a mudança decisiva. Eu não acredito que essa mudança virá porque as pessoas se tornam conscientes e querem ajudar as gerações futuras. Não existe mudança dessa ordem vinda de boa-fé kantiana. Virá por uma mudança de preços relativos: terá que ficar muito caro fazer certas coisas. Outras, no entanto, ficarão relativamente muito baratas: ler, assistir um filme, cantar, andar de bicicleta. Tem coisas que não são onerosas do ponto de vista ambiental e que ficarão relativamente mais baratas do que outras que o são.

Pensemos na crise climática. Você acha que a sensibilidade sobre a iminência da catástrofe poderia fornecer o "tilt" de mudança?
Essa é outra questão de fundo que me interessa muito. Essa é uma questão de ação coletiva internacional, portanto extremamente complexa. O interesse de cada país é que todos os outros façam sacrifícios, menos ele. É uma questão num horizonte temporal com o qual o ser humano, até por razões biológicas, não está preparado para lidar, que é olhar cinquenta, cem anos à frente. O tempo está passando e a questão vai se agravando. Ou agimos preventivamente, por exemplo mudando profundamente os sinais de preços para mudar comportamentos — você não vai mais sair de carro para ir à esquina com tanta leveza, ou pegar um avião para passar as férias do outro lado do mundo, ou comer carnes todos os dias, porque os preços mudam; você vai ter outro *mix* de bens e serviços para atender ao seu bem-estar e à sua expectativa —, ou então a coisa se agrava a tal ponto que a liberdade vai ser a vítima. A liberdade individual pode ser sacrificada. Medidas impositivas de controle virão proibindo isso e proibindo aquilo.

Quanto mais numerosas e complexas as sociedades, mais disciplinadas serão.

É, mas a disciplina virá com o sacrifício da liberdade ou sem o sacrifício da liberdade? O caminho que estou propondo é sofrido também, mas preserva a liberdade. Se for extremamente importante para você, pelo menos uma ou duas vezes na vida, atravessar o Atlântico para conhecer a Europa, você vai poupar uma quantidade x de dinheiro e vai. Você é livre para fazer isso. Você pode sacrificar outras coisas. Você é dono da sua vida e das suas escolhas. Se vier da outra maneira, vai ser impositivo: "não pode mais". Será como foi nos países socialistas durante décadas. Fecha-se a possibilidade. Então, sei lá, talvez não possa mais ter um rebanho de 200 milhões de cabeças num país como o Brasil.

Há consenso de que o país precisa de investimentos em infraestrutura para melhorar a competitividade e reduzir o "custo Brasil". O licenciamento ambiental frequentemente demonstra incompreensão da importância desses empreendimentos. Mas os relatórios de impacto ambiental apresentados pelas empresas também revelam má vontade e desleixo com suas externalidades. Como avançar nesse impasse?

Uma coisa é o grau de exigência necessário em projetos de impacto ambiental. Quão exigentes desejamos ser e que limites efetivamente desejamos estabelecer em relação ao que é permitido e ao que é proibido, no tocante a mudanças ambientais? Essa é uma questão. Outra questão é, uma vez definido esse marco, a rapidez e a segurança jurídica com que isso vai ser processado. O Brasil tende a ser um país que impõe no papel um grau de exigência extremamente elevado e depois não implementa nada. É o pior dos mundos. Você tem desrespeito do marco legal, desmoralização e, ao mesmo tempo, atropelamento prático.

No debate sobre o licenciamento ambiental das usinas do rio Madeira, que é um rio que carrega muitos sedimentos, chegou-se a reivindicar a avaliação do processo de sedimentação de toda a bacia do Amazonas.

Assim inviabiliza. Isso desmoraliza. Acho que a nossa deficiência de gestão e de justiça é enorme. No fundo, é um problema de judiciário também, de processamento dos pleitos. Tem de ser ágil e previsível. Se disser para o setor privado "o limite é este e seu projeto extrapola esse limite", se for rapidamente definido e demonstrado, libera-se para buscar uma alternativa. Isso não ocorre no Brasil. As coisas se enrolam, se enroscam e não há segurança jurídica. Uma hora vale uma coisa, outra hora vale outra. O critério é inalcançável. E se aplicar o critério também nada mais

Eduardo Giannetti

acontece. Acaba ficando uma coisa opaca. Não se define com clareza essas duas dimensões. É o pior dos mundos.

Essa opacidade é intransponível para quem trabalha com colonos, ribeirinhos e índios na Amazônia. Diante de impactos ambientais imediatos, imagine a dificuldade de avaliar benefícios de infraestrutura a longo prazo.

É um problema de *enforcement* processual. Não adianta ter a melhor legislação do planeta se a sua capacidade de implementação é ínfima. É mais ou menos, para dar um exemplo caricatural, como a dificuldade de você levar a constituição americana para a Nigéria. Não adianta a Nigéria promulgar uma constituição como a americana. Não é a realidade do país. Ou, como se discutia no século XIX, levar o sistema legal britânico para a Índia. Tem de existir uma afinidade entre as condições reais da sociedade e as suas instituições. É interessante, nesse aspecto, o número de novas constituições promulgadas na América do Sul desde as independências dos respectivos países. É um número exorbitante; são, sei lá, uma média de doze constituições por país. Alguns, como a Venezuela, já têm vinte e tantas. Não lembro os números de cabeça, mas é uma coisa despropositada. Parece que, quanto mais anárquica a sociedade e a convivência social, mais se promulgam leis, constituições e parâmetros. Os países que têm um acordo social robusto e valores razoavelmente compartilhados nem precisam de constituição escrita. O Japão sequer mudou a constituição que os americanos outorgaram lá depois da Segunda Guerra Mundial. A Inglaterra sequer determina o tempo do mandato de um novo primeiro-ministro. Existe uma tradição: se ele ultrapassar certo tempo, a rainha dissolve o congresso. Não está escrito "dissolve o parlamento" em nenhum pedaço de papel. Quando me dei conta disso, pensei: "que incrível"! E ninguém tenta um novo mandato.

Há disputas semânticas sobre a expressão "desenvolvimento sustentável". Muitos acham que ela é um oxímoro, uma contradição em termos, já que não é possível desenvolver conservando. Economia e Ecologia podem ser ajustadas? Nicholas Georgescu-Roegen diz que, a longo prazo, a Economia será necessariamente absorvida pela Ecologia.

Aí tem muitas perguntas. Acho que a Economia e a Ecologia podem ter uma convivência muito mais harmoniosa do que tiveram até hoje, não tenho dúvida. Não acho que a noção de desenvolvimento sustentável seja uma contradição em termos. No entanto, concordo que o termo se prestou a uma proliferação inflacionária de significados. O pesquisador inglês David Pearce tem um apêndice no livro *Blueprint for a Green Economy*[21] em que coleciona dezenas de definições de sustentabilidade.

A Global Footprint Network, uma ONG ligada à Universidade de British Columbia, calcula a biocapacidade do planeta, isto é, a capacidade dos ecossistemas gerarem recursos e regenerarem resíduos em um determinado prazo. Ela afirma que, em 1987, o consumo global de recursos ultrapassou a capacidade de regeneração do planeta. Mantendo-se o ritmo, em 2050 precisaremos de dois planetas. O que você acha?

Concordo com o espírito da visão, mas acho essas comparações de "dois planetas", "três planetas", "capacidade de regeneração", mais metafóricas do que científicas. São frases de impacto, *sound bites* para as pessoas se darem conta de algo errado. Não podem pretender um significado científico que não têm.

O aumento exponencial das emissões de carbono está diretamente associado à arrancada de produtividade e prosperidade do capitalismo. Só na China, 300 milhões saíram da miséria. Milhões melhoraram de vida no Brasil, na Índia, na África do Sul. Mas, ao mesmo tempo, a crise ambiental veio se agravando ao longo do século XX, com colapsos de ecossistemas e externalidades como Minamata, no Japão (1956), Three Mile Island (1979), Bhopal (1984), Chernobyl (1986) e Exxon Valdez (1989). Por que os alertas para os impactos colaterais dos processos econômicos não foram ouvidos? O que há de errado com o discurso ambientalista?

Muitas vezes, ele peca por uma ênfase unilateral nas restrições, sem mostrar que, por exemplo, a qualidade de vida e as aspirações humanas de felicidade podem depender disso também. O ambientalista, muitas vezes, aparece como alguém "do contra": contra hidrelétrica, contra petróleo, contra eucalipto. E fala sempre em catástrofe iminente. O falso alarme permanente do ambientalismo desgasta. Mas a grande dificuldade é a seguinte: se queremos mudar nosso modo de vida para algo menos calcado no econômico — e parece que esta é uma aspiração geral, especialmente nos países mais ricos —, então a pergunta é: quais valores passa-

---

[21] David Pearce (org.), *Blueprint for a Green Economy*, Londres, Earthscan Publications, 1989.

Eduardo Giannetti

rão a dominar as nossas aspirações? Que tipo de realização pretendemos alcançar que não seja tão onerosa do ponto de vista de impacto e de destruição do meio ambiente? Não é uma pergunta fácil de responder. O Keynes tem um ensaio chamado "As possibilidades econômicas para os nossos netos", escrito em 1930. Ele imagina como será o mundo dos seus netos, mais ou menos o final do século XX. Ele acreditava que seria um mundo em que o problema econômico não absorveria mais as atenções e as melhores energias das pessoas. A humanidade teria deixado para trás o problema econômico. É um ensaio maravilhoso! Mas ele errou. Parece que quanto mais a humanidade prospera, mais obcecada ela se torna com o sucesso econômico. Em vez do sucesso da economia libertar o ser humano, ela parece escravizá-lo cada vez mais à corrida do consumo. Há alguma coisa errada nisso. Imagine que você está doente. A recuperação da saúde domina todas as outras preocupações, não há outra coisa mais importante que isso. Se você obtém um estado de saúde razoável, isso permitirá que você se liberte para perseguir outros fins e outros valores. Agora, imagine um mundo em que, quanto mais você tem saúde, mais fica obcecado em ter mais saúde, e isso domina todas as outras possibilidades de desfrutar a vida. A anomalia da economia é dessa natureza: quanto mais enriquece um país, mais ele se enreda na preocupação e na dedicação das suas melhores energias ao econômico. Então, o econômico, que os grandes economistas imaginavam capaz de liberar o ser humano para uma vida plena e digna de ser vivida, acaba se tornando algo que escraviza e tem impacto — ainda por cima, uma destruição irreparável e talvez fatal para o meio ambiente e para a vida.

Muitos empresários veem a sustentabilidade como obstáculo e restrição à produção e ao crescimento. Os ambientalistas advogam restrições e regulações às empresas. Para os consumidores, sugerem limitação do consumo, comprar menos, gastar menos, dirigir menos, compartilhar recursos e até fazer menos filhos, como o Malthus sugeriu. Em suma: sacrifícios e severidade. Em termos políticos essa é uma proposta sombria e pouco atraente, avessa à abundância e ao desfrute. Seria possível mudar essas percepções?

Creio que seja, mas o tempo mostrou que é mais complicado do que os grandes economistas e filósofos do século XIX até Keynes imaginavam. É muito complicado. O discurso ambientalista não vai, provavelmente, se divorciar das restrições, das regulações e das disciplinas, mas, se não vier acompanhado de formas de vida mobilizadoras das paixões humanas, não vai colar. O difícil não é restringir, cercear e tolher. O difícil é você mostrar para as pessoas que existe outra maneira de viver mais satisfatória do que essa, que não implica numa destruição inconsequente do nosso patrimônio ambiental e das perspectivas das gerações futuras. Aí está a dificuldade. Não podemos ficar com o discurso do contra, do negativo, do que não pode, do que é proibido. Temos de encontrar valores que permitam estruturar prazeres e possibilidades de fruição e de realização humana que não impliquem numa alta destruição do meio ambiente. Se você quiser uma fórmula, é o seguinte: os preços relativos vão ter de mudar, e mudar de maneira racional, não de maneira caprichosa. Os custos que hoje não estão incorporados no sistema de preços passarão a sê-lo, porque o sistema de preços padece de uma cegueira grave, que o tempo vem revelando cada vez mais. Não será uma mudança gratuita, mas uma mudança para simplesmente tornar o sistema mais sensível para algo que até agora foi ignorado. Vamos ter de construir novas possibilidades de busca da felicidade e sonhos de realização humana que não sejam onerosas como as do passado. Se você me permitir mais uma reflexão, acho que, por trás dessa complicação, há algo parecido com a corrida armamentista. A corrida armamentista *stricto sensu* é o quê? É uma situação em que dois países investem cada vez mais em se armar e, ao final do processo, descobrem-se mais inseguros do que estavam no início — a coisa vai se tornando cada vez mais instável. Nós estamos presos a uma corrida armamentista do consumo. É um conceito de um economista inglês chamado Fred Hirsch: o bem posicional.[22] Existem bens não posicionais, cuja satisfação independe do fato de os outros terem ou não acesso a ele. Se eu tomo um copo de leite todo dia de manhã e isso me traz prazer e satisfação, o prazer que tiro não depende do que os outros na cidade estão fazendo — não é um bem posicional. Agora, vamos supor que sou um jovem e tenho como aspiração obter um carro importado que vai me dar algum tipo de preeminência e de ascendência em relação aos meus pares, em relação às meninas, e as pessoas vão me olhar de outra maneira. Dediquei os melhores anos da minha juventude, honestamente, a um trabalho insano num banco para conquistar o meu BMW importado, e consegui. Só que, no dia em que chego em casa triunfante, porque consegui

---

[22] Fred Hirsch, *Social Limits to Growth*, Londres, Routledge & Kegan Paul, 1997.

obter aquilo pelo qual lutei durante tanto tempo, acontece uma coisa estranha: quando acordo, na manhã seguinte, todos os carros da cidade foram trocados por BMWs iguais à minha. Acabou! Ninguém mexeu na sua BMW, mas aquilo que você conquistou subitamente desapareceu. Esse é o bem posicional, um bem cujo valor depende do fato de que os outros não o possuem. Tudo indica que, quanto mais uma sociedade prospera, mais as pessoas almejam bens posicionais, bens que conferem a elas algum tipo de diferença e proeminência.

Estamos falando da publicidade, da mídia e dos modelos de consumo.

No fundo, o que domina a psicologia moral humana, como diz o filósofo Nicolas Malebranche, do século XVII, é o desejo de obter o lugar de honra na mente dos semelhantes. A grande paixão da vida em sociedade é o desejo de preeminência, o furor de se distinguir, para usar a expressão do Rousseau. Tem um verso do autor do *Satyricon*, o Petrônio, que resume a ideia do bem posicional de maneira fabulosa. Ele põe na boca de um milionário romano o seguinte: "Só me interessam os bens que despertam no populacho a inveja de mim por possuí-los". Isso lá atrás, em Roma. Criamos no mundo moderno um sistema que é quase uma regra de convivência: você busca situações e posses que deem a você algum tipo de admiração, de respeito, que comandem os sentimentos favoráveis daqueles que estão ao seu redor. A contrapartida disso, quando se espalha e se massifica em escala planetária, na China, na Índia e no Brasil, é a destruição irreparável da natureza. Então, temos de encontrar uma maneira de desmontar essa armadilha da corrida armamentista do consumo. Para isso precisamos de preços relativos e valores, não no sentido econômico, mas no ético. Que valores preencherão o espaço que hoje é ocupado pelo valor econômico? Curiosamente, os gregos viviam intensamente essa psicologia da preeminência, mas sem ênfase no econômico. Você não encontra no mundo grego uma dedicação, uma obsessão tão grande com o sucesso econômico e o crescimento. O mais importante para eles era o esporte, a arte, a política, a vida política, a participação na vida pública, a retórica, a filosofia. Eles criaram uma multiplicidade de espaços em que essa competição por preeminência e por diferenciação transcorria. O espaço econômico não era, claramente, a tônica dominante, como é no mundo moderno.

Mas talvez o mundo moderno tenha encontrado um limite. Segundo o IPCC, a atmosfera do planeta está abafada por um manto de gás com 800 bilhões de toneladas de carbono, e a cada ano lançamos mais. Se o cenário business as usual *continuar, em 2030 dispararemos um aquecimento climático superior a 2 °C, que gerará mudanças climáticas talvez irreversíveis. A inovação tecnológica poderá mudar esse quadro, como mudou o prognóstico de catástrofe antevisto por Malthus no século XIX?*

A primeira coisa que tenho a dizer, como historiador das ideias econômicas, é que o Malthus não era tão pateta quanto a gente imagina. Para começo de conversa, nenhum outro economista, em qualquer tempo, teve um impacto tão importante na história da ciência moderna quanto o caluniado Malthus. Tanto Darwin quanto Wallace vislumbraram a teoria da evolução, independentemente um do outro, lendo o ensaio sobre população do Malthus. É um fato surpreendente da história da ciência que o Malthus esteja na origem da descoberta simultânea da teoria da evolução, tanto do lado de Darwin quanto do lado de Wallace. E não há outro economista na história do pensamento econômico que tenha tido uma relevância tão central para uma ciência bem mais séria que a Economia, como a Biologia. A ideia do Malthus é a seguinte: no mundo natural, muito mais seres são gerados do que são capazes de sobreviver e alguma restrição se impõe. Ele errou ao extrapolar a restrição do lado alimentar, mas acertou na ideia de que populações e padrões de vida não se sustentam indefinidamente. Se crescem de certa maneira, um limite acaba se impondo.

Mas o engenho humano e a tecnologia podem adiar esse limite.

Há uma corrida entre os limites e a capacidade humana de estender o prazo de validade de certos modelos e certos padrões. Mas estamos agora trabalhando perigosamente perto de um limite gravíssimo.

Poderemos sequestrar o carbono da atmosfera.

Apostar nisso sem medidas preventivas é de uma temeridade incalculável. É uma aposta muito pior do que qualquer outra. Eu não faria isso. É lógico que a gente tem uma expectativa de que a tecnologia possa atenuar e dar alguma margem de manobra em relação ao que estamos vendo como fatalidade. Mas contar com isso e imaginar que a resposta tecnológica sempre vencerá a corrida, realmente é imprudente. Acho uma aposta incalculavelmente perigosa.

Eduardo Giannetti

Fiel à crítica de Marx a Malthus, parte da intelligentsia *recusa-se a pensar em demografia. Em 2035 o planeta terá 8 bilhões de pessoas, menos recursos e uma temperatura alguns graus centígrados mais quente. Já a população brasileira atingirá crescimento zero em 2039, com 219 milhões de habitantes, e entrará em decréscimo, num país ainda rico de terra agriculturável, água e florestas. O Brasil pode estar cansado de ser o "país do futuro", mas tem mais futuro do que muitos.*

Depende do que fizermos daqui para frente. O que me preocupa em relação à população do Brasil, além do tamanho absoluto dessa população, é a qualidade do investimento e a proporção do investimento na formação e na capacitação da nossa população, que é baixíssimo. O Brasil cometeu uma extravagância demográfica de grandes proporções na segunda metade do século XX. Em 1950, tínhamos um pouquinho mais de 50 milhões de habitantes. Em 1994, alcançamos 150 milhões de habitantes. Triplicamos a população em menos de cinquenta anos. Muitos dos nossos dramas urbanos, a baixa qualidade de ensino, o desemprego, a informalidade, advêm disso. Um país que triplica sua população, de 50 milhões para 150 milhões, em 45 anos e que não faz um esforço adequado de transferência de recursos para formar capital humano, coloca-se numa encrenca de grandes proporções. Foi o nosso caso. Estamos saindo disso agora.

Nossos privilégios demográficos e ecológicos abrem uma janela de oportunidade para a economia.

Espaço e tempo temos, mas, se não agirmos no presente tendo em vista o futuro, perderemos mais essa oportunidade. Não estamos fazendo o que deveríamos. A desatenção ao imperativo da formação do capital humano e nossa incapacidade de tirar proveito do dividendo demográfico para aumentar a poupança doméstica são sinais claríssimos de que continuamos cronicamente incapazes de semear um futuro diferente do que foi o passado. O Brasil em plena transição demográfica deveria estar com uma taxa de poupança muito mais elevada. Temos uma proporção de população economicamente ativa em relação a crianças e idosos que nos dá um bônus demográfico. Deveríamos estar com um taxa de poupança proporcional à contrapartida desse dividendo, e não estamos. Portanto, vamos depender, mais uma vez, da poupança externa. Continuamos, assim, absurdamente desatentos à importância e à centralidade do capital humano para mudar as feições sociais do país. O governo Lula, por exemplo, acha que Bolsa Família é uma solução de longo prazo para o problema da pobreza. Eu tenho certeza de que não é. Por mais bem-vinda e por mais generosa que possa parecer para a opinião pública, não é assim que um país resolve a condição de geração de renda das gerações futuras.

Na medida em que a ideia de sustentabilidade se difunde, difunde-se o conceito de ecoeficiência, pregado pelo empresário Stephan Schmidheiny,[23] que propõe "produzir mais e melhor com menos" agindo em três focos: reduzir o consumo de recursos, minimizando o uso de energia e insumos e ampliando a reciclabilidade; reduzir os impactos sobre a natureza, diminuindo as emissões e os resíduos; aumentar o valor dos produtos e serviços ampliando a funcionabilidade e a flexibilidade e oferecendo serviços de troca e manutenção. O que você acha?

Não tenho nada contra a ecoeficiência. Acho meritória, bem-vinda, mas não conte com isso para resolver um problema da gravidade desse com que a gente se depara hoje. No momento em que os preços dos diferentes bens e serviços refletirem o custo real de produção, aí haverá mudança. Se você quer compatibilizar a liberdade de escolha com um caminho prudente de sustentação ambiental, os preços relativos vão ter de mudar.

Você sabia que a Amanco, a maior empresa do Grupo Nueva, do mesmo Stephan Schmidheiny, foi vendida em 2007 ao grupo petroquímico mexicano Mexichem, produtor do controvertido PVC, com um déficit fiscal de US$ 200 milhões? Se a proposta da sustentabilidade é tornar os negócios perenes, não deveria ser preciso vender os ativos. Pelo menos uma das pernas do tripé econômico, social e ambiental mancava.

Concordo. Realmente. Talvez, se os preços relativos refletissem o custo real de produção, essa empresa não estivesse numa situação financeira tão atrapalhada.

O designer norte-americano William McDonough e o químico alemão Michael Braungart,[24] fundador do Partido Verde, acreditam que,

---

[23] Stephan Schmidheiny, *Mudando o rumo: uma perspectiva empresarial global sobre desenvolvimento e meio ambiente*, Rio de Janeiro, FGV, 1992.

[24] William McDonough e Michael Braungart, *Cradle to Cradle: Remaking The Way We Make Things*, Nova York, North Point Press, 2002.

por meio do design inteligente, seja possível ultrapassar a ecoeficiência, transformando produtos em "nutrientes biológicos" capazes de biodegradar enriquecendo o ambiente, ou "insumos" capazes de alimentar circuitos fechados industriais. Pretendem eliminar o conceito de lixo. Em vez de automóveis, propõem a criação de "nutriveículos", com motores modelados como usinas químicas que gerariam emissões positivas: o vapor d'água seria reusado, o carbono seria vendido à indústria de borracha, o óxido nitroso viraria adubo e os pneus capturariam partículas, limpando o ar. Imagine: automóveis biodegradáveis. O que você acha dessa dimensão utópica do discurso ambiental?

Francamente, me soa como uma ideia meio maluca. Acho que a questão do transporte, nos grandes centros urbanos, chegou a um ponto em que não vislumbro outro caminho senão um transporte coletivo de qualidade, especialmente metroviário. Acho que é o mais sensato, o mais importante e o mais compatível. Tem uma restrição que essa solução de design não contempla, que é a do espaço urbano, do deslocamento: se cada cidadão tiver um automóvel ou exercer o seu direito de liberdade de movimentação usando privadamente o seu carro, que pesa 40 mil quilos para transportar, essa conta não fecha.

Se em vinte anos tivermos três vezes mais automóveis, o planeta estará entupido de congestionamentos de "nutriveículos".

O carro é um desastre, um desastre urbano. O que era para ser o ícone da liberdade individual tornou-se o instrumento do confinamento, da frustração. Quanto às utopias tecnológicas, tudo bem. Quanto mais avançarmos nessa direção, melhor. Mas não contaria com isso para resolver um problema de tamanha gravidade. O exemplo é infeliz porque o carro, em minha opinião, é falido como meio de transporte. Nossas cidades foram deformadas pela expectativa e pelo uso do carro particular.

A agenda do presidente Obama pressupõe a retomada do crescimento econômico numa economia de baixa emissão de carbono. Isso significa uma nova fronteira científica e tecnológica e um novo tipo de infraestrutura econômica, como transportes elétricos, por exemplo. Como o Brasil pode se inserir nesse novo paradigma?

O Brasil tem suas peculiaridades e deve encontrar o seu caminho, e não simplesmente copiar ou tentar ser uma cópia imperfeita dos Estados Unidos. Acho que precisamos nos libertar de uma fantasia, que não é consciente, mas que existe de maneira latente na imaginação brasileira, de que nossa aspiração é ser igual aos Estados Unidos. O meu sonho é de um Brasil que encontre uma originalidade e uma possibilidade de afirmação de valores e de modos de convivência próprios, construídos a partir da nossa experiência, que é muito diferente da experiência dos países do norte, especialmente os Estados Unidos. Na fantasia, se tudo der certo, viraremos um estado empobrecido do sul dos Estados Unidos. É essa a nossa aspiração como civilização e como projeto de nação? Creio que não, embora, em estado latente, talvez seja a aspiração de meus colegas economistas. Acho que os economistas, em geral, inclusive o meu ídolo econômico, o Eugênio Gudin — e neste ponto discordo radicalmente dele —, acham que o Brasil não precisa inventar nada, tem de copiar o que já foi feito bem nos países desenvolvidos. Discordo. Acho que temos de aprender com os países desenvolvidos o que nos interessa — saneamento, medicina, conquistas tecnológicas — mas não devemos nos contentar em ser uma cópia imperfeita e tardia desse modelo oferecido e liderado pelos Estados Unidos. A minha utopia — eu também posso ter uma utopia, apesar de ser economista — é a de um Brasil que encontre uma identidade diferenciada e original. Creio que é preciso combinar um pouco o Prometeu e o Epimeteu, quer dizer, garantir certa racionalidade e *benesses* da tecnologia, sem abrir mão da alegria, da espontaneidade e de uma relação mais afável e menos obcecada com a economia e com o sucesso competitivo, como a gente observa nos países que dominam hoje a cultura. Se a gente conseguisse combinar a disponibilidade de Epimeteu para a vida e o desfrute, para certa anarquia dos afetos, com a racionalidade e a prudência necessária que vêm do lado de Prometeu, acho que este país poderia ter a pretensão de dizer alguma coisa diferente. Mas se não resolvemos os problemas elementares de saneamento e de educação fundamental, não adianta sonhar. Porque nem nós nos levamos a sério.

O aquecimento global pode se transformar em barreira comercial? A nova lei americana prevê tarifas de equalização de emissões de carbono contra países que exportam para os Estados Unidos, como o Brasil.
Pode. Às vezes justificadamente e às vezes não. Ela pode ser usada como um biombo para outros interesses não especificamente ambientais. Mas acho que chegamos num ponto em que interessa, à humanidade, coibir práticas ambientais nocivas. Assim como existia um bloqueio econômico contra o *apartheid* na África do Sul, não vejo por que não transmi-

tir para um país que agride desmesuradamente a natureza que o mundo se incomoda com isso e não vai facilitar a vida de quem faz isso.

O mercado e o capitalismo são resultados de um processo de seleção e de ajuste que começou em Gênova, no século XIII. Sua vantagem é permitir aperfeiçoamento contínuo e eficácia produtiva segundo o interesse dos agentes econômicos. Seu problema é que a competitividade pressupõe uma liberdade econômica incompatível com a igualdade social. Trata-se de um sistema que não caminha para o equilíbrio. Por isso, ninguém pode saber, ao certo, para onde ele vai. Digamos que trilhe o mau caminho. O que pode a sociedade fazer?

Tenho um problema com essa formulação, como estudioso de ideias econômicas. Eu confesso que não sei o que significa o termo "capitalismo". Sei muito bem o que significa economia de mercado. O termo "capitalismo", para começo de conversa, nenhum economista clássico usou, não existia. Esse é um termo inventado na Alemanha que se disseminou e virou "pau para toda obra". Será que faz sentido usar o mesmo termo para falar do sistema econômico dominante no mundo desde a Revolução Industrial? Tenho dúvidas. Não sei o que se passa na cabeça de alguém que usa esse guarda-chuva conceitual chamado capitalismo. Estou até para fazer uma pesquisa, porque quero contar a história desse termo. Pouca gente se dá conta de como ele é recente e de como prolifera descontroladamente — como a "sustentabilidade" —, dando a ilusão de que estamos falando da mesma coisa, quando não estamos. A economia de mercado é um princípio, um mecanismo de funcionamento. Tenho uma clareza conceitual grande em relação ao que está sendo dito quando alguém se refere ao mercado. Quando se invoca o "o fim do capitalismo", "a última etapa do capitalismo", "a melhor etapa do capitalismo", "as contradições do capitalismo", "os pecados do capitalismo" — e tem gente que usa isso personificando: "o capitalismo peca", "o capitalismo explora", como se fosse um sujeito —, já não sei do que se está falando. O filósofo Wittgenstein diz que a filosofia é uma batalha contra o enfeitiçamento da inteligência pela linguagem. Acho que capitalismo é um termo que enfeitiça a nossa inteligência. Vejo esse termo muito ligado àquela ideia marxista da sucessão dos modos de produção; tem o modo de produção antigo, depois o feudalismo, depois o capitalismo, o socialismo e o comunismo. Isso era muito confortável. A autoestrada dos modos de produção se sucedendo de acordo com a lei da contradição entre o desenvolvimento das forças produtivas e as relações de produção... Acho que caducou. Esse mobiliário conceitual se mostrou completamente errado. Foi confortável, foi bom acreditar nele, deu uma ilusão de poder cognitivo enorme, enquanto durou, mas o tempo mostrou que o mundo é muito mais complexo! Compartilho das ansiedades, das preocupações de quem acusa o capitalismo, mas não sei do que se está falando, não sei.

A sustentabilidade também virou uma panaceia. Todos se declaram sustentáveis. Há empresas admiráveis e socialmente responsáveis, mas a maioria realiza programas pontuais e o marketing reivindica reconhecimento planetário. O que você acha da onda de "maquiagem verde"?

Os bancos, no Brasil, competem publicamente para se mostrar cada um mais sustentável do que o outro, com a taxa de juros nas alturas. Só no Brasil. Sem a menor dúvida, sustentabilidade virou uma estratégia de marketing, de retórica, de cortejo da opinião pública. É manipulação da imaginação, porque as pessoas estão preocupadas. As pessoas de menor nível educacional se deixam levar com muita facilidade por aparências. A credulidade é grande.

Luciano Coutinho

> "A capa de gases de efeito estufa sobre o planeta constitui, na verdade, uma falha maciça de mercado."

Luciano Galvão Coutinho nasceu no Recife, em 1946. É bacharel em Economia pela Universidade de São Paulo, mestre pelo Instituto de Pesquisas Econômicas da USP e doutor em Economia pela Universidade de Cornell. Foi professor visitante na Universidade de São Paulo, Universidade de Paris XIII, Universidade do Texas e no Instituto Ortega y Gasset, em Madri, além de professor titular na Unicamp. Entre 1985 e 1988 foi secretário-executivo do Ministério de Ciência e Tecnologia. Em 1994 coordenou o Estudo de Competitividade da Indústria Brasileira, com cem colaboradores, que mapeou o setor industrial brasileiro. Em 2007 assumiu a Presidência do BNDES (Banco Nacional de Desenvolvimento Econômico e Social). É sócio fundador da LCA Consultores. Publicou diversos artigos e livros sobre política industrial e economia internacional, no Brasil e no exterior.

Construir uma economia de baixa emissão de carbono implica numa mudança de paradigma no pensamento econômico, ou essa crise é apenas mais uma entre muitas?

Creio que é uma mudança de paradigma, sem dúvida. A questão da mudança climática é um processo de efeitos poderosos e desestabilizadores não apenas sobre a economia, mas sobre o bem-estar e as condições de vida de todo o planeta em potencial, e requer uma nova forma de pensar. O pressuposto do atual paradigma econômico é que existem bens públicos que se caracterizam por não serem escassos, cujo consumo não afeta as condições do outro, sujeitos a externalidades negativas. Um dos exemplos de *public good* é o ar que respiramos. Ocorre que o ar que respiramos deixou de ser um bem público e começou a se tornar, do ponto de vista da coletividade, algo escasso e crítico, na medida em que processos maciços de externalidades negativas se tornaram poderosos a ponto de produzirem consequências nefastas sistêmicas. Isso implica em uma mudança de paradigma. A grande crise financeira recente é uma crise difícil para o capitalismo, mas a crise decorrente das mudanças climáticas é muito maior. Esta é uma crise que vai além do capital, pondo em cheque o sistema de sobrevivência das sociedades humanas no mundo. A questão teórica das externalidades e dos bens públicos, considerada exótica há trinta anos, ganhou o centro da reflexão econômica e das decisões políticas. Reconhecer que essa temática é determinante para decisões de políticas públicas em escala prioritária representa uma mudança de paradigma.

Há economistas que dizem que as mudanças climáticas são a maior e a mais abrangente falha de mercado jamais vista.

É verdade. Quando falamos de bens públicos, e de que não existe mercado para lidar com bens públicos pelo fato de eles não serem divisíveis e precificáveis, reconhecemos que o mercado não é capaz de cuidar das externalidades. O fato de que a poluição do ar, a emissão de carbono e os processos de poluição produziram uma capa de gases de efeito estufa sobre o planeta, que terá como consequência um aquecimento generalizado de pelo menos 2 °C — inescapável, irreversível e já instalado —, constitui, na verdade, uma falha maciça de mercado. Ela poderá ter consequências dramáticas, nos colocando no limiar de um processo catastrófico, se não forem contidas. Trata-se da evidência inequívoca daquilo que já sabíamos: os mercados não lidam com as externalidades e com os bens públicos. Antes, era algo exótico e restrito a efeitos circunscritos de uma cidade, uma bacia hidrográfica ou uma região. Agora virou um fenômeno global e planetário. Mas o pior são as novas consequências adversas, de gravidade inimaginável, que ameaçam o próprio sistema e a sobrevivência das sociedades.

A tecnologia e o engenho humano adquiriram a capacidade de alterar o planeta em uma fração do tempo histórico. Grandes mudanças não intencionais estão ocorrendo na atmosfera, nos solos e nas águas. Como o senhor vê a atual busca pela sustentabilidade?

Se há alguns anos foi algo com forte conteúdo ideológico, o reconhecimento da gravidade dos impactos da mudança climática torna o fato avassalador, clamando pela instalação de políticas de grande envergadura voltadas para a mitigação das emissões de carbono. A inovação tecnológica, os processos de regulação e os sinais para que o mercado possa ser corrigido e reorientado na direção de uma economia de baixa emissão de carbono são, no meu entender, imperativos técnico-científicos de sobrevivência, não ideologia.

O cenário climático é desanimador, segundo os cientistas. A atmosfera do planeta está abafada por um manto de 800 bilhões de toneladas de gás carbônico e a cada ano emitimos mais 6 bilhões. As tentativas diplomáticas de controlar esse risco não estão dando certo. O senhor acha que a inovação tecnológica poderá mudar esse quadro, como mudou o prognóstico de catástrofe econômica antevista por Malthus no século XIX?

Pode, pode sim. Porém, os desafios são numa escala muito maior do que, *mutatis mutandis*, os desafios do prognóstico malthusiano séculos atrás, que tinham a ver com a capacidade de elevar a produtividade e a oferta de produtos da agricultura. O Malthus prognosticava que a incapacidade de aumentar a produtividade da oferta de recursos naturais e de alimentos constrangeria o crescimento e a reprodução da taxa de crescimento populacional, levando a uma grande crise. O desafio aqui é de uma escala muito maior: trata-se de enfrentar um processo que já está instalado e cujas consequências por si já serão muito graves. E, ainda, trata-se de realizar, num período muito curto, uma redução dramática do volume de emissões, o que demanda modificação da matriz de energia, da matriz de transportes e dos processos industriais, ou seja, uma combinação de transformações tecnológicas, concentradas no tempo e no espaço, radicais em alguns casos.

Inclusive de governança global.

Inclusive governança. Para que esses processos sejam coletivos, convincentes e consistentes, é preciso que haja uma governança global, é preciso que haja métrica, *accountability* e prestação de contas às sociedades. O mais grave, porém, são os impactos sociais adversos para as populações de baixa renda, para os pobres, que tendem a virar vítimas indefesas e as mais vulneráveis desse processo.

O aumento das emissões de carbono está diretamente associado à arrancada de produtividade do capitalismo nos últimos cinquenta anos. Milhões de pessoas melhoraram de vida. Mas a crise ambiental também veio se agravando no século XX, com colapsos de ecossistemas como água, ar e florestas e macroexternalidades dramáticas como Minamata (1956), Three Mile Island (1979), Bhopal (1984), Chernobyl (1986) e Exxon Valdez (1989). Por que os alertas para os impactos colaterais dos processos econômicos não foram ouvidos?

Primeiro, acredito que era difícil caracterizar de maneira inequívoca, com fundamento científico, o processo de aquecimento global. De um lado, só no início dos anos 1990 é que os fundamentos científicos das mudanças climáticas foram se tornando mais contundentes e consistentes. De outro, interesses econômicos poderosos, *vested interests*, instalados em torno da matriz energética, do transporte e em negócios poderosos — empresas petroleiras, sistema automobilístico —, processos industriais, a matriz a carvão de economias como os Estados Unidos e a China — todos esses fatores produziram resistências ao discurso e à denúncia precoce desses efeitos. Natural, isso. Não sei se faltou talento ou capacidade de comunicação ou se, na verdade, houve certa ideologização dos movimentos ambientalistas e dos movimentos verdes, uma vez que os seus programas ideológicos estavam conectados a outras ideias de transformação ou associados a outras mudanças radicais, com matriz de esquerda ou projetos de democracia radical, que contribuíram também para tornar menos nítido o problema. Talvez essa combinação de fatores explique a percepção tardia da gravidade na grande opinião pública. Acho que ainda é rarefeita, na opinião pública mundial, a conclusão da gravidade dos processos.

Talvez essa consciência seja incremental.

É incremental. Acho que agora é um processo irreversível de compreensão. Acredito que a pressão da opinião pública, a pressão política das sociedades, ainda seja insuficiente e não represente uma força coercitiva imperiosa, imperativa, para forçar transformações de política pública com a profundidade que a gravidade da crise requer.

O senhor acha que há alarmismo ou catastrofismo?

Não. Definitivamente, não. Eu acho que a fundamentação científica do Painel Intergovernamental de Mudanças Climáticas é sólida. Eu comecei pessoalmente a ler e a levar a sério a questão do *global warming* há quinze anos, no início dos anos 1990. Sou um economista com uma curiosidade grande pela questão do progresso tecnológico e pelo avanço da inovação. Muito cedo fui exposto à questão de monitoramento climático, porque participei, como secretário do Ministério da Ciência e Tecnologia, em 1985, do fortalecimento do Instituto Nacional de Pesquisas Espaciais (Inpe) e da criação do Centro de Previsão de Tempo e Estudos Climáticos (CPTEC). Tenho um relacionamento com a comunidade científica que vem desde muito cedo, e que me levou ao interesse pela literatura sobre mudanças climáticas. Como não sou um novato nessa leitura, entendo que o acúmulo de conhecimento científico a respeito do processo de aquecimento é inequívoco.

A pressão da sociedade é débil porque, nas democracias de massa, a conveniência imediata prepondera sobre as ameaças futuras. A sociedade considera os benefícios do crescimento mais importantes. Talvez ela só se mova na beira da catástrofe — se tanto.

Tendo a concordar. Há um componente de insensatez e imprevidência na grande maioria, senão em todas as sociedades. Mesmo um ser humano, numa catástrofe, principalmente quando não é um evento nítido e percebido, mas apenas um risco que parece longínquo e distante, tende a privilegiar o oportunismo dos comportamentos de curto prazo. Poucas sociedades têm o traço cultural amadurecido de pensar a longo prazo. As sociedades modernas foram induzidas a um individualismo, a um consumismo e a uma percepção do valor da vida restrito ao desfrute do momento e do presente. Poucas sociedades têm uma cultura em que o prognóstico, a prospecção e a reflexão a respeito do futuro e do longo prazo constituem motivo de engrandecimento da vida ou um valor importante. Talvez uma ou outra com maior grau de escolaridade e de educação tenha desenvolvido essa percepção, mas é raro. Acho que o único país que produz prospecção tecnológica de longo prazo em bases regulares é o Japão.

Muitos acham que a expressão "desenvolvimento sustentável" é um oxímoro, uma contradição em termos, já que não é possível desenvolver conservando. Nicholas Georgescu-Roegen dizia que a Economia acabará absorvida pela Ecologia a longo prazo. Os críticos dizem que os economistas ignoram a termodinâmica porque não gostam de pensar na entropia do sistema.

Por acaso o Georgescu-Roegen deu algumas aulas na Faculdade de Economia da USP quando eu era jovem e eu fui obrigado a lê-lo, até com interesse. Evidentemente, o processo de crescimento é um processo de transformação, não um processo estático. Nesse sentido, o conservacionismo foi um dos defeitos de certa ala do movimento ambientalista no passado. O conservacionismo era, entre aspas, "reacionário", porque negava a possibilidade de progresso que sempre significa transformação. Crescer, desenvolver e conservar são realmente contradições. O que é importante para nós é que tipo de crescimento e de desenvolvimento é compatível com a sustentação de parâmetros de equilíbrio — se voltarmos para o sistema da Física — para que se transite de um estado sustentável, ou de equilíbrio, para outro estado que não seja explosivo. Quer dizer, um processo de transformação em que você possa migrar de um estado termodinâmico para outro sem produzir uma trajetória explosiva, desestruturadora. Isso requer, hoje — uma vez que estamos no limite de produzir um processo explosivo —, uma correção imediata de rota. A partir de um determinado limiar o processo atual pode se tornar irreversivelmente explosivo. Estamos numa situação de risco para a humanidade, porque podemos ultrapassar o limiar a partir do qual uma sequência de catástrofes pode ser tão dramática que a correção para outro estágio pode demandar um terrível sacrifício para a humanidade até se reestabilizar. Mas você faz perguntas muito difíceis.

Eu sei. Tem outra complicada aqui. Muitos afirmam que, para que uma mudança de paradigma se concretize, os produtos e serviços deveriam ser precificados pelo custo total, embutindo, no preço, o custo das externalidades e dos impactos socioambientais. O problema é que, além de difícil de operacionalizar, a precificação pelo custo total significa aumento de custo para empresas e consumidores. A sustentabilidade custa mais caro?

A sustentabilidade custará caríssimo se não for regulada antes. Terá um custo dramático no futuro. Já vai custar, porque o processo de mudança climática já está instalado e vai produzir efeitos sobre a agricultura, sobre as populações mais vulneráveis e de baixa renda, sobre ecossistemas em várias regiões do país e do mundo, com custo elevado. Aquilo para que, entretanto, eu chamo a atenção é o seguinte: não compartilho da compreensão de que o ajuste desses processos possa ser conquistado apenas por meio de mecanismos induzidos pelo mercado. Não é só uma questão de precificação. Por quê? Porque acredito que você não tem como introduzir no sistema de preços, de maneira ampla, os custos das externalidades. Não tem como forçar. Não há como criar um mercado para crédito de carbono com preço suficiente para induzir a captura da redução de emissões. Salvo se os Estados nacionais empreenderem para si a tarefa de criar um mercado de crédito de carbono com preços suficientemente altos e com liquidez suficiente. Isso significaria que o Estado teria de taxar para financiar a existência de mercados. Ou seja, não existirá um mercado de carbono sem o Estado. O Estado terá de forçar a sua criação. Acredito que a combinação de regras de regulação e de incentivos econômicos através, por um lado, de taxação e, por outro, de mercado de créditos, exige decisões de grande radicalismo por parte do Estado, em comparação com o atual *status quo*. Não vejo os países preparados para adotar medidas nessa escala. Participei de um debate, em outubro de 2009, numa mesa organizada pelas Nações Unidas à qual estava presente o prêmio Nobel Joseph Stiglitz. Ele defendia o estabelecimento de um preço para a tonelada de carbono emitida de US$ 60. Tudo bem, mas como é possível estabelecer um preço, neste nível, imediatamente, sem que esse mercado venha a ser criado pelos governos? Você precisaria ter fonte de recursos, *funding*, compra e venda e mercado regulado. Isso é absolutamente utópico sem uma maciça intervenção do Estado. Se o mercado não foi capaz de prevenir até agora, apesar das crescentes evidências de risco dos últimos dez anos, se não foi capaz de estruturar mecanismos suficientes, não será à beira do desastre que vai resolver. Então, é preciso realmente uma intervenção política.

Em 1972, o relatório Limites do crescimento, *do Clube de Roma, provocou polêmica por questionar a ideologia do crescimento econômico, mas suas previsões revelaram-se erradas. Hoje, há de novo economistas propondo uma "economia de não crescimento" para os países desenvolvidos. A sociedade pode abdicar da ideia de crescimento econômico?*

Acredito que as sociedades desenvolvidas, que já têm um padrão de consumo elevado e que estão num processo de envelhecimento e de estabilização, podem se acomodar a taxas de crescimento menores e baixas. Elas podem criar novos mercados com a substituição das matrizes de energia, de transportes e outras, abrindo espaço para inovações tecnológicas benignas do ponto de vista da sustentabilidade, criando mercado e oportunidades econômicas. Esta é a única chance. O problema do constrangimento da capacidade de crescimento dos países em desenvolvimento, que aspiram e sofrem grande demanda das suas sociedades para mimetizar os padrões de vida de economias industrializadas avançadas, é onde reside a dificuldade. Sem o ativismo de políticas industriais e tecnológicas com um viés fortemente pró-sustentabilidade, não conseguiremos conciliar.

Tem-se a impressão de que a conta não fecha. O Relatório do crescimento, *da Comissão sobre Crescimento e Desenvolvimento, do Banco Mundial, afirma que há um "impasse conceitual" sobre como reduzir as emissões de carbono a níveis seguros, até a metade do século, acomodando o crescimento dos países em desenvolvimento. A solução seria reduzir a dependência de energia e de carbono no crescimento global, promovendo a eficiência energética. Mas, ao mesmo tempo, sugere um crescimento anual médio de 5,7% na China, 5,3% no Brasil e 7,4% na Índia, até 2050. Só a urbanização prevista para a China nos próximos anos é da ordem de mais de 600 milhões de pessoas. Como acomodar os custos socioambientais desse crescimento?*

Essa é uma dúvida intrigante. Especialmente para o caso chinês. No caso brasileiro, já estamos com a redução de taxa de fecundidade e natalidade muito alta e tendemos a uma estabilização. As taxas necessárias de crescimento da economia para o aumento de renda *per capita* no Brasil diminuirão. Ao mesmo tempo, o Brasil tem mais opções em termos de mudança de matriz energética e de construção de alternativas. A China tem uma dependência muito grande do carvão e uma demanda reprimida de migração rural-urbana. O desafio que ela enfrenta é muito mais duro. Por outro lado, o desenvolvimento de alternativas para a mudança, como, por exemplo, a capacidade de acelerar a introdução do veículo elétrico em prazo curto, ou a retomada intensa da inovação em energia nuclear, pode gerar alternativas que conciliem. Mas, se não forem aceleradas, efetivamente há uma contradição entre crescer aceleradamente em determinadas economias em desenvolvimento e os efeitos nocivos que isso produz.

A economia brasileira tem obtido superávits com exportações e resistido a crises graças à exportação de produtos primários e commodities agrícolas. Há economistas preocupados com o câmbio, cuja sobrevalorização inviabiliza parte das exportações industriais pela concorrência dos importados. Como o senhor vê esse debate?

Vejo com preocupação. Acho que, se a economia brasileira permitir uma apreciação continuada e persistente da taxa de câmbio, vamos derivar para uma estrutura de produção insuficiente para dar conta do desafio de uma sociedade predominantemente urbana como a brasileira. Acredito que conter a apreciação da taxa de câmbio e preservar a capacidade da indústria — não estou defendendo aqui nada específico — de desenvolver um sistema de manufatura e de serviços suficiente para responder à realidade de que a esmagadora sociedade brasileira é urbana seja um desafio evidente. Isso requer muita inovação tecnológica, requer uma mudança de paradigma no desenvolvimento em prol de mais inovação e é uma oportunidade para que a inovação no Brasil ganhe um fortíssimo viés pró-sustentabilidade. Eu acho que esse é o *x* da questão, neste momento. O sistema empresarial brasileiro é débil em matéria de inovação e retardatário em relação aos países asiáticos. Se não receber estímulos suficientemente firmes de políticas públicas pode se tornar restrito às *commodities*, onde temos natural competitividade, sem necessariamente capturar o potencial de desenvolvimento e de inovação de outras fronteiras, incluindo as tecnologias de sustentabilidade.

Há consenso de que o país precisa de investimentos em educação e infraestrutura para melhorar sua competitividade e reduzir o "custo Brasil". O licenciamento ambiental frequentemente demonstra incompreensão da importância econômica desses empreendimentos. Mas os relatórios de impacto ambiental apresentados pelas empresas revelam má vontade e desleixo com as externalidades. Como romper esse impasse?

Primeiro, o Brasil passou muitos anos sem planejar e sem desenvolver projetos. O Estado foi em larga medida desaparelhado e tornado obsoleto. Centros de excelência de planejamento de longo prazo da infraestrutura do Estado foram desmantelados ao longo dos anos 1990. Então, é necessário resgatar a capacidade de planejamento de longo prazo e de elaboração de projetos. Temos feito um grande esforço para recriar uma espécie de banco de projetos no Brasil. Com que objetivos? Eles precisam ser feitos com maior antecedência, com mais cuidado e com tempo suficiente para avaliação em profundidade de todos os impactos e medidas corretivas, mitigadoras ou preventivas. Se tivéssemos um estoque maduro suficiente de projetos e tivéssemos investido de maneira regular não teríamos criado estrangulamentos e urgências. Aí moram os grandes riscos. As urgências é que alimentam a força de pressão para que as coisas sejam feitas de afogadilho. O que eu sugiro é redobrar o esforço de planejamento e de elaboração de projetos com *timing* suficiente, de tal maneira que o licenciamento possa ser feito corretamente, para adotar inovação para prevenir impactos e lidar com eles. Isso é uma parte da resposta. A outra é que é urgente qualificar os órgãos ambientais do país, melhorar sua qualidade, habilitação e capacitação. Acho que é da combinação desses dois esforços que nós vamos poder preparar projetos melhores.

A avaliação de impactos ambientais tem apenas 25 anos no Brasil.
Sim. Não existia. Então, temos de preparar pessoas dos dois lados. Temos de preparar a engenharia de projetos para lidar com a questão ambiental em profundidade e com antecedência. Temos de criar, do lado dos reguladores e dos supervisores, competência para a análise e o licenciamento desses projetos. Essa é uma tarefa política de interesse geral da sociedade. Não podemos aceitar despreparo de um lado e do outro, precariedade de um lado e do outro, porque é o não investimento na capacitação do Estado, tanto para preparar quanto para avaliar os projetos, que gera impasses e atropelos, na medida em que deixa represar riscos. O risco em energia elétrica, por exemplo, é o resultado do abandono da preparação de projetos com olhar de longo prazo, sob a falsa premissa de que o mercado resolveria. Você abandonou e agora tem de apagar incêndio, o que é pior.

O pré-sal abre amplas perspectivas tecnológicas e industriais. Ao mesmo tempo significa mais combustível fóssil e mais emissões de carbono. Há quem veja nessa riqueza uma ameaça à matriz energética limpa do país, de hidroeletricidade e biomassa. O senhor não teme a perda da vantagem competitiva da nossa matriz renovável?
Sim e não. Primeiro eu queria relativizar. A indústria do petróleo é sujeita a processo de depleção. Os campos de petróleo são exauríveis e vão se exaurindo ao longo do tempo. Em média, têm uma duração de dez a quinze anos. Então, a produção de petróleo exige investimentos crescentes só para sua sustentação. Não estamos falando apenas do Brasil, mas do mundo. Ainda que a gente preveja uma redução do consumo *per capita* de petróleo no mundo — e isso vai acontecer —, há espaço para quem tenha capacidade de ocupar os vazios do mercado que a depleção dos recursos vai criar. O que me preocupa especificamente no pré-sal é que é necessário desenvolver tecnologia para evitar a emissão de carbono represado nos reservatórios. É preciso desenvolver tecnologias de reinjeção e de captura, de sequestro e de reinjeção do carbono, antes de lançar a exploração de grande escala. Esse é um desafio tecnológico relacionado à intensidade específica de CO_2 nos postos do pré-sal, que reclama

uma solução tecnológica e que exigirá grande competência. É um desafio de primeira grandeza para o sistema Petrobras.

A agenda do presidente Obama pressupõe a retomada do crescimento econômico numa economia de baixa emissão de carbono. Isso significa uma nova fronteira científica e tecnológica e um novo tipo de infraestrutura econômica, como transportes elétricos, por exemplo. Como o Brasil pode se inserir nesse novo paradigma? O senhor acha que o aquecimento global pode se transformar em barreira comercial?

Faço votos para que seja verdade mesmo, porque há muita coisa entre as intenções do presidente Obama e a capacidade de implementá-las numa situação de crise. O Brasil tem grandes chances de participar desses processos. O BNDES, como banco de desenvolvimento de grande porte, tem muito interesse em fomentar essa inovação — uma onda firme de inovação empresarial com viés de sustentabilidade —, focando em avanços críticos em determinadas áreas. Estamos num processo de debate intenso a respeito disso e gostaríamos de definir focos de prioridade. Só para dar um exemplo, o sistema de transportes, o sistema automobilístico, precisa de um foco claro nessa questão. Temos que acelerar a pesquisa em veículos elétricos e híbrido-elétricos. O Brasil poderia desenvolver um híbrido elétrico-etanol. Acredito que temos de participar disso de maneira firme e ambiciosa. Quanto às barreiras comerciais, temo novas formas de protecionismo. Exatamente para não ser vítima de barreiras comerciais, que poderão surgir nos países desenvolvidos, prejudicando aqueles que não se engajarem e se aproximarem da fronteira de inovações tecnológicas, o Brasil precisa de uma atitude proativa em política tecnológica.

Em 2009 e 2010, o Tesouro destinou R$ 180 bilhões em empréstimos ao BNDES, o que aumenta a responsabilidade do banco com a transparência e os critérios de governança. O banco reestruturou sua área de Meio Ambiente e tem compromisso com a agenda de sustentabilidade dos Princípios do Equador e do Protocolo Verde.[25] Mas há ONGs que co-

---

[25] Os Princípios do Equador são um acordo internacional de compromisso bancário, estabelecido em 2002, para incorporar a variável ambiental na aprovação de financiamentos. Protocolo Verde é um pacto voluntário acordado por bancos públicos brasileiros em 1995, com posterior adesão de instituições privadas, para condicionar benefícios fiscais e crédito a operações comprometidas com critérios socioambientais.

Luciano Coutinho

bram do BNDES mais liderança na transição para uma economia de baixo carbono. Como o senhor responde à crítica?

O BNDES está atento ao tema e tem tomado importantes medidas. A transição do Brasil para uma economia de baixo carbono tem que incluir dois conjuntos de ações: primeiro, ações com o objetivo de reduzir o desmatamento, principal fonte de emissão de gases de efeito estufa no país; em segundo lugar, ações voltadas para o setor industrial, de energia e de transportes. O banco já está envolvido na redução do desmatamento por intermédio do Fundo Amazônia. O Fundo recebe recursos de doações e financia projetos, sob a forma de recursos não-reembolsáveis, destinados ao controle do desmatamento, a atividades sustentáveis, a unidades de conservação e ao desenvolvimento da ciência e da tecnologia na Amazônia. Acreditamos na superação da economia predatória e de baixa produtividade. Por isso, estabelecemos critérios rígidos para a aprovação de projetos de frigoríficos, garantindo que plantas industriais e os fornecedores de gado alcancem os níveis de conformidade socioambiental que a sociedade exige. Também estamos ajudando a implementar um sistema de rastreabilidade de bovinos que atenda aos protocolos de sustentabilidade. Apesar das dificuldades históricas, o setor agropecuário, até por sua crescente importância internacional, tem a oportunidade de continuar crescendo sem que novas áreas sejam desmatadas.

Para o setor industrial, o que importa são investimentos em tecnologia de novos processos, melhoria dos equipamentos existentes e, é claro, eficiência energética, principalmente no consumo de combustíveis fósseis. O banco está atento às demandas dos setores e tem apoiado a modernização do parque industrial. Somos grandes financiadores de energias renováveis, para as quais as condições de financiamento são mais favoráveis. Sem considerar as grandes hidrelétricas, a carteira de pequenas centrais hidrelétricas, usinas eólicas e de biomassa tem crescido vigorosamente. No setor de transportes, há diversas iniciativas. Desde o transporte coletivo nas grandes cidades, a exemplo dos investimentos em metrô, até o apoio ao modal ferroviário e melhoria do rodoviário, procuramos uma redução das emissões por passageiro ou carga transportada. Não podemos esquecer das novas possibilidades trazidas pelos carros e ônibus híbridos e elétricos, assim como os veículos *flex*, para os quais apoiamos as montadoras e também os produtores de biocombustíveis, como etanol e biodiesel.

Além disso, trabalhamos com novos instrumentos financeiros e de mercado de capitais que induzam os agentes econômicos a incorporarem a variável "carbono" nas decisões de investimento. Por exemplo, em conjunto com a BM&F-Bovespa, desenvolvemos o Índice Carbono Eficiente — ICO2, lançado na Conferência de Copenhague, um índice de ações que considera a eficiência das empresas em termos de emissões de gases de efeito estufa para definir suas participações na carteira. O ICO2 contará com a participação das maiores empresas do país e será um instrumento de atração de investidores para o mercado de capitais. Além disso, o BNDES estruturou o Fundo Brasil Sustentabilidade, primeiro fundo de *private equity* no mundo focado exclusivamente no financiamento a empresas com projetos geradores de créditos de carbono, no âmbito do Mecanismo de Desenvolvimento Limpo do Protocolo de Kyoto. Com capital comprometido de R$ 410 milhões, o fundo conta com recursos do BNDES e de outros investidores institucionais. Também estamos estudando o desenvolvimento de instrumentos que permitam a securitização de créditos de carbono, de modo a ampliar as fontes de financiamento do investimento para as empresas brasileiras. Estas iniciativas, e outras que se seguirão, consolidam o BNDES como principal agente indutor das transformações para uma economia de baixo carbono, seguindo uma longa tradição de pioneirismo no mercado de capitais brasileiro.

O banco entende que o esforço em direção à economia de baixo carbono exige vultosos investimentos em pesquisa, desenvolvimento e inovação. Este é um ponto estratégico e está refletido nas linhas e programas de financiamento, que oferecem taxas de juros e prazos mais favoráveis para projetos inovadores. O Fundo Tecnológico — BNDES-Funtec — apoia projetos, com recursos não-reembolsáveis, que estimulem o desenvolvimento tecnológico e a inovação de interesse estratégico para o país, como, por exemplo, o controle de emissões atmosféricas em plantas industriais. Penso que a redução do desmatamento nos dará tempo para que os investimentos de modernização industriais e de infraestrutura possam maturar. No balanço agregado das emissões, poderemos apresentar uma redução de emissões de gases de efeito estufa em relação ao que é esperado com o crescimento da economia. Tenho certeza de que o BNDES está à frente do processo de transição brasileiro para uma economia de baixo carbono.

Gustavo Franco

"Não creio que a ideia de que estamos à beira de uma catástrofe seja dominante nos dias de hoje."

Gustavo H. B. Franco nasceu no Rio de Janeiro em 1956. É bacharel e mestre em Economia pela Pontifícia Universidade Católica do Rio de Janeiro e PhD pela Universidade de Harvard. É professor do Departamento de Economia da PUC-RJ desde 1986. A partir de 1993 foi secretário adjunto de política econômica do Ministério da Fazenda e diretor de Assuntos Internacionais do Banco Central, tendo participado da equipe responsável pela arquitetura do Plano Real. Foi presidente do Banco Central de 1997 a 1999. Participa de diversos conselhos de administração e consultivos. Tem doze livros publicados, sendo o mais recente *Shakespeare e a economia*. É sócio fundador e diretor executivo da Rio Bravo Investimentos.

Apesar dos desajustes que persistem, a economia brasileira está mais arrumada hoje do que nos tempos de inflação crônica. Mas agora estamos às voltas com outro tipo de pressão: mudanças climáticas derivadas da emissão de gases de efeito estufa. Como o senhor vê essa questão? O desafio de construir uma economia de baixa emissão de carbono implica numa mudança de paradigma no pensamento econômico ou esta é apenas mais uma crise?

São duas perguntas aí. Sobre a conjuntura econômica brasileira o assunto mudança climática tem influência exatamente igual a zero. É muito cedo para discernir qualquer influência relevante de considerações ambientais no crescimento econômico, na taxa de juros, na taxa de câmbio, nas variáveis que ocupam o dia a dia dos macroeconomistas. São mundos completamente separados, por ora. Então, resposta zero, influência zero.

E no futuro?

O futuro é outra história. Acho que os economistas do chamado *mainstream* estão assistindo a um debate que, por enquanto, ocupou muito pouca gente da nossa profissão. Tem algumas ideias inteligentes, interessantes, como as do mercado de sequestro de carbono, nascido em Kyoto, mas há muitas dúvidas sobre exatamente o que está acontecendo. Os economistas têm os seus padrões para identificar o que é evidência científica e têm, vamos dizer, educação estatística para identificar evidência sólida e não sólida em vários dos temas sobre os quais a gente lê no jornal. Trata-se de um assunto em relação ao qual já vi céticos e, na outra direção, gente totalmente emocional. É um debate perigosíssimo de se manifestar, porque as emoções estão à flor da pele. O mais prudente seria dizer que é prematuro dizer muito sobre esse assunto.

O Brasil tem um registro incomum de muito crescimento econômico, pouco desenvolvimento social e muito impacto ambiental. O que mais contribui para esse modelo?

Eu sei responder sobre a relação entre o crescimento e a desigualdade, mas não sei dizer se o modelo econômico brasileiro é mais prejudicial ao meio ambiente do que outros, restando saber, inclusive, quais seriam. A nossa produção tem pouca milhagem acumulada para a gente poder escolher modelos ambientais. Talvez os economistas mais aparentados aos engenheiros que estudam economia da energia possam falar com mais propriedade sobre o modelo econômico, sobre a matriz energética e seus impactos ambientais. Até onde eu fui, como a nossa matriz energética é muito mais *hidro* do que *termo*, não seria, de jeito nenhum, um modelo ambientalmente negativo, pelo menos a julgar pela matriz energética, se comparada a outros países que têm formas de aproveitamento de energia piores. Minha impressão de leigo é que a hidroeletricidade é mais limpa do que a termoeletricidade. Se isso é verdade, teríamos uma matriz muito mais limpa do que muitos outros países.

Pense no impacto ambiental da expansão da fronteira econômica na Amazônia.

Tenho um sentimento ruim, aliás por ser historiador, quando observo evidências sobre o que era, por exemplo, a Mata Atlântica há duzentos ou trezentos anos, e o que é hoje. É claro que me dá um calafrio imaginar que a Amazônia possa ter um destino parecido. É claro que me preocupo. Agora, como macroeconomista, essa preocupação não chegou até a minha disciplina. Não tenho nada diferente a dizer do que qualquer pessoa que não entende do assunto.

A tecnologia e o engenho humano adquiriram a capacidade de alterar o planeta em uma fração do tempo histórico. Grandes mudanças não intencionais estão ocorrendo na atmosfera, nos solos e nas águas, entre plantas e animais. Como o senhor vê a atual busca pela sustentabilidade na economia?

Tem em mim muita ressonância. O que, todavia, acho que está em andamento no mundo empresarial é a tradução dessa preocupação em coisas práticas. Muitas empresas procuram práticas ditas sustentadas, procuram apoiar iniciativas amistosas ao meio ambiente, inclusive a nossa empresa, a Rio Bravo, mas o problema ambiental tem múltiplas dimensões e eu, francamente, às vezes tenho a sensação de que poderíamos fazer mais do que, sei lá, um cartão de visita reciclável, ou coisas desse tipo. Talvez seja muito mais uma expressão do sentimento de culpa do que propriamente alguma coisa efetivamente relevante para o problema. Até porque a gente não tem um diagnóstico e um plano sobre o que fazer. Os outros temas da Economia, como a industrialização ou a estabilidade, você sabe o que tem de fazer para resolver. Aqui eu não sei. Até porque você não tem um enunciado muito claro do problema — se o problema é CO_2 ou se o problema é resíduo, sei lá —, nem exatamente do investimento. Quanto custa para fazer e de onde vem o dinheiro? A cabeça do economista é muito assim. Acho que todo mundo está alerta para o problema, preocupado, porque percebe o que você trouxe no começo da pergunta: a transformação, a mudança e o progresso trazem uma sensação dúbia, boa de modernização, mas nostálgica, às vezes, porque o progresso parece destruir coisas do passado. Algumas eram para destruir mesmo, outras não, talvez devêssemos preservar. Esse drama, essa atitude ambivalente com relação ao progresso, é uma coisa que permeia a profissão desde o início. Desde Adam Smith os economistas revelam nostalgia com relação aos paraísos perdidos, às florestas destruídas em nome da indústria e seus *satanic mills* e outras coisas feias. O progresso parece, às vezes, ter um aspecto de destruição, mas ao mesmo tempo é a criatividade humana e tecnológica na sua expressão mais pujante. Então, a expressão "destruição criadora" virou um clássico, assim como se verifica na literatura, no *Fausto* de Goethe.

Gustavo Franco

Os economistas parecem nutrir indiferença pelas questões ambientais, tanto quanto os ambientalistas aparentam ignorar a Economia. Por quê?

Não acho que seja uma incompatibilidade. Acho que o economista é um profissional cético por natureza e, na época em que a disciplina surgiu e que houve uma das muitas edições desse debate sobre o progresso e suas características destruidoras, houve um personagem, que é marcante na história da disciplina, que é o reverendo Malthus. Ali, a história era sobre população e recursos para alimentar a população. Ele fez um raciocínio muito simples: uma cresce em progressão aritmética e a outra, em progressão geométrica, portanto em x anos a humanidade está condenada ao caos. O fracasso das previsões malthusianas virou um clássico que habita o subconsciente de qualquer economista. Qual a mensagem que ficou? É que a tecnologia, a ação humana, é capaz de contornar esses imperativos que se apresentam na fotografia de um determinado momento. O mundo econômico é muito dinâmico e a gente acaba subestimando o caráter endógeno do comportamento humano diante da percepção, por exemplo, do problema ambiental. A sensação é que, se a gente tiver de criar mecanismos que fixem preços e incentivos para resolver o problema de sequestro de carbono, por exemplo, ele será feito.

O senhor conhece a "curva de Kuznets". Economistas da Universidade de Princeton sugerem a existência de uma "curva ambiental de Kuznets", em que a poluição e os impactos ambientais também evoluiriam segundo o "U invertido". Ou seja, os impactos crescem durante os estágios iniciais do desenvolvimento, mas, a partir da obtenção de certo nível de renda, estabilizam e entram em declínio, intensificando-se a racionalidade ambiental. O senhor acha que, para "fazer o bolo crescer", é inevitável gerar impacto ambiental? O Brasil estaria se aproximando de uma fase de racionalidade ambiental?

Eu não sei responder isso. Essa é uma pergunta muito complexa. A curva de Kuznets é um fato estilizado que captura várias coisas diferentes colocadas ao mesmo tempo e vários tipos de experiências históricas sobrepostas, cada qual com a sua explicação. Não existe um efeito de causação que diga que, se você produzir mais desigualdade, vai produzir mais crescimento, nem necessariamente que o crescimento tem de ser tal que vá produzir uma curva ali. Infelizmente, é mais complicado. Ou seja, se a curva de Kuznets já é uma coisa cujo estatuto científico é precário, imagina transportar isso para outra área. Acho que não dá para responder.

Na verdade, fiz essa pergunta pensando na próxima, que é a seguinte: nos últimos quarenta anos, 18% da Floresta Amazônica foi destruída. Pela lógica dos impactos do desenvolvimento da "curva ambiental de Kuznets", esse destino seria inevitável. O senhor concorda?

Nada na Economia é inevitável. Acho que uma coisa que está faltando, e talvez alguns profissionais de Economia devam se mobilizar neste sentido, é trabalhar com o custo da preservação, que é uma conta que a gente não vê. Alguém pode chegar aí com um número e dizer que dezoito está bom, ou que o nível limite é vinte, ou que o nível limite era dez tendo em vista tais custos e benefícios, mas ninguém sabe fazer essa conta. Nas discussões ambientais o que sempre acontece é um debate meio genérico do tipo: "o progresso é ruim, então qualquer limitação ao progresso é sempre boa, porque tem mais preservação". Não dá para pensar assim. O mundo do economista é o mundo da escolha necessária. É a velha história da inexistência do almoço grátis: você não pode ter o almoço e o dinheiro ao mesmo tempo. Você tem de escolher uma coisa. O que está faltando aqui é formular os termos do problema. Quanto custa? Se vamos querer preservar a floresta, isso vai ter um custo para o estabelecimento de um sistema de preservação, que precisa de incentivos tributários para evitar que as pessoas burlem qualquer proibição, como no caso da poluição. Bote um preço na poluição e de alguma forma você limitará o progresso. Tem um nível ótimo, tem um nível que não é razoável. E hoje em dia a gente não tem métrica nenhuma. Dá certa angústia quando você ouve os ambientalistas. Às vezes a sensação é de que não dá para fazer nada. Veja os dramas que a gente vê das licenças ambientais nos projetos de energia ou infraestrutura. A sensação que eu tenho é que também no licenciamento não sabemos quais são os parâmetros. Tem gente que faz essas contas, mas não é uma coisa que os economistas costumam discutir em sua profissão. É coisa mais de um profissional especializado, e essa sabedoria infelizmente não chegou até os economistas. Tem tanto economista hoje, muito mais do que no tempo em que eu estava na faculdade. Hoje tem muita gente que se dedica aos temas ditos sociais, à economia do trabalho, à economia da educação, à economia da saúde. No meu tempo, todo mundo queria estudar inflação, macroeconomia, essas coisas. Houve um movimento na direção dos temas ditos alternativos, no bom

Gustavo Franco

sentido da palavra, mas até agora não houve um movimento em direção ao meio ambiente. Alguma coisa, mas muito pouco.

Muitos afirmam que, para que uma mudança de paradigma se concretize, os produtos e serviços deveriam ser precificados pelo "custo total", embutindo no preço o custo das "externalidades" e dos impactos socioambientais, tais como desperdício e poluição. O que o senhor acha?

Isso é um tema antigo. Precificar externalidades é um tema que qualquer economista bem formado sabe fazer. Agora, por alguma razão, esse instrumental, que é caracteristicamente considerado neoclássico para uma corrente muito grande da profissão, é meio lixo. Ninguém aprendeu isso no colégio. As escolas de Economia de orientação marxista, por exemplo, não ensinam isso nos currículos, a fazer conta sobre externalidade, nem sabem o que é externalidade. Então, começa por aí: a profissão tem lá os seus vieses. Aqui no Brasil é complicado você recrutar um profissional que saiba trabalhar com esse tipo de metodologia. Você vê isso nas escolas de engenharia industrial e coisas desse tipo, mas sem também muito vezo ambiental.

O licenciamento ambiental frequentemente demonstra incompreensão da importância dos investimentos em infraestutura para melhorar a competitividade e reduzir o "custo Brasil". Mas os relatórios de impacto ambiental apresentados pelas empresas revelam má vontade e desleixo com as externalidades. Como avançar nesse impasse?

Pois é, esse é um drama regulatório. Isso que a pergunta descreve ocorre em cada uma das agências reguladoras, em cada um dos seus temas: tem o tema da concorrência, o da saúde do sistema financeiro, o da regulação da telefonia, da água e esgoto. Cada lugar onde tem uma agência reguladora, você tem sempre exatamente o mesmo enredo. Acho que a gente não tem uma agência ambiental tão poderosa quanto se tem no sistema financeiro, no mercado de capitais, na telefonia.

Inclusive porque a instituição ambiental é relativamente imatura.

Sem falar que, ultimamente, as agências reguladoras perderam sua independência. Elas tiveram sua importância diminuída neste governo, o que é um tema muito discutido. Sempre houve receio de dar autonomia demais às agências reguladoras, seja o Banco Central, a Anatel ou o Ibama. Nelas se veem alguns burocratas messiânicos fazerem coisas que o resto do país pode achar inapropriadas. Se esse medo existe com relação ao Banco Central, à Comissão de Valores Mobiliários (CVM) e à Anatel, imagina com uma agência ambiental, que pode paralisar qualquer coisa.

Muitos acham que a expressão "desenvolvimento sustentável" é um oxímoro, uma contradição em termos, já que não é possível desenvolver conservando. Economia e Ecologia podem ser ajustadas? O Nicholas Georgescu-Roegen diz que, a longo prazo, a Economia será necessariamente absorvida pela Ecologia.

Sublinho o que falei antes: a Economia é uma ciência da escolha. Essa escolha entre crescer e conservar é uma de tantas características da profissão. O que talvez seja a falha da profissão é que, além do desenvolvimento dessa metodologia sobre externalidade, que é do século passado, nada de muito novo apareceu como ferramenta de análise para o problema ecológico. Portanto, a disciplina está atrasada em matéria de desenvolvimento analítico para tratar dessa escolha especificamente. Eu acho que, com relação ao grande crescimento do interesse no assunto — falso ou verdadeiro, exagerado ou não, o fato é que o interesse cresceu —, pelo menos um impacto positivo vai ter, que é estudar mais o problema e, analiticamente, avançar nas ferramentas.

O relatório Limites do crescimento, *do Clube de Roma, provocou polêmica em 1972 ao criticar a "ideologia do crescimento", mas foi desacreditado pelas previsões que não se realizaram. Hoje, há, de novo, economistas propondo uma "economia de não crescimento" para os países desenvolvidos. A sociedade pode abdicar da ideia de crescimento econômico?*

Acho que não. Acho isso pateticamente ridículo. Quando alguém lá num país que tem uma renda *per capita* de US$ 100 mil propõe uma coisa como essa para o resto do mundo, pense na África, no Brasil e tal. É ridículo.

O raciocínio é: crescimento zero para os desenvolvidos, não para os emergentes.

Na hora que começa o "quem pode, quem não pode", estamos perdidos. Quem determina "quem pode e quem não pode"? Quem vai ser o juiz deste jogo? Isso não funciona assim.

Gustavo Franco

O aumento das emissões de carbono está diretamente associado à arrancada de produtividade e prosperidade do capitalismo. Só na China, 300 milhões saíram da miséria. Milhões melhoraram de vida no Brasil, na Índia, na África do Sul. Mas, ao mesmo tempo, a crise ambiental veio se agravando ao longo do século XX, com colapsos de ecossistemas e externalidades como Minamata, no Japão (1956), Three Mile Island (1979), Bhopal (1984), Chernobyl (1986) e Exxon Valdez (1989). Por que os alertas para os impactos colaterais dos processos econômicos não foram ouvidos? O que há de errado no discurso ambientalista?

Eu acho que, muito francamente, o discurso ambientalista compete com outras coisas mais palpáveis para as pessoas, como a melhoria nas suas condições materiais de existência, absolutamente sem precedentes na história do planeta. Portanto, é muito difícil convencer a opinião pública. O planeta, a cada cinquenta anos, produz o PIB dos últimos vinte séculos. O ritmo de crescimento da riqueza material é avassalador. Qualquer argumento que signifique renúncia a esse progresso material precisa ser muito convincente.

Não haverá limite para o crescimento?

Se vamos ter, por favor, vamos tentar convencer as pessoas de que será assim. Se a gente não convencer as pessoas que tem um limite, ninguém vai se sensibilizar. Na verdade, isso virou um problema de opinião pública. A opinião pública está sensível ao problema, mas, creio eu, não está convencida de que precisa sacrificar o crescimento do PIB em nome de alguma ideia abstrata sobre preservação do meio ambiente. É preciso traduzir isso numa coisa convincente, senão as pessoas comuns não se mexem.

Muitos empresários veem a sustentabilidade como obstáculo e restrição. Para os consumidores, a mensagem ambiental prega limitação do consumo, comprar menos, gastar menos, dirigir menos, compartilhar recursos e até ter menos filhos, como o Malthus sugeriu. A proposta ambientalista pressupõe sacrifícios e severidade. Seria possível mudar essas percepções?

Acho que precisa mudar. Se a causa ambiental depender de abstinência sexual, você há de convir que nós estamos perdidos! Então, claro, é preciso ter uma maneira de convencer as pessoas que envolva objetivamente um incentivo para abrir mão de progresso material em nome de algo que será percebido como mais bem-estar no futuro, decorrente da preservação do meio ambiente, o que quer que isso signifique. Se isso não for colocado de uma maneira objetiva e que sensibilize as pessoas no bolso, todos esses sacrifícios serão considerados sacrifícios vãos — ninguém vai se convencer. Essa é a natureza da sociedade de massa que a gente tem, que se move ao sabor da opinião pública. A opinião pública precisa ser convencida da coisa. Não adianta eu e você, porque o resto é muito mais pragmático.

O cenário climático descrito pelo IPCC é desanimador. Os cientistas dizem que, se o cenário business as usual *continuar, em 2030 dispararemos um aquecimento climático superior a 2 °C, que gerará mudanças climáticas. A inovação tecnológica poderá mudar esse quadro, como mudou o prognóstico de catástrofe antevisto por Malthus no século XIX?*

Não sei. Também porque não sei o que o IPCC diz. Não tenho condição de avaliar, eu e 99% das pessoas. Não há clareza sobre qual é exatamente o problema, ou se a evidência é absolutamente incontestável sobre o que vai acontecer em 2030 ou em "2012", como num filme que está passando aí. A minha filha de onze anos tem pesadelos com *2012*. Então, será que não estamos criando um pânico desnecessário? Claro que essa dúvida, por mais preocupações ambientais que eu tenha, me assalta. Minha filha está tendo pesadelos sobre 2012 e eu não sei se ela está certa ou se eu que estou errado. Nós tivemos uma conferência sobre o clima em Copenhague, onde todo tipo de evidência científica deve ter sido alinhada nas duas direções, mas eu não vejo isso vindo para a opinião pública com conclusões firmes, sólidas, a ponto de mover a opinião pública. Existe uma enorme boa vontade das pessoas de se convencerem disso, e muitos já se convenceram sem evidência nenhuma, mas a ausência de evidência científica firme torna o desenho de incentivos e de políticas públicas, que podem efetivamente tratar do problema, mais difícil.

Combater a ameaça das mudanças climáticas é o desafio coletivo mais complexo que a humanidade já enfrentou. Diz o Martin Wolf, do Financial Times, *que o êxito requer ações custosas e coordenadas entre vários países "para lidar com uma ameaça distante, em nome de pessoas que ainda não nasceram, sob um manto de inevitáveis incertezas sobre o custo de não agir". Talvez esse seja um desafio além da nossa capacidade de articulação política.*

Gustavo Franco

Eu sou mais otimista, porque fiquei bem impressionado com o mecanismo de Kyoto. Ele não foi operacionalizado de forma muito concreta, houve operações isoladas e tudo mais, mas este é um mecanismo concreto, objetivo, que, podendo funcionar em larga escala, claro que fará uma enorme diferença. A natureza do problema é de um problema clássico de *global commons* (bens comuns), ou de mercadoria pública. É um problema de livro-texto, de como lidar com externalidades. Isso já rendeu pelo menos uns dois prêmios Nobel para pessoas que trabalharam com o problema, não pensando em escala global, mas local. Mas a matriz analítica é semelhante, e sem dúvida ela deve ter servido para quem bolou o esquema de Kyoto. Parece uma coisa muito inteligente. Por que não entrou em operação? Por que os americanos não aderiram? Aí entra numa filigrana diplomática que eu não consigo vislumbrar.

A sustentabilidade é uma poderosa ferramenta de marketing. O termo virou uma panaceia, vaga e flexível. Todas as empresas são "sustentáveis". Há empresas admiráveis e socialmente responsáveis, mas a maioria realiza programas pontuais e o marketing reivindica créditos planetários. Como o senhor vê a onda de "greenwashing"?

Eu acho que é bom, porque, embora haja um conteúdo de hipocrisia enorme, é um pequeno ensaio para o mercado consumidor exercer a sua consciência ambiental na hora de comprar. Hoje já se tem alguma negativação em atividades econômicas, e algumas empresas são *black listed* em assuntos ambientais — produtoras de armas, outras que poluem e não têm certificações —, mas todas, de alguma maneira, se credenciam. Por exemplo, a que produz tabaco se jacta de ter boa governança corporativa e paga bons dividendos, então segue funcionando. Tem gente que quer se abraçar à bandeira ambiental e que não faz nada que não seja propaganda. Isso tem. Mas, de alguma maneira, isso ajuda as pessoas a pensarem no assunto.

Há um impasse conceitual sobre como reduzir as emissões de carbono a níveis seguros, acomodando o crescimento dos países em desenvolvimento. Segundo a Comissão sobre Crescimento e Desenvolvimento, do Banco Mundial, o jeito é reduzir radicalmente a dependência de energia e carbono do crescimento global, promovendo a eficiência energética. Só assim os países em desenvolvimento poderiam crescer sem induzir o mundo a um aquecimento global potencialmente catastrófico.

Eu acompanhei um pouquinho a feitura desse relatório. Eu sou meio cético sobre o que ele diz sobre todo o resto, referente às coisas mais próprias da Economia. É um relatório muito numa linha de redação de consenso politicamente correto com um universo muito heterogêneo de economistas contribuindo. Não acho que o que esse relatório diz sobre o assunto ambiental, em especial, seja muito denso. Acho que não é denso em coisa nenhuma, para ser muito franco. Ele procurou dizer coisas amistosas a quaisquer ouvidos. Eficiência energética é uma coisa de que ninguém há de discordar.

Parte da intelligentsia recusa-se a pensar em demografia. Em 2035 o planeta terá cerca de 8 bilhões de pessoas, menos recursos e uma temperatura alguns graus mais quente. Já a população brasileira atingirá "crescimento zero" em 2039, num país ainda rico em terra agriculturável, água e florestas.

É consenso que estamos numa trilha de desenvolvimento que vai nos levar a um patamar melhor, aí por 2030, em termos de desenvolvimento da qualidade de vida. Isso porque, olhando o aspecto estritamente econômico de infraestrutura, da estrutura produtiva, da infraestrutura de capital humano, nós estamos indo bem, diferentemente, por exemplo, da Argentina, que vai mal, caminha para trás. Então, acho que é factível. Mas isso não tem nada a ver com demografia. Na verdade, já aconteceu a queda na taxa de fecundidade e está começando a acontecer uma desaceleração da taxa de fecundidade urbana e da urbanização, com consequências visíveis, para melhor, nas cidades, nas próximas décadas. Acho que é uma coisa que será mais visível quando tivermos as Olimpíadas no Rio. Vamos ter outro padrão, que vai virar um paradigma. Vão dizer que foi por causa das Olimpíadas que a criminalidade no Rio de Janeiro caiu e que a cidade derrubou a dualidade favela-asfalto, e *blá blá blá*, quando, na verdade, isso é uma coisa de longo prazo que já está andando. Veja a história do crime em Nova York, que tem a ver com fatores de longo prazo demográficos, redução de taxa de fecundidade nas faixas de população de onde vem o crime. Isso está acontecendo no Rio de Janeiro também, mesmo sem lei do aborto.

A agenda do presidente Obama pressupõe a retomada do crescimento econômico numa economia de baixa emissão de carbono. Isso significa uma nova fronteira científica e tecnológica e um novo tipo de infraes-

trutura econômica, como transportes elétricos, por exemplo. Como o Brasil pode se inserir nesse novo paradigma?

Não sei bem o que é esse paradigma. Eu ouço falar do carro elétrico e coisas desse tipo. Fico pensando se é para valer, se poderá ter a extensão suficiente para fazer a diferença do ponto de vista de emissão de carbono e tal. De onde virá essa energia para alimentar esse tipo de tecnologia? A tecnologia é sempre uma caixinha de surpresas como o futebol, como dizia o Neném Prancha. Se a gente pensasse algum tempo atrás sobre o carro *flex*, seria um delírio, mas aconteceu, é bem palpável e absolutamente dentro do *mainstream* da economia. É possível que o carro elétrico também seja.

O debate sobre a economia de baixo carbono não o impressiona.

Não. Essa história de que vamos ter uma nova era, um novo paradigma, me desculpa, estou fora. Acho que o paradigma é esse que está aí. Não tem outro, porque esse é o paradigma que produz progresso material, que é a ambição número um da humanidade — *by far*. Comida no prato e comodidade na vida, isso é o que todo mundo quer. Uma vez superado esse desafio, aí outras coisas vêm e tudo mais, mas sem mudança de paradigma. Não tem negócio de paradigma novo, não. Não vamos sonhar.

Talvez as pessoas só se mexam diante de uma catástrofe.

Não, acho que não. A sensação, muito intuitivamente, olhando as previsões de catástrofe que acompanham a economia mundial desde o reverendo Malthus, passando por umas quinze previsões anteriores ao Clube de Roma e chegando até hoje, é a seguinte: não tem catástrofe econômica que não dê sinal palpável que vai acontecer e que permita alguma atuação preventiva. A preocupação ambiental hoje é maior, mais importante e mais relevante do que jamais foi, e o escrutínio sobre o assunto é imenso. Então, se estamos à beira de uma catástrofe, caramba, vamos tomar as providências! Mas não creio que a ideia de que estamos à beira de uma catástrofe seja dominante nos dias de hoje. Há pessoas dizendo isso, mas elas não estão sendo convincentes.

Devemos estimular as forças do mercado a encontrarem o caminho do menor custo para reduzir a poluição do sistema?

Claro! Isso é um dos teoremas mais bacanas da Economia, o Teorema de Coase, um economista e advogado norte-americano, que formulou a ideia de que, se você tem os incentivos corretos, as instituições se formam quase que espontaneamente para canalizar essas negociações. Hoje, inclusive, essas instituições já existem na forma das bolsas de valores, por exemplo, que estão superinteressadas em criar e trazer para dentro de seus recintos essas negociações. Eu fiz parte do Conselho da BM&F-Bovespa, por exemplo, que é onde o contrato-carbono é negociado. O que você vê é que um mercado desse tipo, para funcionar com a densidade, com a liquidez e com a movimentação que tem o mercado de ações ou o mercado de câmbio, precisa de várias coisas. O produto precisa estar suficientemente homogêneo, precisa ter oferta, demanda, direitos de propriedade corretos para os detentores da mercadoria que vão vender e capacidade de transmitir esses direitos de forma tranquila para o outro lado. E precisamos da certeza de que os pagamentos também vão se consumar. A institucionalidade desses mercados não tem nada de simples. Basta pensar nos primeiros ensaios das operações *à la* Kyoto. Como é que você documenta a adicionalidade, o carbono que deixou de ser emitido? Não tem nada de simples. E se você não homogeneizar, não consegue negociar a *commodity* carbono direito. Talvez a tecnologia permita que se faça isso no futuro e aí esses mercados vão pipocar tranquilamente.

Há sinais de que o Congresso dos Estados Unidos está determinado a adotar tarifas de equalização de emissão de carbono contra Índia, China e Brasil se não adotarem metas de redução de emissões. O senhor acha que o aquecimento global pode se transformar em barreira comercial?

Sim, mas veja que vamos cair na mesma vala de diferenciais de legislação trabalhista. Por exemplo, a legislação previdenciária: o fato de o trabalhador chinês não ter direito a férias, 13º ou Previdência, como tem no Brasil, faz com que a mão de obra na China custe 50% menos do que a nossa. A gente pode também propor uma equalização desse tipo, aliás, como os países desenvolvidos cansaram de discutir com relação a países como o nosso, inclusive quando os sindicatos franceses acusavam os países subdesenvolvidos de terem padrões sociais negativos, *blá blá blá*, ou diferentes dos deles e, por isso, tinham de ser discriminados para pior. O tema ambiental vai cair nesse mesmo caldeirão, que foi meio inconclusivo — não andou, felizmente, embora agora, no Brasil, a gente veja o pessoal reclamando da China e os industriais brasileiros apresentando argumentos protecionistas parecidos com os que os franceses atiraram contra nós vinte anos atrás. Nada de novo sob o sol.

Gustavo Franco

O presidente Sarkozy patrocina uma revisão do conceito de Produto Interno Bruto, por especialistas liderados pelos prêmios Nobel Joseph Stiglitz e Amartya Sen. Para eles, a preocupação excessiva do PIB com a métrica contribuiu para desencadear a atual crise financeira, na medida em que desprezou os índices de endividamento das famílias e das empresas norte-americanas. Existiria um "fetichismo do PIB"?

Eu acho que, neste capítulo em particular, o nosso Sarkozy está fazendo um samba, misturando uma porção de coisas, com o intuito de sair no jornal, essencialmente. O PIB é uma métrica — pobre coitado! — que tem uma fundamentação muito simples: valor adicionado, um conceito muito claro em Economia. O fato de se calcular o PIB não quer dizer que não se possa calcular o IDH (Índice de Desenvolvimento Humano) ou qualquer outro que, objetivamente, dê conta das omissões que supostamente existem no PIB. Faço votos de que a comissão dos prêmios Nobel, que ele reuniu, venha com alguma coisa objetiva para que as pessoas possam ser convencidas. Ok, vamos esquecer o PIB, ou diminuir a importância que se atribuiu ao crescimento do PIB, e vamos focar nessa outra coisa. Sem problema. Agora, acho que disso vai sair muita mídia, isso sim.

O que o senhor acha da ecoeficiência? A ideia do empresário Stephen Schmidheiny é produzir mais e melhor com menos, reduzindo o consumo de recursos e os impactos e aumentando o valor dos produtos e serviços.

Acho muito bacana, porque, se os mercados fossem perfeitos, estaria tudo resolvido, mas não é o caso. Existe sempre o que a gente chama de arbitragem: oportunidades de fazer mais com a mesma coisa, comprar barato e vender caro. Na verdade, é esse tipo de atividade que faz os mercados funcionar. Acho que seria um equívoco imaginar que todas as empresas do planeta produzem no seu absoluto píncaro tecnológico e não poderiam produzir mais ou desperdiçar menos. É claro que podem. E existem empresas especializadas, por exemplo, em eficiência energética. A Rio Bravo tem fundos de *private equity*, e um deles investe numa *esco* (Energy Saving Company) que ganha dinheiro de formas absolutamente impecáveis: ela faz contratos com empresas onde não recebe, só ganha um percentual da economia que produz na conta de luz do camarada. Investimos numa *esco* e estamos felizes. E o princípio é simples: sempre haverá gente arbitrando, empresas ou agentes econômicos que trabalham para levar as empresas para a fronteira de eficiência.

Dois autores ambientalistas, William McDonough e Michael Braun-gart, acreditam que, por meio do design inteligente, seja possível ultrapas-sar a ecoeficiência, tornando os produtos capazes de biodegradar enrique-cendo o ambiente ou alimentar circuitos fechados industriais como in-sumos. Pretendem eliminar o conceito de lixo. Em vez de automóveis, propõem a criação de "nutriveículos" com motores modelados como usi-nas químicas que gerariam emissões positivas: o vapor d'água seria reusa-do, o carbono seria vendido à indústria de borracha, o óxido nitroso vi-raria adubo e os pneus capturariam partículas, limpando o ar. O que o senhor acha dessa dimensão utópica?

Acho que é útil que as pessoas sonhem, porque a inovação tecno-lógica vem de coisas aparentemente delirantes desse tipo. Muitas dessas ideias podem parecer tolas, mas às vezes é dentro de uma delas que apa-rece alguma coisa revolucionária. Eu não tenho nada contra isso, porque o filtro econômico de cada um desses projetos existe naturalmente no nosso dia a dia. Então, essas ideias vão passar da categoria delírio, ro-mance, sonho para a realidade conforme se provarem viáveis. Seria fácil ridicularizar qualquer coisa desse tipo, mas eu acho que não é o caso, acho que pode aparecer alguma coisa interessante. Tempos atrás, coisas como carro *flex* e sequestro de carbono poderiam ser consideradas delí-rio. Mas é bom não esperar a redenção da humanidade.

O Relatório do crescimento, do Banco Mundial, propõe 5,4% de crescimento do PIB mundial para os próximos 25 anos. Isso é possível? Só na China, espera-se a urbanização de mais 600 milhões de pessoas. Como acomodar os custos socioambientais desse processo?

É possível, sim. O crescimento de produtividade tem sido extraordi-nário, historicamente. Com a mesma quantidade de recursos, hoje a gente produz mais valor agregado. Se fizer a conta de qual foi a última vez em que o PIB mundial quintuplicou, provavelmente a gente vai se surpreen-der com quão recente isso foi. Então, possível é. Agora, parece intuitivo, mesmo para um espírito cético como um economista, que em algum mo-mento vamos ter uma esticada em recursos necessários para o crescimen-to. Eu não sei se o sistema de preços vai antecipar a escassez desse recur-so, qualquer que ele seja, e contornar o obstáculo, como no passado con-tornamos todos os outros.

Gustavo Franco

Fala-se muito da "capacidade de suporte do planeta". A ONG Global Footprint Network, ligada à Universidade de British Columbia, calcula a capacidade dos ecossistemas de gerarem recursos e regenerarem resíduos em um determinado prazo. Em 1987 o consumo global de recursos teria ultrapassado a capacidade de regeneração do planeta. Estamos com um déficit de 30%. Se continuarmos no ritmo atual, em 2050 precisaremos de dois planetas. O que o senhor acha?

Eu adoraria estar convencido disso e ver como é que foi feita essa conta. Acho até que pode ser. Não tenho condições de avaliar. Mas, de novo, que seja verdade, vamos só imaginar esses senhores canadenses indo ao Sudão e explicando: "Olha, pessoal, vamos esquecer o progresso material". É complicado, não é? Onde eles irão para reduzir o ritmo do crescimento? *Let me guess*: nos países emergentes, que estão crescendo mais! Ou seja, aqui. Então, esses senhores canadenses virão aqui, ou à Índia, ou à China, e dirão: "Olha, pessoal, vocês estão crescendo demais, vamos parar". Acho que não vai colar.

Mas se a China, o Brasil e a Índia se aproximarem do padrão de consumo europeu ou americano os impactos ambientais serão enormes.

É o seguinte: se eles podem, por que é que a gente não pode? Por que é que nós vamos "apadrinhar" o dano ambiental deles? Vamos esquecer o dano ambiental que fizeram no passado, as florestas e outros recursos naturais que dizimaram, supostamente para chegar ao padrão de vida que chegaram. Eles têm, portanto, o direito assegurado a ter US$ 30 mil de renda *per capita* por ano, ou US$ 40 mil. Mas nós, não. Então, vai explicar para a população brasileira que temos de ficar em US$ 10 mil. Que história é essa? Nenhum governante pode voltar para casa — pense na Índia — e dizer: "Pessoal, vamos parar, porque tem uns professores canadenses dizendo que estamos 30% excedidos e é por nossa causa que o mundo vai mal". Não dá.

Do ponto de vista da equidade não, mas o problema é que a conta não fecha. Imagine centenas de milhões de chineses, hindus e brasileiros nas classes médias, cada um com seu automóvel.

A priori não é impossível, de jeito nenhum. É um problema tecnológico. No caminho, eu espero que os sinais dos problemas gerados sejam devidamente considerados. Sem entender do assunto, vejo relatos preocupantes de descaso da China com o meio ambiente: poluições inacreditáveis, ar contaminado, rios e florestas. Essas coisas fazem o Brasil, que também não é nenhum exemplo de preservação, parecer um santuário. Agora, a China é um país soberano que, para começar, tem um regime político que é uma droga. Uma ditadura bastante violenta que não respeita os direitos humanos, não respeita os direitos trabalhistas como se respeita no Brasil, para não dizer como nos países europeus, nem mesmo os direitos sociais fundamentais que temos na nossa Constituição, nem previdência social, nada. Esquece tudo isso. É difícil levar para esse país alguma disciplina ambiental, quando nem as outras que supostamente a precedem estão atendidas. Isso é muito mais alarmante! Se você vai pensar em alguma autoridade internacional que possa, enfim, impor coisas razoáveis aos países pelo ângulo ambiental, por que não impor também os direitos humanos e os direitos sociais? Por que não impedir outras tantas coisas que a gente vê? Sei lá, genocídio, matanças e outras barbaridades? Não há autoridade internacional que possa entrar num país soberano e resolver esses assuntos. Não sei se o meio ambiente vai ter um *blueprint*, um plano detalhado mais amplo para violação de soberania. Se houver, espero que venham junto também outras coisas boas, como democracia, por exemplo. Soberania é um assunto muito complicado.

José Roberto Mendonça de Barros

"Temos uma perspectiva gigantesca de crescimento
sistêmico na área de biocombustíveis."

José Roberto Mendonça de Barros nasceu em 1944, em São Paulo,
formou-se em Economia pela USP e fez doutorado na Universidade Yale,
nos Estados Unidos. Foi professor da Faculdade de Economia da USP de
1967 a 2002. Em 1978, fundou a empresa de consultoria econômica MB
Associados, especializada em agronegócio. Foi secretário de Política Econômica do Ministério da Fazenda, de 1995 a 1998, no primeiro governo Fernando Henrique Cardoso. Foi membro do Comitê Estratégico da
Companhia Vale do Rio Doce e do Conselho de Administração da GP
Investments. Desenvolveu o Projeto do Novo Mercado para a Bovespa.
É membro do Conselho de Administração da BM&F-Bovespa, da Tecni-
sa, do Conselho Consultivo do Pão de Açúcar, do grupo O Estado de S.
Paulo, da Febraban, da Schneider Electric e da Link Partners.

*A expansão demográfica e a urbanização do planeta asseguram um
aumento firme da demanda por alimentos. Como isso vai afetar o Brasil?*
Hoje é fartamente reconhecido que, quando se considera o conjunto de sol, água e terra, o Brasil é a região do mundo com a maior disponibilidade desses fatores. Além disso, se comparado com a África, apesar das deficiências, temos uma razoável infraestrutura. Quando olho o
Congo ou outras regiões aptas em termos de disponibilidade de terra,
água e sol, vejo uma deficiência gigantesca de infraestrutura. Do ponto de
vista agrícola, todas as organizações e países do mundo reconhecem que
uma parcela substancial do aumento da produção agrícola em termos
mundiais vai ocorrer no Brasil. Isso sustenta dez, vinte, trinta anos de
crescimento. Além disso, existem outras características favoráveis que se
somam. Primeiro, do ponto de vista dos alimentos, podemos aumentar a
escala de produção sem agredir a Floresta Amazônica ou o Pantanal. A

trajetória de crescimento da agricultura brasileira baseia-se no crescimento da produtividade e não na extensão plantada. É um crescimento persistente da produtividade gerado por melhoria tecnológica. Aí todo mundo reconhece o papel da Embrapa, mas outros institutos de pesquisa também ajudaram. Não precisamos derrubar uma árvore na Amazônia para atender a essa demanda mundial de alimentos. Além disso, se comparada com a agricultura americana, por exemplo, a produção brasileira também se destaca. Temos uma área enorme de pastagens cuja produtividade pode ser, e está sendo, elevada ao longo do tempo, o que libera mais áreas para outras atividades. Aquela competição entre alimentos e energia, típica do caso do milho americano, não se verifica aqui.

A expansão do agronegócio tem sido fundamental para a balança de pagamentos. Hoje, 83% da população brasileira se concentra na cidade. Há trinta anos, 44% dos brasileiros viviam em área rural. Agora são 8%, cerca de 16 milhões de pessoas, segundo o Atlas da questão agrária brasileira.[26] Destes, quase 80% do pessoal ocupado trabalha na chamada agricultura familiar. Esses dados indicam que o agronegócio gera mais renda do que emprego?

Certamente gera mais renda, porque é mais produtivo, proporcionalmente. Tem um problema aí, uma fissura estatística, que raramente é corrigida. Quando se fala em agricultura familiar, na cabeça das pessoas surgem as pequenas propriedades fora do mercado, mas, nas estatísticas, misturam-se, na realidade, dois tipos de agricultura familiar, porque o critério é o tamanho da propriedade e o fato de o proprietário trabalhar nela. Quero dizer o seguinte: se eu pegar proprietários de frango integrados, típicos de Santa Catarina, aquilo é uma agricultura familiar, porém de alta produção. É diferente do pequeno sítio ou do assentamento. Uma das regularidades mais comprovadas da história é que o desenvolvimento econômico se faz essencialmente por uma expansão do setor industrial e, depois, do setor terciário, localizado nas cidades. Então, a redução da taxa de urbanização é absolutamente natural nos países que crescem. Não há surpresa nesse processo. Agora, é verdade que o agronegócio tem mais escala e, na agricultura, existem economias de escala até certo ponto. Ela aumenta mais a renda do que o emprego, por isso mesmo gera renda.

[26] Eduardo Girardi, *Atlas da questão agrária brasileira*, ver em: www4.fctunesp.br/nera/atlas.

A exportação de produtos primários e commodities agrícolas tem gerado superávits importantes para a economia brasileira. Mas há economistas preocupados com a desindustrialização e o câmbio, cuja sobrevalorização prejudica as exportações industriais pela concorrência dos importados — apesar da produção industrial também estar crescendo. Com o país especializando-se cada vez mais em produtos primários, afirma-se que será difícil gerar os empregos necessários para atender a expansão demográfica. Como o senhor vê esse debate?

Discordo bastante dessa tese da desindustrialização. Primeiro, é bom lembrar que o mercado brasileiro é grande e vai continuar a crescer, e estamos distantes da Ásia, que é o centro de produção manufatureira barata. Temos um país com um grande mercado, com uma forte demanda por produtos industriais e onde o suprimento a distância é relativamente caro. Se se utiliza o sistema *just in time* na produção, a produção doméstica é ferreamente privilegiada. O que eu quero dizer com isso? Considere o setor automotivo. No mundo inteiro, o setor automotivo trabalha com o sistema *just in time*, isto é, você tem a montadora e um colar de fornecedores, chamados sistemistas, que estão no mesmo lugar da produção e vão com os carrinhos entregando as peças lá dentro. Ora, é muito difícil, senão impossível, manter uma produção *just in time* em alta escala dependendo de importação, porque uma greve no porto para a produção, a oscilação das moedas prejudica etc. Então, todos esses sistemas onde o *just in time* existe, em vários setores, constituem quase que uma proteção natural à produção doméstica. Tanto é verdade que o Brasil é um mercado de automóveis importante, que está crescendo. Se você tirar o *top* de linha, os carros muito caros, que não produzimos, o grosso da produção automotiva está aqui. Uma coisa que pouca gente observa: tem um polo de produção de motos em Manaus e os chineses, que são os mais competitivos do mundo, querem entrar no mercado brasileiro. Como é que eles fazem? Importam as primeiras mil motos para testar o mercado e, no segundo mês de produção, se instalam em Manaus. As pessoas esquecem, mas, na década de 1990, quando o câmbio era barato, a Ford lançou o Ka no Brasil e tentou usar a estratégia de montar o carro aqui, lastreado em peça importada. Na primeira greve de fornecedor, ficou quatro meses sem o produto. Então, quando a Ford foi para a Bahia, a primeira coisa que ela se preocupou foi em fazer a *baianização* dos fornecedores, montando uma bruta rede, porque é só assim que funciona. Bom, tem alguns setores que são diferentes. Onde a gente tem menos competitivi-

José Roberto Mendonça de Barros

dade e apanhamos é nos setores têxtil, de calçados, de vestuário e de pequenos eletrodomésticos. Aí apanhamos nós e todo mundo, exceto a China, que dispõe de uma escala muito difícil de enfrentar. Eu já pedi em várias organizações industriais que me mostrassem casos concretos fora desses setores e até hoje não conheço nada significativo. Queria ressaltar mais uma coisa: quando o câmbio valoriza, expõe a nu as nossas deficiências de competitividade sistêmica, que, mais do que o câmbio, constituem vantagens dos chineses. Temos deficiências sistêmicas em infraestrutura, em tributação, em educação etc., sobre as quais poderíamos falar bastante. Mas vamos voltar à agricultura. É uma simplificação insustentável dizer que a exportação de *commodities* se resume a minério de ferro e grão de soja. Isso não é verdade. As cadeias de produção agrícolas são cada vez mais longas e industrializadas. Veja o exemplo da cadeia da cana-de-açúcar.

Há um novo mundo renovável surgindo com a cana-de-açúcar.
Ao longo dos últimos vinte, trinta anos, construímos um sistema produtivo cada vez mais complexo, que se liga para a frente e para trás com vários setores, um sistema cuja taxa de progresso tecnológico é viva e continua aumentando. Reconheço que a cana-de-açúcar é um setor exponencial, mas não é o único. Por quê? Porque a produção de cana tem uma relação cada vez maior com a indústria de máquinas, de fertilizantes, de metalurgia etc. É uma fonte inesgotável de progressos técnicos. A produtividade da cana no Brasil é a mais elevada do mundo. Olhando só o que já está na prateleira, sem falar em organismos geneticamente modificados, porque aí haveria outro salto, a gente ainda poderia aumentar de 10% a 20% a produtividade de cana sem aumentar um hectare de terra, simplesmente regionalizando as espécies que estão aí. Se introduzirmos melhorias mais significativas, do tipo cana geneticamente modificada, poderemos aumentar a produtividade em 50%. Há trinta anos as usinas de açúcar eram só usinas de açúcar: do caldo fazia-se açúcar e mais nada, além de um pouco de álcool residual. Há trinta anos introduzimos o álcool etanol. E as pessoas esquecem que produzir álcool só foi viável porque o setor de automóveis promoveu inovações tecnológicas. O carro *flex* é uma realidade hoje, mas ele entrou na cadeia lá atrás. Uma terceira agregação foi a produção de energia elétrica, em cogeração com a queima de bagaço. Hoje temos também uma indústria de energia elétrica renovável. Para fazer energia elétrica, você troca todos os equipamentos, trabalha

com equipamentos de alta pressão, muda as caldeiras, o que provoca impacto grande na demanda de bens de capital. Isso tudo é feito aqui, nada é importado. Então, você teve uma, duas, três gerações de evolução e estamos indo para novas. Entre as que vêm aí se destaca o setor de plásticos. Estamos entrando, também, numa alcoolquímica cada vez mais relevante. Seja do caldo, seja do bagaço, em cinco anos os combustíveis de segunda geração serão melhores, inclusive o diesel, que será um dos melhores exemplos de ajuste à economia de baixo carbono. O diesel vegetal jamais vai ter enxofre, e o mineral nunca vai deixar de ter. Eu tenho uma lista de projetos para o futuro do setor. A alcoolquímica dos plásticos vai nos levar aos plásticos biodegradáveis. E é só o começo. Estamos destampando um mundo enorme, que atende à mudança para o baixo carbono, que oferece bônus e vantagens extras porque atende à demanda de preservação da natureza e incorpora um volume de progresso técnico com implicações para frente e para trás. Ora, associar isso a uma suposta exportação de pedra moída é um grande equívoco. Uma das quatro áreas que geram mais progresso tecnológico no mundo hoje é a biotecnologia, que é o que estamos fazemos na agricultura da cana.

Entre 1996 e 2006, o agronegócio induziu a um aumento da área de agropecuária na Amazônia Legal de 230 mil km² — um território maior do que o do Paraná. O Brasil já desmatou 1,3 milhão de km² na região Norte, 18% da floresta, criando uma grande massa de terras degradadas, disponíveis para a exploração. A agropecuária pode se expandir vinte anos nessas terras, sem tocar em florestas. Portanto, seria possível conservar os 80% da floresta que restam para preservar serviços ambientais e arrefecer as mudanças climáticas. O que você acha da hipótese?

Concordo integralmente. Sou francamente favorável a desmatamento zero. Acho que aí temos que ser radicais. Claro que temos de cuidar das pessoas que estão lá. O que já foi aberto já foi aberto, vamos tentar dar o melhor destino possível, mas acho que temos de tomar decisões radicais de verdade. Tanto pelo bem da Amazônia quanto pelo que implica do ponto de vista de custo para o país como um todo, uma vez que o desmatamento da Amazônia dá margem a protecionismo. Pega a cana-de-açúcar. Tem meia dúzia de hectares de cana plantados em alguns lugares lá em cima, e, no entanto, o protecionismo usa isso para barrar o setor todo aqui embaixo. Seria mais fácil, sai mais barato, você pagar por serviços ambientais lá e recompor a floresta do que desmatar. Está

José Roberto Mendonça de Barros

muito claro que sustentabilidade e economia de baixo carbono entraram para valer na agenda mundial. A gente tem de olhar para frente. Eu acho que esses temas que os ambientalistas levantam devem ser usados como alavanca de oportunidade. Eu estou de pleno acordo.

O desmatamento está caindo já há alguns anos. Já foi de 23 mil quilômetros por ano e agora está em 7 mil. O senhor acha viável controlá-lo num país com instituições tão precárias, com governança precária e uma fronteira econômica interna tão vasta?

Tenho dúvidas. É difícil. Por isso, talvez um bom suporte possa vir de fora: não se compra carne produzida em certas regiões, não se esmaga soja vinda de certos lugares etc. É possível que um empurrão dessa natureza seja necessário. Na área das soluções a gente não pode trabalhar com radicalismo. Radicalismo serve para introduzir temas no debate, tem o seu momento, mas passa. Arte é o que se consegue fazer. Eu acho que o objetivo teria de ser fogo zero na Amazônia.

De 1996 a 2006, 15 milhões trocaram o campo pela cidade e mais de 3 milhões foram instalados em assentamentos de reforma agrária. Essas mudanças não alteraram a estrutura fundiária, porque, embora as ocupações de terras concentrem-se no Centro-Sul e no Nordeste, os assentamentos concentram-se na Amazônia desde o regime militar. Mas oito dos cem maiores desmatamentos registrados na Amazônia Legal desde 2005 ocorreram em assentamentos do INCRA no Mato Grosso, o que mostra que todos desmatam, pequenos e grandes.

Temos que reconhecer que a política de assentamento, do ponto de vista de produção agrícola sustentável, é um fiasco de quase 100%. A imensa maioria não consegue nem ser autossuficiente, depende da doação de cesta básica. Os índices de revenda dos lotes de assentamentos são absurdos, da ordem de 50%, 60%. Acho que a política de assentamentos é predatória e tem de ser revisada. Deu errado, não levou a nada. Esse é um dos nossos grandes desafios. Como é que você lida com isso? Acho que o espaço para defender a reforma agrária, nesse sentido tradicional, já passou. Nós já estamos em outro patamar. Isso aí é uma discussão do tempo em que você tinha risco de produção de alimentos, do tempo da Cepal. Tanto é que o MST cada vez menos tem a ver com o agro e cada vez mais com a política urbana, com o movimento das franjas urbanas. Infelizmente, quando você mostra isso, quem é a favor da reforma agrária diz: "querem criminalizar os movimentos sociais". Isso é um argumento para não se fazer nada.

As questões de sustentabilidade vão condicionar o desenvolvimento do agronegócio. Em 2009, a Associação Brasileira de Supermercados e as redes Carrefour, Walmart e Pão de Açúcar decretaram um boicote a produtores de carne do Pará, denunciados pelo Ministério Público Federal e pelo Greenpeace por desmatar a floresta. O Brasil detém o maior rebanho bovino e é o maior exportador de carne do mundo. O manejo do solo é a nossa segunda maior fonte de emissão de gases de efeito estufa, depois do desmatamento. E o gás metano emitido pelos rebanhos é mais forte do que o carbono. Há uma estratégia para modernizar as práticas tradicionais da pecuária?

Estratégia, do ponto de vista de política econômica, eu desconheço. A modernização está acontecendo por meio da evolução da própria estrutura de produção. Por exemplo, o encarecimento das terras mais próximas das cidades. Então, se o cidadão quer ter pecuária em Araçatuba, nos melhores lugares do Mato Grosso do Sul e de Goiás, ou ele fica mais produtivo ou será atropelado pelos vizinhos. Quanto à questão do uso de *chips* nos rebanhos, acho que o Brasil errou na aceitação do sistema da Europa. É uma tese que, na verdade, não é minha, é do Pedro Camargo, com a qual eu concordo integralmente. O Brasil aceitou algumas metas de controle de endemias, basicamente aftosas, e não cumpriu. Aí a União Europeia começou a nos apertar. Em vez de sentar e renegociar o cumprimento das metas, fomos aceitando regras cada vez mais difíceis e apropriadas para a Europa — unidades de produção de área pequena, próximas a cidades —, e aceitamos um negócio burocratizado, caro e muito menos eficaz do que antes. E pior, foi muitas vezes anulado, porque aquele negócio de pôr brinco no boi a três quilômetros do frigorífico não funciona, desmoraliza o sistema. E tem outra coisa errada desde o começo: tudo isso apareceu por causa da doença da "vaca louca", que não tem no Brasil, e não tem porque aqui se cria no pasto. A vaca louca, a gente sabe, só aparece em criação confinada, quando se alimenta o gado com resíduos de animais. Não temos isso aqui. Nós temos é aftosa, que não faz mal às pessoas, não mata ninguém, mas que a gente tem de controlar, não há dúvida.

A agropecuária extensiva é um fator determinante do desmatamento da Amazônia. Uma das razões da sua expansão na Amazônia é ser uma atividade econômica fácil, tosca e barata — não precisa nem de ponte, o bicho vai andando sozinho para o frigorífico.

Por isso acho que é preciso uma pressão de demanda externa. Porque aí, se você não tiver para quem vender, o que vai fazer? Acho que faz sentido por esse lado. No caso de endemias, tem de ser mais rigoroso. Exemplo: Paraguai. Nossas fronteiras com o Paraguai e a Bolívia não são controladas, e aí entra animal, sai animal e as doenças andam sozinhas. Nessa faixa aí da Amazônia, estou de acordo: tem de ser radical, senão você não muda nunca. E mais: economicamente não precisa, porque é uma economia de baixa produtividade, que no fim fica ruim para todo mundo.

Não seria a hora de estabelecer selos verdes e certificados de sustentabilidade, por exemplo para o etanol?

Acho. Faz todo sentido. Temos uma perspectiva de crescimento sistêmico gigantesca na área dos biocombustíveis. Acho que há uma mudança a favor da ampliação do setor vinda do meio ambiente e da sustentabilidade. O etanol está virando também um negócio para empresas petroleiras, pela imperiosa necessidade das petroleiras avançarem na redução das emissões de carbono. A British Petroleum (BP) está desenvolvendo um projeto para fazer biobutanol aqui no Brasil.

Biobutanol?

É, é uma variação química do etanol. Um etanol diferente, com duas moléculas. Daí o "bi". A BP vai entrar na produção de cana-de-açúcar e etanol no Brasil, porque este será o combustível escolhido para mover o carro híbrido da Califórnia. Lá na frente, o carro híbrido será 100% a hidrogênio. A solução, agora, é botar um combustível no veículo, para usar em certos momentos, e esse combustível é reprocessado dentro do motor, para tocar o motor elétrico que também está lá dentro. É um álcool, só que com preparo químico diferente: tem duas moléculas. O negócio da BP será grande no Brasil. Todas as petroleiras têm projeto para o Brasil por uma razão muito simples: o único biocombustível que não agride, que tem balanço energético positivo e cuja produção não afeta a produção de alimentos, é o etanol de cana do Brasil. Não tem outro em larga escala. Então, é verdade, é do nosso interesse ter especificações técnicas, selos verdes, credenciamentos e ferramentas de comprovação da qualidade dos produtos. Assim como a gente já deveria estar fazendo dutos, porque o jeito de transportar líquido é duto, para ficar barato, para exportar.

Há consenso de que o país precisa de investimentos em infraestrutura para melhorar a competitividade e reduzir o "custo Brasil", agravado por estradas deficientes, portos congestionados, transporte ferroviário precário e falta de energia. O licenciamento ambiental frequentemente demonstra incompreensão da importância desses empreendimentos. Mas os relatórios de impacto ambiental apresentados pelas empresas também revelam má vontade e desleixo com as externalidades. Como avançar nesse impasse?

Essa é uma grande pergunta que, *mutatis mutandis*, é equivalente à do boi na Amazônia. Quer dizer, para ter uma resposta adequada os dois lados têm de avançar em uma determinada direção. Acho que a primeira coisa é abrir mão do "obrismo", a ideia de que o que importa é a obra feita. Isso não é verdade no mundo de hoje. Essa percepção antiga da engenharia e do sistema político tem de ser substituída. A nova perspectiva inclusive oferece mais negócios do que a antiga. Defende-se o obrismo como se ele fosse imperativo. Não é verdade. Olhar para frente é abrir oportunidades e vantagens comparativas, sobretudo se você entende isso primeiro que os outros. Ainda tem muito obrismo, tanto do ponto de vista do contratante estatal quanto do produtor privado. E a própria universidade também reproduz isso. A ESALQ (Escola Superior de Agricultura Luiz de Queiróz) ensina a plantar, a FAU (Faculdade de Arquitetura e Urbanismo, da USP) ensina a fazer projetos de arquitetura, mas quem quer fazer paisagismo tem de ser autodidata, *à la* Burle Marx. A universidade é incapaz de juntar os dois e formar um profissional capaz de fazer projetos e de entender de plantas, para fazer um projeto mais verde. Outro exemplo: você tem engenharia e sistemas químicos para lidar com dejetos e resíduos. Mas esses dois cursos não se falam. Aí a indústria começa a precisar de engenheiros capazes de manejo ambiental e não tem. Então, precisamos fazer um ajuste desde a universidade. Acho que isso é verdade do ponto de vista do licenciamento, quer dizer, o licenciador também tem de ser um pouco razoável.

No Brasil os economistas parecem nutrir indiferença pelas questões ambientais, tanto quanto os ambientalistas aparentam ignorar a Economia. O que mais contribui para a permanência desse modelo?

José Roberto Mendonça de Barros

Do ponto de vista da Economia, são trinta anos tendo a inflação como o grande problema. Inflação é um problema macro. Então, toda a profissão se dedicou a tentar resolver o problema macro e parou de tentar entender o que é o desenvolvimento econômico. Esse é um vício que veio lá de trás, quando o mundo era outro e o obrismo era tudo. De outro lado, acho que não é sociologia de botequim dizer que o movimento ambiental nasceu da esquerda. Ele é uma evolução da esquerda, um pedaço da esquerda, e portanto gera uma desconfiança anticapitalista. Então, essa aproximação que está surgindo não é fácil, vai demorar ainda. Lamentavelmente, tem esse custo.

Quem trabalha na fronteira econômica, com colonos, ribeirinhos e índios, sabe a dificuldade de avaliar benefícios da modernização da infraestrutura a longo prazo diante de impactos ambientais imediatos.

Acredito. Essa mediação, de algum jeito, tem de ser construída. Não sei exatamente como fazer esse tipo de coisa. Acho que, para ser construída, ela vai depender eventualmente da criação de instrumentos mais novos. Os serviços ambientais são um exemplo disso. É uma forma de você resolver a equação econômica de determinados locais, em geral em pequenas propriedades, coisas desse tipo, agregando valor. Alguém tem de pagar. Quem é que vai pagar? O beneficiário que está na cidade e que paga imposto. Lá fora isso está evoluindo muito, mas no Brasil ainda estamos tentando entender o que é.

Pode haver reconciliação entre História e Geografia no Brasil?

A inflação leva a uma lógica de curto prazo. Exatamente porque as condições econômicas são difíceis, é impossível pensar a longo prazo. Quando eu estava na faculdade, comecei a cuidar de uma fazenda que o meu pai tinha e conheci os fazendeiros antigos. Era natural você plantar uma árvore e esperar trinta anos. A inflação foi atropelando essas coisas. Tudo tem de ser para amanhã ou depois de amanhã. Veja as distorções advindas da inflação: o mercado de capitais não se desenvolve, o mercado de crédito é muito curto etc. Mas, para ser franco, acho que esse imediatismo já mudou. Exatamente porque você tem mais gente na cidade, mudança de valores, mudança grande, mudança conceitual. Tudo bem, até virar realidade, lei, instrumento, é uma pedreira, especialmente num sistema político como o nosso, em que o Congresso, que deveria ser o mediador dessas coisas, foi perdendo essa característica. Então, você tem de gerar consensos fora do sistema político, e é o consenso que obriga a cuidar da inflação, que obriga a cuidar do meio ambiente, da segurança. Isso torna tudo mais lento e mais custoso, porque gerar consenso fora do sistema político é difícil.

Como você vê as ameaças das mudanças climáticas? Construir uma economia de baixa emissão de carbono implica numa mudança de paradigma no pensamento econômico ou é apenas mais uma crise?

Não, acho que há uma mudança mais profunda de percepção. Tem uma mudança de paradigma e, ao mesmo tempo, uma oportunidade. No fundo, a mudança de paradigma é a seguinte: o desenvolvimento capitalista depende, historicamente, de uma ligação entre a estrutura de demanda, o aparelho produtivo e a tecnologia por trás, e o fator energético comanda. Na Revolução Industrial foram as máquinas a vapor. Na segunda revolução industrial, o petróleo. Há uma mudança de paradigma nesse sentido: vai demorar ainda, mas há uma mudança na estrutura de demanda — não mais carro grande, bebedor de gasolina, por exemplo —, uma percepção de que os recursos não são infinitos, que levará a uma mudança na estrutura de produção, na forma de fazer, que estará colada à mudança energética que move o conjunto. As grandes revoluções industriais não mexem só com a indústria. Estamos entrando numa mudança de paradigma de longo prazo, mas, até que ela seja percebida e vire realidade, ainda demora.

A tecnologia e o engenho humano adquiriram a capacidade de alterar o planeta em uma fração do tempo histórico. Grandes mudanças não intencionais estão ocorrendo na atmosfera, nos solos e nas águas, entre plantas e animais. Como você vê a atual busca pela sustentabilidade em economia? Necessidade? Ideologia?

Acho que, antes de tudo, é uma necessidade. O volume de evidências empíricas de que temos problemas de sustentabilidade é convincente. O problema é o que fazer, esse é outro pepino. Mas acho que, quanto mais rápido a gente perceber, melhor será para todo mundo. É uma mudança de paradigma que se coloca para a questão do desenvolvimento econômico. Não é o fim do mundo, dá para encarar, mas é inexorável.

Você conhece a "curva de Kuznets". Dois economistas da Universidade de Princeton sugerem a existência de uma "curva ambiental de

Kuznets", em que os impactos crescem durante os estágios iniciais do desenvolvimento, mas, a partir da obtenção de certo nível de renda, estabilizam e entram em declínio, junto com a intensificação da racionalidade ambiental. Você acha que, para fazer o bolo crescer, é inevitável gerar impacto ambiental?

No passado acho que foi. A experiência recente da China foi de crescer gerando muito impacto no meio ambiente. Talvez no passado fosse difícil ser diferente por causa do sistema tecnológico, porque a tecnologia e a energia é que embasam o que vem depois. Seria muito difícil crescer hoje sem ter esse perfil tecnológico que está dado aí. É preciso alterar o perfil tecnológico para poder crescer de maneira diferente. Então, no passado foi verdade. Supõe-se que esse padrão esteja começando a se alterar, até porque o peso dos serviços nas economias mais avançadas vai ficando tão grande e a produtividade vai subindo tanto que talvez seja possível mudar. Os preços relativos vão se alterar de tal maneira, que vai se tornar viável mudar, desde os exemplos banais, como reciclar água numa indústria, porque, pelo custo da água e da escassez, valerá a pena. Acho que é verdade que, a partir de certo tempo, a responsabilidade ambiental aumenta. Acho que essa curva faz todo o sentido. Acho que estamos entrando nela, um pedaço do Brasil, evidentemente.

Então, esses 18% da Floresta Amazônica que desapareceram nos últimos quarenta anos seriam inevitáveis?

Acho que sim. Acho que seria técnica e politicamente muito pouco provável que pudesse ter sido feito de maneira diferente. Porque uma das coisas que certamente permitem desenvolver zelo pelo meio ambiente é a urbanização. Nas cidades, as economias de aglomeração, a poluição do ar e da água, tornam tudo muito mais perceptível do que no interior. Além disso, o nível de renda é mais alto, a educação é maior, e isso também gera percepção. Muita coisa já mudou, a começar pelo fato de a educação ter se tornado universal, dependendo, é claro, do nível de renda das pessoas. Mas temos uma geração que há dez anos sai dos jardins de infância e do primeiro grau com uma percepção ambiental que não existia quando eu e você estudamos.

Como valorizar a Amazônia? Há trinta anos propõe-se o desenvolvimento de uma "economia da floresta em pé" como alternativa ao desmatamento. Na prática, avançou-se pouco. A primeira opção econômi-

ca na Amazônia continua a ser converter floresta em capim. É possível criar uma economia da floresta em pé no Brasil?

Olha, eu não sou especialista nisso. Aqui quem está falando não é um economista, mas um leigo absoluto. Acho muito difícil, baseado não na floresta, que conheço pouco, mas na agricultura, que conheço um pouco mais. Para gerar conhecimento transformador nessas áreas, você precisa, primeiro, de um investimento grande, e, depois, de vinte ou trinta anos de prazo. A Embrapa é a Embrapa porque tem quarenta anos. Os estudos agronômicos de São Paulo têm 120 anos. O nosso esforço na Amazônia é muito pequeno para gerar algo nesse sentido. É possível que tenha potencial, mas não esforço. Aí vira Exército de Brancaleone, diante da escala do problema. Criar uma alternativa passa pelo caminho do conhecimento. Mas precisamos de um investimento muito maior. Daí ser necessário preservar pelo menos parte da floresta. Não pode deixar queimar. Isso vai afetar os 25 milhões de pessoas que estão lá, também é um problema. A Costa Rica preservou, mas é um país pequeno. Só o estado do Pará já é um gigante, e o resto é ainda maior. Não é fácil, não. Acho que aí tem mais desejo do que possibilidade.

O prêmio Nobel de Economia de 2006, Edmund Phelps, afirma que o extrativismo abundante pode retardar o desenvolvimento do espírito inovador e o empreendedorismo econômico.

É, retarda mesmo. É verdade.

Há quem afirme que, para uma mudança de paradigma real, os produtos e serviços deveriam ser precificados pelo "custo total", embutindo no preço o custo das "externalidades" e dos impactos socioambientais, tais como desperdício e poluição. Esses deveriam ser internalizados nos orçamentos das empresas e dos consumidores, o que significa aumento de custo para empresas e consumidores. A sustentabilidade custa mais caro?

Sem dúvida nenhuma. Porque incluir as externalidades no preço significa criar algum tipo de imposto. Você cobre isso por regulação. O mercado não faz isso naturalmente, sozinho. Ele fará se tiver uma regulação que assim o obrigue. Você decreta parâmetros do que pode e do que não pode, e isso aumenta os custos. É verdade: a sustentabilidade aumenta os custos. Por isso tem de estar associada à mudança tecnológica, porque aí a produtividade aumenta, permitindo assumir e encaixar a sustentabilidade. Senão não tem jeito, fica absurdo: "tem de pagar por isso", e o cara responde "se pagar, eu quebro". É mais fácil falar do que fazer, obviamente. Colocar na prática é muito complicado. Mas há coisas que podem ser feitas. Vamos pensar na água. Se você disser "daqui a três anos vou começar a cobrar pela água do rio", dá tempo para o cara ir se ajustando. Daqui a cinco anos eu começo cobrando uma alíquota assim. Daqui a dez anos passo para outra, de maneira a antecipar as condições para que o usuário possa tratar, reciclar e reutilizar a água. Assim, vai. De uma hora para a outra, não dá.

A sociedade pode abdicar da ideia de crescimento econômico?

Acho que não. Não acho factível. A sociedade muito rica e estagnada poderá — o Japão, de certa forma, está abdicando do crescimento econômico, pelas suas escolhas —, mas não dá para fazer isso com os países que estão no fim da fila, ou no meio. Todos têm o direito de desejar que os filhos sejam mais prósperos. Uma coisa é "não crescer a qualquer custo", outra é "não crescer mais". Até porque a pressão pelo crescimento vem da população, e a população mundial vai estabilizar mais adiante.

A ONG Global Footprint Network, ligada à Universidade de British Columbia, afirma que em 1987 o consumo global de recursos ultrapassou a capacidade de regeneração do planeta. Se continuarmos nesse ritmo, em 2050 precisaremos de dois planetas. Dá para crescer sempre num planeta de recursos finitos?

Isso é neomalthusianismo. A história não dá razão a essas previsões. O Clube de Roma, que você mencionou há pouco, rapidamente viu que suas previsões não eram adequadas. Por quê? Por causa da mudança tecnológica. Essa projeção pode ser razoável com a tecnologia disponível. A capacidade de regenerar depende de como se transforma o que vai ser regenerado. A história da humanidade mostra que a dinâmica tecnológica é muito poderosa. Esses exercícios de prognose mostram que temos de começar rápido a mudar! A história não cabe no malthusianismo ecológico.

O aumento exponencial das emissões de carbono está associado à arrancada de produtividade e prosperidade do capitalismo. Milhões melhoraram de vida na China, no Brasil, na Índia e na África do Sul. Mas, ao mesmo tempo, a crise ambiental veio se agravando ao longo do século

XX, *com colapsos de ecossistemas e externalidades desastrosas como Minamata, no Japão (1956), Three Mile Island (1979), Bhopal (1984), Chernobyl (1986) e Exxon Valdez (1989). Por que os alertas para os impactos colaterais dos processos econômicos não foram ouvidos?*

Acho que os efeitos não eram realmente perceptíveis a olho nu, quer dizer, eram conceituais. As pessoas começam a olhar com mais atenção na hora em que fica óbvio que o clima mudou onde elas moram, quando surgem problemas de inundação, quando falta água, quando o clima fica mais quente do que antes. É muito difícil mudar por conceito. Muda-se por obrigação. Pense, por similitude, no cigarro. No fim dos anos 1950 já havia as primeiras demonstrações científicas de que o cigarro fazia mal. Mas até você perceber... Quando comecei a fumar, em 1962, não havia uma palavra concreta sobre isso, só uma discussão. Para você mudar, você precisa ver a coisa ficar mais óbvia. Aí, a cada ano surgem mais ex-fumantes do que fumantes, e ocorre um *turn around*. Acho que o discurso ambientalista não está errado. No início é sempre isso. O movimento de emancipação feminina também teve pioneiras, mas demorou até ganhar uma certa dimensão.

Você acha que a inovação tecnológica poderá mudar o cenário climático pessimista, como mudou o prognóstico de catástrofe econômica antevista por Malthus no século XIX?

Sim. Acho que não é ingenuidade, não, desde que de fato haja uma demanda por mudança forte. Os melhores exemplos que eu conheço são o açúcar e o álcool. A indústria de petróleo sempre detestou o álcool. Detestou! Porque tira o negócio deles. Só que agora estão entrando no negócio. Não é porque sejam bonzinhos, mas porque é inevitável. Já que produzem carbono, têm que fazer algo. É isso a transformação. E quando essa demanda se impõe os recursos aumentam. Resolver problemas da sociedade e mudar a matriz tecnológica é uma tarefa que exige um grande esforço empreendedor. Estamos vivendo uma mudança clara em energia: biomassa, solar, eólica etc. Daqui a vinte anos eu imagino uma mudança enorme.

Como você vê a onda de "maquiagem verde"?

Acho que existe. É natural que seja assim, mas entendo como uma coisa temporal. Essa é a evolução. Para mim é irreversível a percepção de que a questão da sustentabilidade não dá para ser postergada. É fascinante ver o que está acontecendo com a China e os Estados Unidos. Na China, a mudança interna é um fenômeno, porque quem pensa estrategicamente já chegou à conclusão de que não dá para continuar do jeito sujo que a coisa está. Eles vão usar a limpeza como uma alavanca para o crescimento.

José Eli da Veiga

"Não é que os empresários vejam a sustentabilidade como obstáculo; ela é mesmo um obstáculo."

José Eli da Veiga nasceu em São Paulo, em 1948. Formou-se em Agronomia na École Supérieure d'Ingénieurs et Techniciens pour l'Agriculture, na França, fez mestrado em Economia Rural no Instituto Nacional de Pesquisa Agronômica, na França, e doutorado em Economia na Universidade Paris-I. Foi técnico do Ministério da Agricultura de Portugal (1974-1977) durante a Revolução dos Cravos. Dirigiu o Instituto de Assuntos Fundiários e coordenou o Departamento de Agricultura do Estado de São Paulo (1983-1985) no governo Franco Montoro. Foi superintendente regional do Instituto Nacional da Reforma Agrária (INCRA) em São Paulo (1985-1986) e secretário do Conselho Nacional de Desenvolvimento Rural Sustentável (2001-2002) no governo Fernando Henrique Cardoso. É professor da Faculdade de Economia, Administração e Contabilidade e do Instituto de Relações Internacionais da USP. É articulista do jornal *Valor Econômico* e colunista da revista *Página 22*. Tem quinze livros publicados.

Combater a ameaça das mudanças climáticas é o desafio coletivo mais complexo que a humanidade já enfrentou. O êxito requer ações custosas e coordenadas entre vários países, para lidar com uma ameaça distante, em nome de pessoas que ainda não nasceram, sob um manto de inevitáveis incertezas sobre o custo de não agir. Há muita gente pessimista com esse esforço. Parece haver mais progresso retórico do que prático.

Não creio que a melhor maneira de entender o que acontece nas negociações do clima seja colocando a questão da responsabilidade ética em relação às futuras gerações, essa dita troca intergeracional que exigiria uma espécie de altruísmo das nações. Interpretar as negociações só por esse critério — não vou dizer que ele não esteja presente, está —, é não entender nada. Além disso, achar que é possível fazer uma negociação sobre um assunto dessa complexidade numa assembleia de 194 países, como na COP-15, é impensável. A única comparação que me vem à lembrança é quando a gente era criança e achou que iria fazer um congresso clandestino com setecentos delegados, aquele da União Nacional de Estudantes (UNE) em Ibiúna. É mais ou menos comparável. Infelizmente, desde a assinatura da Convenção do Clima em 1992, o processo diplomático estabeleceu que as negociações tinham de ser do jeito que são e por unanimidade. Se pelo menos houvesse um acordo entre os maiores responsáveis pelas emissões, as vítimas poderiam ser levadas a concordar. Nesse formato, a rigor, você só chega a uma coisa boa por milagre. E ainda está vulnerável ao aparecimento de um Hugo Chávez para bagunçar tudo em nome do anti-imperialismo. Concretamente, os países responsáveis por quase 100% das emissões estão no G-20. Poucos não estão. Se o G-20 tivesse a capacidade de costurar um acordo, você iria para uma reunião de 194 países com um pacto básico. Provavelmente teria de fazer concessões, porque alguns países não concordariam, mas seriam acertos. O plano ético das negociações é secundário diante da questão da segurança energética.

Diante da questão econômica?

Não sei se podemos classificar segurança energética como fator econômico. Segurança alimentar e segurança energética são as bases sem as quais você não pode imaginar nada. Isso move os países muito mais do que um compromisso com o clima. Eles já perceberam que não dá para manter a situação de dependência de energias fósseis. As fósseis são distribuídas desigualmente do ponto de vista geopolítico — nem tanto o carvão, que quase todo mundo tem, mas o petróleo e o gás, sobretudo. Até recentemente os Estados Unidos faziam a aposta de que isso não era tão importante. Apostavam que poderiam continuar dependentes do petróleo do Oriente Médio porque detinham uma espécie de poder de polícia mundial, mas isso não se sustenta mais. Pelo menos não foi o que ganhou as eleições com o Obama. Ganhou o inverso: fazer a transição para baixo carbono e diminuir a dependência do petróleo. Se você pegar um país entre os mais avançados em política climática, como o Reino Unido, eles são altamente dependentes do gás da Rússia. Então, antes de entrar na questão do clima, a transição significa ir de maneira séria em direção às energias renováveis, investindo em pesquisa, ciência, tecnologia, inovação e, sobretudo, novos negócios. A próxima onda capitalista vai ser dirigida pelas inovações energéticas, no sentido que o Schumpeter dava, de que as fases de ascensão são comandadas por um determinado feixe de inovações. Não há mais dúvida sobre isso. As grandes empresas estão fazendo planejamento estratégico há muito tempo em torno dessa ideia. Há uma questão quase de segurança nacional dos países, que é a segurança energética, e uma mudança paulatina de comportamento empresarial desses países. Em terceiro lugar, vem o reconhecimento de que os cientistas estão advertindo para a gravidade das mudanças climáticas e que não é possível simplesmente não fazer nada. Mas esse altruísmo, na hora H das negociações, é o menos importante para moldar a atitude de cada país, vamos dizer assim. O paralelo histórico possível, que eu lembre, que misturou os mesmos três vetores de maneira complexa, foi a abolição da escravidão. A escravidão existiu em quase todas as sociedades durante milênios e em dois séculos, ou um século e meio, acabou. Quando você tenta analisar, os historiadores se dividem. Tem gente com uma explicação puramente econômica e outros que explicam pelo altruísmo, pela revolta moral contra a vergonha da escravidão. Na verdade, as duas teses interagiram e a influência que tiveram sobre o andamento dos negócios aos poucos alterou os costumes.

O Relatório do crescimento, *da Comissão sobre Crescimento e Desenvolvimento do Banco Mundial, afirma que há um "impasse conceitual" sobre como reduzir as emissões de carbono a níveis seguros, acomodando o crescimento dos países em desenvolvimento. O único jeito seria reduzir radicalmente a dependência de energia e de carbono no crescimento global, promovendo a eficiência energética. Mas, para os países emergentes "alcançarem" a renda* per capita *dos países industrializados, sugere um crescimento anual médio de 5,7% na China, 5,3% no Brasil e 7,4% na Índia, até 2050. Como acomodar os custos socioambientais desse crescimento? Só a urbanização prevista da China nos próximos anos é da ordem de 600 milhões de pessoas.*

Como conciliar? Acho mais ou menos inevitável que em algum momento — quando, não sei — caia a ficha de que não é possível continuar crescendo sempre, por razões de sustentabilidade ambiental. Vai-se reconhecer que é contraditório. Algum dia a questão do crescimento vai estar colocada diante do limite de que não dá para continuar crescendo sempre. Isso já se impõe de maneira mais ou menos clara em alguns países, como os países escandinavos. A prosperidade daquelas sociedades não depende mais de altas taxas de crescimento. Antes de tudo porque são sociedades que não têm mais crescimento populacional. Segundo, porque grande parte do que precisam para melhorar a qualidade de vida da população não é mais produção. Por exemplo, quando melhorar a qualidade de vida depende de ter mais silêncio ou paisagens, já não se trata de produção. Aumentar o PIB não vai nos dar amenidades rurais. Esse debate já é forte em alguns países. Na Grã-Bretanha saiu recentemente um estudo fundamental da Comissão de Desenvolvimento Sustentável do governo britânico, *Prosperidade sem crescimento*.[27] Ele não afirma que é possível parar de crescer, mas pelo menos reconhece que há um dilema.

Vamos falar desse dilema. O aumento das emissões de carbono está associado à arrancada de produtividade do capitalismo nos últimos cinquenta anos. O crescimento econômico melhorou a vida de milhões de pessoas, mas junto com o crescimento a crise ambiental veio se agravando ao longo do século XX, como indicam os desastres de Minamata (1956), Three Mile Island (1979), Bhopal (1984), Chernobyl (1986) e Exxon Valdez (1989) e colapsos de sistemas como poluição urbana, falta d'água, esgotamento da pesca etc. Por que os alertas para os impactos colaterais do desenvolvimento não foram ouvidos? Não lhe parece que a sociedade considera os benefícios do crescimento mais importantes? Em democracias, a conveniência imediata prepondera sobre ameaças futuras.

De longe é isso! A base da macroeconomia, seja qual for a escola, é o aumento incessante do consumo. Mesmo em situações em que se possa dizer que a qualidade de vida não depende mais do crescimento econômico, não há como pensar a estabilidade social numa sociedade capitalista, ou a necessidade de inovações, ainda que supérfluas, sem expansão na economia. O único estudo que vai numa direção contrária é um livro recente do professor Peter Victor[28] que propõe um teste da tese da

---

[27] Sustainable Development Comission, *Prosperity Without Growth: The Transition to a Sustainable Economy*, Londres, SDC Reports & Papers, 2009, www.sd-comission.org.uk.

[28] Peter A. Victor, *Managing Without Growth: Slower by Design, not Disaster*, Massachusetts, Edward Elgar Publishing, 2008.

"condição estável". A condição estável não é simplesmente não crescimento, mas a ideia de que um sistema econômico, mesmo sem aumento de tamanho, pode melhorar de qualidade. Quem popularizou essa ideia foi o Herman Daly. O Victor fez um teste para o Canadá: fez um modelo econométrico planejando uma situação sem crescimento em quinze anos e mostrou que só tem vantagem. Mas é um estudo. Para esse estudo, você tem milhares que vão na direção oposta.

Vários economistas poderiam dizer que o PIB mundial aumentou cinco vezes nos últimos cinquenta anos e, nos cinquenta anos anteriores, aumentou outras cinco, e que portanto nada impede que aumente dez vezes no futuro.

Pior que isso! O *Relatório do crescimento*, do Banco Mundial, que você citou, coordenado pelo Michael Spence, prêmio Nobel de Economia em 2001, juntou umas vinte eminências — o único brasileiro que participou foi o Edmar Bacha — e eles estudaram os treze países que, desde 1950, cresceram mais de 7% ao ano durante 25 anos ou mais. O Brasil é um deles.[29] Eles propõem que o resto do mundo siga esses exemplos, receitando uma série de reformas institucionais necessárias. Isso significaria, nos próximos vinte anos, multiplicar o tamanho da economia mundial por cinquenta. Nem passa pela cabeça achar que, por exemplo, o aquecimento global poderia ser um limite. O aquecimento global só aparece no relatório no último capítulo, intitulado "Tendências globais", mas como um efeito externo, não endógeno, não como efeito do crescimento.

Mas eles admitem que há um "impasse conceitual" entre crescimento e emissão de carbono. Reconhecem que há um problema e que, se os emergentes crescerem com energias fósseis, produzirão uma quantidade brutal de carbono.

Eles não admitem que isso seja uma restrição. Eles admitem que existe o problema. Colocam numa lista de problemas emergentes. Em nenhum momento dizem que é o crescimento econômico que gera o carbono. Então, admitem que a economia possa aumentar não sei quantas vezes de tamanho. Quando as pessoas falam do crescimento econômico, nem sempre se dão conta de que a economia é um subsistema de um sis-

---

[29] Os treze países são: Botswana, Brasil, China, Hong Kong, Indonésia, Japão, Coreia do Sul, Malásia, Malta, Oman, Singapura, Taiwan e Tailândia.

tema mais completo, o ecossistema global. O subsistema econômico é uma parte. Quando você aumenta e aumenta o PIB, você aumenta o tamanho desse subsistema. Quando a gente fala em limites naturais, em princípio é meio impensável. É mais ou menos assim: "Se os chineses tivessem o mesmo padrão de vida dos americanos, então precisaríamos de não sei quantos planetas". Esse é um raciocínio complicado, porque depende de quando eles teriam esse padrão e de quais teriam sido as mudanças tecnológicas no período. Mas não tem por que os chineses não terem esse padrão.

O Brasil tem um registro de muito crescimento econômico, pouco desenvolvimento social e vasto impacto ambiental. Por um lado, há a devastação da Amazônia; por outro, 80% da nossa eletricidade é renovável. Nossos economistas parecem nutrir indiferença pelas questões ambientais tanto quanto os ambientalistas aparentam ignorar a Economia. O que mais contribui para esse modelo?

Não sei se vejo isso assim tão forte. O que é chocante no Brasil é que, para ficarmos bem na foto, dependemos de algo bem mais simples do que os outros. Por exemplo, na questão central deste século, que são as emissões de gases de efeito estufa, temos uma vantagem que, ao mesmo tempo, é um escândalo: resolveríamos grande parte do problema se contivéssemos o desmatamento e as queimadas. Em termos de gás carbônico, o desmatamento responde por 75% do último inventário nacional, para minha surpresa. Se juntar com o metano dá 60%, porque a agropecuária entra com força. Então, em termos de gases de efeito estufa, se a gente liquidar com o desmatamento e as queimadas, já resolve 60% do problema. Aí a situação vai se inverter, quer dizer, aquilo que é a nossa vantagem, que é ter uma matriz energética limpa, se torna um grande problema porque é muito mais difícil você reduzir a intensidade de carbono quando sua matriz já é limpa. Por exemplo, o extremo oposto é a China, que já reduziu de maneira espetacular a sua produção de carbono: de 1980 para 2005 houve 63% de diminuição. Eles estão prometendo agora menos 40%. Do meu ponto de vista, nos próximos vinte anos a nossa grande tarefa vai ser cuidar do desmatamento e das queimadas — que são um problema jurássico. Porque os chineses, a África do Sul e outros países emergentes estão emitindo muito, basicamente pelo uso de energias fósseis. Recentemente, o nosso uso de energia fóssil aumentou um pouco e pode aumentar muito mais, por causa da aposta em termoelétricas.

Mas o problema estratégico, mesmo, é que o nosso sistema de ciência e tecnologia está muito atrasado para ter chance de se desenvolver no século XXI.

Mas inventamos o etanol.

Sim, a experiência do etanol foi interessante. Pode vir a ser mais ainda se conseguirmos manter a competitividade na terceira geração de combustíveis, coisa que é duvidosa, mas o etanol por si só não resolve a questão das emissões. A solução vai vir da energia solar e aí não temos competitividade nenhuma, não temos investimento em tecnologia. O que me preocupa ainda mais é que, em meados do século, tudo vai depender do domínio da tecnologia espacial. A grande virada na questão energética será produzir energia solar no espaço e transmitir para cá. A Nasa está investindo muito nisso.

Painéis solares em órbita?

As inovações são impossíveis de prever. Muito pouca gente conseguiu antecipar uma inovação revolucionária. Por exemplo, quem previu a internet? Ninguém, ninguém. E a internet surgiu como? Surgiu dentro do sistema militar. Pode ser que, dentro da NASA ou em um sistema de pesquisa na área militar, esteja surgindo uma inovação que será revolucionária em 2050 — não sei. Nós estaremos completamente por fora disso porque o Brasil está totalmente desaparelhado em termos de ciência e tecnologia.

Eu queria falar sobre cultura. Por que a formação social brasileira avança com desprezo pelo que a sua cultura afirma prezar? Por que não valorizamos as florestas?

Não sei quais respostas os antropólogos dariam a isso, mas a experiência histórica mostra o inverso: os países com menos recursos e menos abundância natural acabam sendo os mais eficientes em termos ambientais. Dou dois exemplos: Japão e Holanda. O melhor livro que tem sobre isso é o *Colapso*,[30] do Jared Diamond. Ele mostra que não existe uma regra, e que mesmo o Japão esteve muito próximo de um colapso ambien-

---

[30] Jared Diamond, *Colapso: como as sociedades escolhem entre o fracasso e o sucesso*, Rio de Janeiro, Record, 2005.

José Eli da Veiga

tal total, mas houve uma reação. Hoje eles possuem muita floresta preservada. O que a gente chama de engenharia florestal começou lá.

A tecnologia e o engenho humano adquiriram a capacidade de alterar o planeta em uma fração do tempo histórico. Grandes mudanças não intencionais estão ocorrendo na atmosfera, nos solos e nas águas, entre plantas e animais. Como você vê a busca pela sustentabilidade? Necessidade? Moda? Ideologia?

Tenho um problema com essa palavra, sobretudo quando não é seguida da expressão "ambiental". Sustentabilidade é um termo que entrou na moda desde que começou a ser usado. Surgiu no debate público por causa da questão ambiental, mas é usada a torto e a direito para qualquer coisa. Ora, a sustentabilidade ambiental é algo que tem penetrado na consciência coletiva de uma maneira surpreendentemente rápida até. O marco seria, do meu ponto de vista, a Conferência de Estocolmo de 1972. Antes só se usava o adjetivo "sustentável" em comunidades científicas específicas: os engenheiros de pesca calculavam a "taxa de extração sustentável", na engenharia florestal também se usava e, na agronomia, se discutia quanto seria possível retirar de nutrientes de um solo antes de esgotá-lo. Nos anos 1970, num desses debates de ambientalistas contra desenvolvimentistas (que, na verdade, são "crescimentistas"), alguém saiu com o bordão: "Não somos contra o desenvolvimento. Queremos que ele seja sustentável". Daí foi parar no Relatório Brundtland. E hoje virou besteirol.

Você fez uma boa comparação entre sustentabilidade e democracia,[31] que eu tenho usado nessas entrevistas. No passado, as ditaduras latino-americanas e as democracias populares do Leste Europeu se autointitulavam democratas. Hoje, todo mundo é sustentável.

É uma palavra conveniente. Você usa para tudo o que quiser. Os economistas adoram falar em "crescimento sustentável", que seria o crescimento com taxas não oscilantes. Se você tiver um crescimento sustentável de 5%, quer dizer que está na expectativa de que ele oscile em torno de 5%, mas nunca seja recessivo, o que é uma completa incongruência com a ideia original.

[31] José Eli da Veiga, *Desenvolvimento sustentável: o desafio do século XXI*, Rio de Janeiro, Garamond, 2005.

O que você acha da "curva ambiental de Kuznets"? O Brasil poderia estar se aproximando de uma fase de racionalidade ambiental?

A "curva ambiental de Kuznets" parece tão verdadeira quanto a curva de Kuznets parecia ser lei. Mas quando você junta dados de muitos países, por períodos longos, não tem lei alguma. A curva ambiental tem um apelo porque várias questões ambientais são, sim, claramente dependentes do grau de opulência, vamos dizer, de uma sociedade. Se você pegar o rio Sena ou o rio Tâmisa antes e depois, é de ficar besta. Quem viu o Tâmisa no começo dos anos 1970 e vê hoje fica chocado. Tem salmão pulando! É óbvio que, quando a sociedade prioriza a questão da qualidade de vida e, ao mesmo tempo, recursos, e a tecnologia existe, resolve-se a despoluição. Então, de certa forma, a curva de Kuznets é verossímil. Eles usaram indicadores ambientais em séries longas para poluição da água e do ar, porque a base foi criada pelas estatísticas de saúde, não pelo meio ambiente. O meio ambiente começou a ter estoque de dados só recentemente. Por indicadores de saúde você pode medir a qualidade do ar e da água durante um bom tempo. Para algumas variáveis da poluição do ar de São Paulo ou para poluição de bacias, de rios, essa correlação entre riqueza e resolução do problema é óbvia. Mas ela não é nem um pouco óbvia para outros problemas ambientais.

Nos últimos quarenta anos, 18% da Floresta Amazônica foi destruída. Pela lógica dos impactos do desenvolvimento da "curva ambiental de Kuznets", esse destino seria inevitável.

Não é, é claro. Isso é só o resultado da inércia do padrão antigo de ocupação do território. A gente não consegue nem imaginar que haja algum tipo de dinamismo econômico na Amazônia que não comece pelo desmatamento. Esse é o grande desafio. Vamos ter que fazer um modelo de desenvolvimento diferente. Não é possível pensar na Amazônia só como preservação.

Há trinta anos propõe-se o desenvolvimento de uma "economia da floresta em pé", mas, na prática, tem-se avançado pouco. A primeira opção econômica na Amazônia continua a ser converter floresta em capim. É possível criar uma economia da floresta em pé no Brasil?

Acho que sim. Temos uma base de reflexão no documento feito pela Academia Brasileira de Ciências, coordenado pelo Carlos Nobre e pela Berta Becker, que mostra que a única saída é a economia do conhecimento.[32] Trata-se de instalar *clusters* de ciência e tecnologia que gerarão negócios usando as grandes vantagens comparativas da região, sobretudo a biodiversidade e a biotecnologia. Tivemos o caso do Centro de Biotecnologia da Amazônia (CBA), que foi uma tentativa isolada e que está abandonado às moscas, infelizmente. A ideia é assumir a economia do conhecimento como política de desenvolvimento para a Amazônia, investindo pesado em vários núcleos ao mesmo tempo, juntando ciência e tecnologia, ensino superior e pesquisa, sem pensar em resultado econômico a curto prazo. Existem várias experiências similares no mundo. O *cluster* mais óbvio é o do Vale do Silício, na Califórnia, iniciado pela Universidade de Stanford. Temos uma vantagem comparativa capaz de ser transformada em vantagem competitiva com aplicação de conhecimento — como fizemos na agricultura. O que a Embrapa fez para a agricultura deveria ser replicado em outros setores. O problema é que a gente não investe em ciência e tecnologia. Somos extremamente retardados nesse campo. A comparação eterna é sempre com a Coreia do Sul, que estava atrás da gente e hoje está muito na frente. As pessoas falam: "Ah, eles apostaram na educação". Pelo amor de Deus, vai olhar de perto! Eles apostaram não na educação, mas na educação científica, e quando apostaram na educação científica, apostaram na ideia de que tinham de montar um sistema completo de ciência e tecnologia. Hoje a Coreia é um país com ótimo desempenho e está se movendo rapidamente na questão ambiental, e também avançando em relação à mudança climática. O Brasil descobriu há tempo que educação é importante. Existe uma consciência, há movimentos pela educação, há empresariado mobilizado, mas continuamos com a ideia ingênua de que a educação é uma espécie de genérico, de que não precisamos de uma estratégia para montar um sistema de ciência e tecnologia.

Muito se afirma que, para que uma mudança de paradigma se concretize, os produtos e serviços deveriam ser precificados pelo "custo total", embutindo no preço o custo das externalidades e dos impactos socioambientais. O problema é que, além de complicada, a precificação pelo custo total significa aumento de custo para empresas e consumidores.

[32] Academia Brasileira de Ciências, *Amazônia, desafio brasileiro do século XXI: a necessidade de uma revolução científica e tecnológica*, Rio de Janeiro, ABC, 2007.

Eu chamaria isso de responsabilidade socioambiental. Agir de maneira responsável do ponto de vista socioambiental leva a produzir coisas mais caras do que quando se ignora esse fator. A questão toda é saber até quanto uma sociedade aceita pagar por aquilo que é socioambientalmente responsável. Não acredito muito na tese de que a solução para o problema da sustentabilidade ambiental seja o preço. Agora, que a precificação tem de ocorrer, é óbvio. Vou dar um exemplo: as placas fotovoltaicas são caras, não são competitivas. Não são competitivas porque o custo ambiental não está embutido no preço do quilowatt. Se você usasse energia da hidrelétrica de Balbina e pagasse pelo custo ambiental, ela seria muito cara. Um dos fatores que está atrapalhando a nossa economia é o preço altíssimo da energia, comparado a outros países. A gente tem tarifas elétricas que não refletem a maneira como a energia é produzida.

As questões de sustentabilidade influenciarão cada vez mais o agronegócio. Em 2009, a Associação Brasileira de Supermercados decretou boicote a produtores de carne e couro do Pará, denunciados pelo Ministério Público Federal e pelo Greenpeace por desmatar a floresta. O Brasil é o maior exportador de carne do mundo e tem o maior rebanho bovino do mundo. Há uma estratégia para modernizar as práticas da pecuária?

Muitas coisas podem ser feitas. Você pode fazer rastreabilidade e os frigoríficos podem comprar bois de fazendas certificadas. Isso já atenderia a vários objetivos, inclusive garantias para a exportação de que você não está exportando doenças. Do ponto de vista ambiental, o problema do metano, da fermentação entérica, vai ficar cada vez mais complicado. Um estudo da consultoria McKinsey sobre o Brasil insiste que essa é uma das áreas em que é possível reduzir emissões com baixíssimo custo. A inovação vai gerar muita economia.

Já o setor de cana-de-açúcar, que responde por 1,5% do PIB do Brasil, não para de crescer. A Environmental Protection Agency americana reconheceu a qualidade ambiental do etanol de cana. Não está na hora de se estabelecer selos verdes e certificados de sustentabilidade?

Esse é um dos setores que mais me surpreende pela rapidez com que evolui, mas não no conjunto, porque é um setor muito grande. Há um grupo de empresas avançadas e outras que vivem no século passado. Um aluno meu fez uma tese de doutorado usando os mapas de desmatamento do SOS Mata Atlântica, com base em imagens de satélites, que são feitos anualmente há anos. Em geral o resultado é chocante. Num ano sobram 17% da Mata Atlântica, e no outro são 16,8%. Está sempre diminuindo. Mas quando você olha por município, embora o tamanho geral da Mata Atlântica tenha diminuído, em duzentos municípios ela aumentou. A nossa hipótese era de que esses municípios tivessem ligação com turismo, aos quais interessaria a recuperação. Depois, percebemos outros determinantes. Na época em que a agricultura se expandiu, expandiu-se também para áreas com solos ruins. Como a questão é aumentar a produtividade, essas áreas acabaram sendo deixadas para a recuperação da floresta. Quatro fatores ajudaram nessa recuperação. A Secretaria de Agricultura aumentou a fiscalização para cumprir a legislação e o Ministério Público pressionou. Algumas empresas concomitantemente começaram a entender que não iriam exportar açúcar para a Alemanha sem certificação. Além disso, mudou a qualidade dos gerentes. Hoje, as usinas pressionam os produtores para preservar as matas ciliares e distribuem mudas e assistência técnica — não todas, só as melhores. Junte isso à atuação da União da Indústria da Cana-de-Açúcar (UNICA). O Lula estava balançando com a pressão do governo do Mato Grosso do Sul para instalar usinas de cana-de-açúcar no entorno do Pantanal. O Marcos Jank, presidente da UNICA, escreveu uma carta ao presidente Lula dizendo que isso seria malvisto na Europa e afetaria as exportações brasileiras de açúcar, e o ministro Carlos Minc ganhou a parada. Eu percebo que os empresários estão mais expostos. Não é só uma questão de interesse pelas exportações. Eles viajam, leem, vão a colóquios, não dá para manter aquela mentalidade de Roberto Rodrigues dos anos 1970. O comportamento empresarial está mudando. Eu acho que o setor de açúcar e álcool está pronto para criar selos verdes e os certificados ambientais.

Há consenso de que o país precisa de investimentos em infraestrutura para melhorar a competitividade e reduzir o "custo Brasil", agravado por estradas deficientes, portos congestionados, transporte ferroviário precário e falta de energia. O licenciamento ambiental frequentemente demonstra incompreensão da importância desses empreendimentos. Mas os relatórios de impacto ambiental apresentados pelas empresas também revelam má vontade e desleixo com suas externalidades. Como avançar nesse impasse?

O que choca é o descompasso entre alguns estados que têm agências ambientais bastante razoáveis — São Paulo, Rio de Janeiro, Espírito Santo, os estados do Sul e Minas Gerais — e outros, no Nordeste e Norte, que são muito ruins. Certamente tem um lado de "amadurecimento" da política pública ambiental, se isso quer dizer construção de sistemas. Uma parte da legislação não é estadual, é federal, mas a aplicação da legislação federal em estados sem estruturas razoáveis também fica frágil.

A diretoria do Ibama responsável pelo licenciamento das hidrelétricas de Juruá e Santo Antonio, no rio Madeira, pediu demissão em 2007, por causa de pressões políticas. Em 2009, os responsáveis pelo licenciamento da hidrelétrica de Belo Monte, no rio Xingu, pediram demissão. O que isso indica?

Primeiro, quero dizer que não acho que a direção atual do Ibama seja suspeita, pelo contrário. O Roberto Messias Franco é uma pessoa muito razoável. O problema é que o grosso do empresariado da área de infraestrutura continua com uma visão retrógrada e querendo passar a perna no governo. Eles fazem péssimos Estudos de Impacto Ambiental (EIA) e Relatórios de Impacto Ambiental (RIMA), e o pessoal do Ibama leva um século analisando e pedindo complementos. Além disso, quem assina a licença corre o risco de ser processado por ação judicial posterior do Ministério Público. Recentemente, o Messias deu o número de páginas que precisam ser lidas e o número de pessoas na equipe no RIMA da hidrelétrica de Belo Monte. Só para eles lerem os estudos precisam de um tempão, e chegar a alguma conclusão é um risco. Então, estamos com um problema no licenciamento, que temos condições de mudar, mas é muito mais um problema de insistência das empresas em fazer Estudos de Impacto Ambiental medíocres, que obrigam a um eterno vai e vem. E precisa de mais funcionários.

Você acha que a sociedade pode abdicar da ideia de crescimento econômico?

Eu acho que a sociedade vai ter de abdicar! Um dia a sociedade vai ter que abandonar o crescimento econômico para continuar a se desenvolver.

Um dia quando?

Ah, pode ser daqui a mil anos. Não sei, mas vai acontecer. É uma questão de lógica.

José Eli da Veiga

Muitos economistas dizem que as sociedades amam o crescimento econômico, dependem dele e não vão abrir mão dele nunca.

Essas que nós conhecemos, sim. O problema é a escala de tempo. A questão que o Nicholas Georgescu-Roegen levanta, de que a entropia nos levará a ter que decrescer para continuar progredindo, é uma coisa que se coloca num período de tempo que não conseguimos imaginar. Está fora do nosso universo sensível.

A ONG Global Footprint Network, ligada à Universidade de British Columbia, afirma que, em 1987, o consumo global de recursos ultrapassou a capacidade de regeneração do planeta. Se continuarmos nesse ritmo, em 2050 precisaremos de dois planetas. Você concorda?

Vamos por partes. Os indicadores da Pegada Ecológica têm problemas, os cálculos não são corretos. Algumas coisas que eles usam levam ao exagero em muitos pontos. O setor agropecuário é computado de maneira errada. Mas acho que é um indicador que cumpriu um papel pedagógico fantástico. Não é um indicador que eu escolheria. A Comissão Stiglitz, convocada pelo presidente Sarkozy, da França, fez, recentemente, um estudo crítico do PIB e concluiu que precisamos de três indicadores: uma medida de desempenho econômico não tão tosca quanto o PIB, uma medida de qualidade de vida mais sofisticada que o IDH, que é primário e contraditório, e uma medida relacionada à sustentabilidade ambiental. Eles também disseram que precisamos de um indicador da contribuição de cada país à insustentabilidade global. A sustentabilidade não pode ser restrita à discussão nacional. A insustentabilidade ambiental é uma questão global para a qual cada país contribui.

Os empresários veem a sustentabilidade como obstáculo e restrição à produção e ao crescimento. Os ambientalistas receitam regulações e controles às empresas. Para os consumidores, a mensagem ambiental prega limitação do consumo, comprar menos, gastar menos, dirigir menos, compartilhar recursos e até fazer menos filhos. Em suma: sacrifícios e severidade. Em termos políticos, a proposta é avessa à abundância e ao desfrute. Seria possível mudar essas percepções?

Eu não sei se a percepção é essa, mas vamos lá. Não é que os empresários vejam a sustentabilidade como obstáculo; ela é mesmo um obstáculo. É tanto obstáculo quanto, por exemplo, ter uma lei que proíba a escravidão ou que regulamente sindicatos. A existência de um sindicato forte é um obstáculo ao investimento, não é? Nas democracias, durante a evolução do sistema democrático, surgiram instituições que limitam a lógica do "mercado é tudo e acabou". Então, não tem por que querer disfarçar que é obstáculo. É, sim. É obstáculo porque a sociedade humana não se resume à racionalidade econômica.

Os ambientalistas são contra os transgênicos, as hidrelétricas e as florestas plantadas. O que você acha desses temas?

Cada um é complexo e precisaria ser analisado. Há uma oposição ambientalista religiosa aos transgênicos. Penso que não se pode ter uma posição de princípio. Ao mesmo tempo, isso não significa que devamos ser tão laxistas a ponto de achar que não precisamos monitorar, que não precisamos de etiqueta, até porque é uma questão de democracia, de respeito ao consumidor, de saber o que se compra. Organizei um livro chamado *Transgênicos: sementes da discórdia*,[33] que tem três pontos de vista: uma visão totalmente contrária aos transgênicos, uma favorável, do ponto de vista do desenvolvimento tecnológico da agricultura, e uma terceira, do Ricardo Abramovay, que mostra que a questão é muito mais de como a sociedade decide do que uma questão de princípio. Quanto às hidrelétricas, alguns ambientalistas são contra. Sim, tem gente que é contra qualquer hidrelétrica. Eu acho que o ministro Carlos Minc adotou uma posição interessante. Ele analisou as bacias, identificou quais seriam as mais prejudicadas por hidrelétricas por várias razões — não só para o rio, mas para as populações em torno — e decidiu: algumas bacias não terão nenhuma e, em outras, o impacto seria menor. Então, nestas ele vai autorizar. Isso é pragmático. Parece-me que, no estágio em que estamos, uma posição radical contra hidrelétricas é absurda. Já floresta plantada tem de ter, o setor vai expandir, mas poderíamos ter critérios mais inteligentes em relação a reflorestar de fato, porque a palavra "reflorestamento" não é adequada para plantações homogêneas.

Lavoura de madeira não é floresta.

É. Para tanto de lavoura de madeira você poderia ter um compromisso proporcional de reflorestamento de fato, com espécies nativas, com biodiversidade etc. Mas não vejo muita gente contra esse tema. Estive re-

---

[33] José Eli da Veiga (org.), *Transgênicos: sementes da discórdia*, São Paulo, SENAC, 2007.

centemente no Fórum Amazônia Sustentável e vi certa convergência entre ambientalistas e empresas. É claro que as empresas que estavam lá eram as melhores, Walmart, Vale etc. Na minha visão, acho que estamos evoluindo.

Há empresas admiráveis e socialmente responsáveis, mas a maioria realiza programas de sustentabilidade pontuais e o marketing reivindica crédito planetário. Como você vê a onda de "maquiagem verde"?
A minha sensação é de que, quando a empresa começa a falar nesse assunto por oportunismo, não tem ideia do risco que está correndo, porque ela vai ser obrigada a levar isso a sério. Uma das razões é que você estimula certo comportamento do consumidor, e ele vai querer cobrar. Infelizmente, uma das características lamentáveis da sociedade brasileira é a fraqueza dos movimentos de consumidores. Quando você compara com os países europeus e com os Estados Unidos, o que nós temos? Temos só o Instituto Brasileiro de Defesa do Consumidor (IDEC), que, aliás, faz um trabalho excelente. Eu prefiro as empresas fazendo *greenwashing* a uma situação em que elas não precisem tomar conhecimento do assunto.

A inovação tecnológica pode mudar o cenário crítico de mudanças climáticas, assim como mudou o cenário de catástrofe alimentar antevisto por Malthus no século XIX?
Em primeiro lugar, a evolução tecnológica já está permitindo mais ecoeficiência. Veja o caso espetacular da China. Quais serão as inovações tecnológicas revolucionárias na área, eu não sei. Se depender só da fusão nuclear, dizem que vamos começar a ter algum tipo de resultado daqui a cinquenta anos. Tudo indica que haverá inovação tecnológica radical no campo da energia solar. Há duas linhas de pesquisa: uma que tenta imitar a fotossíntese e outra que prevê a instalação de painéis solares em estações espaciais. Mas há muita especulação sobre essas coisas.

Em 2030 o planeta terá 8 bilhões de pessoas, menos recursos e uma temperatura alguns graus centígrados mais quente. Já a população brasileira atingirá "crescimento zero" em 2039, com 219 milhões de habitantes, e entrará em decréscimo num país rico de terra agriculturável, água e florestas. Você acha que temos uma oportunidade demográfica?
Tendo a concordar que temos uma grande oportunidade nessa transição demográfica, porque, durante um bom tempo, a nossa população

vai começar a se estabilizar e ainda vamos ser um país jovem. O grande problema dos países que estão perdendo população é que têm uma proporção muito grande de pessoas idosas e sistemas de previdência que estão explodindo. Bom, o nosso sistema também vai, com certeza. Mas a gente ainda tem vinte anos de crescimento e isso é uma variável-chave de qualquer planejamento estratégico. Num plano mais geral, acho que o ideal seria que a população não chegasse a 9 bilhões em 2050 e estabilizasse. O Lester Brown, por exemplo, aposta que vai estabilizar antes de 9 bilhões.

As ferramentas de análise econômica evoluem em velocidade compatível com a crise global? Há gente que considera que a preocupação excessiva do PIB com a métrica contribuiu para desencadear a atual crise financeira, na medida em que desprezou os índices do crescente endividamento das famílias e das empresas norte-americanas.

O PIB foi muito cômodo quando inventado, há cinquenta anos. Na medida em que foi possível padronizar o sistema de contas dos países, o PIB virou um índice comparativo cômodo. O problema é que ele deixou um monte de coisas de fora. Quando o PIB foi inventado, ninguém tinha a mínima preocupação com recursos naturais. Imaginar que um sistema de contabilidade econômica envolvesse algum tipo de amortização e de depreciação do capital natural estava fora de cogitação. Mas milhões de outras coisas foram ignoradas. Por exemplo, o trabalho doméstico, basicamente feito pelas mulheres, não tem valor. O PIB não separa as coisas positivas das negativas. O Stiglitz gosta de dar o exemplo do sistema prisional dos Estados Unidos, que é imenso e que só gera gastos para a sociedade, mas aumenta o PIB. A guerra do Iraque aumentou o PIB. Não faltam críticas ao PIB. O problema é se vai surgir alguma proposta convincente para o abandonarmos. Antes da hegemonia do PIB, havia outro indicador muito parecido, o PNL, ou Produto Nacional Líquido. A vantagem é que não é bruto, é líquido, no sentido em que computa as amortizações dos três capitais: natural, humano e físico. Além disso, é nacional em vez de interno, porque, com a globalização, ficou impensável você usar só o interno. Obviamente tem de contabilizar o que as empresas brasileiras geram de riqueza no exterior, por exemplo. Por que não adotaram o PNL? Primeiro, porque na época não tinha a globalização, não era tão importante. Segundo, houve cálculos e chegaram à conclusão de que um evoluía parecido com o outro, quer dizer, não havia discrepância entre o aumento do PNL e o aumento do PIB. Então, para que fazer uma coisa complicadíssima? Calcular o PNL envolveria milhões de convenções. Há inúmeros produtos e serviços sem preço. Como calcular a depreciação do capital natural se os bens naturais não têm preço? A solução que me parece mais avançada surgiu agora no Relatório Stiglitz, que vai demorar a ser assimilado. No caso do desempenho econômico, no caso do PIB mesmo, propõe focar totalmente na renda das famílias, um bom cálculo de como a renda das famílias evolui. Isso é que interessa. De cara, mostraria que ela não evolui conforme o PIB. Não há melhor indicador de desempenho econômico do que o aumento da renda das famílias.

O que você acha de ecoeficiência? Na medida em que a ideia de sustentabilidade evolui, difunde-se o conceito consagrado na Rio-1992, e defendido pelo empresário Stephan Schmidheiny, que propõe reduzir impactos e o consumo de recursos e aumentar o valor dos produtos. Há críticos que consideram a ecoeficiência uma panaceia, pois não há empresa que não queira produzir mais e melhor com menos.

De certa forma, quando falamos de redução da intensidade de carbono já estamos falando de ecoeficiência. O problema é o tal efeito bumerangue, o *rebound effect*, porque obter ecoeficiência significa ter mais recursos, e tudo vai depender do que se faz com eles. Por exemplo: eu vendo um Vectra 99 a gasolina e compro um Fiat *flex*. Isso representa uma economia, com certeza, só que eu posso usar essa economia para viajar no fim do ano para a Tailândia e emitir toneladas de carbono. Há empresas que anunciam 18% das vendas de produtos reciclados, mas todo ano aumentam a produção em 30%. No sentido macro, o problema é que o aumento da população e do nível de consumo tendem a superar a economia feita com ecoeficiência.

Você sabia que a Amanco, empresa líder do Grupo Nueva, do Stephan Schmidheiny, foi vendida em 2007 ao grupo petroquímico mexicano Mexichem, produtor de PVC, com um déficit fiscal de US$ 200 milhões? Do famoso tripé da sustentabilidade — o econômico, o social e o ambiental —, pelo menos uma perna mancava. Se a sustentabilidade implica longevidade para as empresas, não deveria ser preciso vender ativos, não lhe parece?

Engraçado é que o pessoal mais ligado à questão empresarial costuma projetar a ideia de sustentabilidade pressupondo que a empresa sus-

152   O que os economistas pensam sobre sustentabilidade

tentável é aquela que dura mais. Um dos motivos para ser sustentável é a perenidade da empresa. Isso é totalmente contrário a uma visão darwiniana, que sugere justamente o contrário: a sustentabilidade das sociedades vai exigir que uma série de empresas desapareça, a começar pelas empresas de petróleo. Elas podem até transitar e virar empresas de energia renovável se conseguirem fazer a transição. Mas os negócios ligados às energias fósseis vão ter que desaparecer, do mesmo jeito que, dentro de um ecossistema, algumas espécies desaparecem para que o ecossistema funcione. Para ter resiliência, um ecossistema tem sempre espécies aparecendo e outras desaparecendo.

A agenda do presidente Obama pressupõe a retomada do crescimento econômico numa economia de baixa emissão de carbono. Isso significa uma nova fronteira científica e tecnológica e um novo tipo de infraestrutura econômica, como transportes elétricos, por exemplo. Mas também há sinais de que o Congresso está determinado a adotar tarifas de equalização de emissão de carbono contra países que não adotarem metas de redução de emissões. Você acha que o aquecimento global pode se transformar em barreira comercial?

Depois da COP-15 fiquei pensando que vamos assistir a uma onda violenta de protecionismo verde. Mas temos que tomar certo cuidado com termos como "barreira comercial". Não é só a lei americana que faz isso. Ocorre a mesma coisa na Inglaterra e na França. Todos apontam para isso. A primeira impressão é de que isso vai gerar um imenso conflito na Organização Mundial do Comércio (OMC), mas pode ser o contrário. Acabou de sair um estudo do Programa das Nações Unidas para o Meio Ambiente e o Desenvolvimento (PNUMA) com a OMC que mostra que é perfeitamente justificável estabelecer barreiras, se o seu programa de contenção de emissões exigir determinada disciplina. No caso da França eles baixaram um imposto de 17 euros sobre a emissão de 1 tonelada de carbono. Ora, se eu lanço um imposto que encarece a energia, por que importaria alguma coisa de um país que não faz esforço nenhum? Acho que isso não vai dar tanto conflito quanto se imagina. Nesse sentido, o Brasil está bem posicionado. Ninguém pode nos acusar de não estar fazendo nada, porque estamos fazendo e podemos exportar soluções, como o etanol.

José Eli da Veiga

Luiz Gonzaga Belluzzo

"Não estamos mais no mundo natural e nem podemos renaturalizá-lo."

Luiz Gonzaga de Mello Belluzzo, paulista de São Paulo, capital, nascido em 1942, formou-se em Direito e em Ciências Sociais na USP e fez pós-graduação em Desenvolvimento Econômico na Cepal, a Comissão Econômica para a América Latina e Caribe, da ONU. Foi assessor econômico do PMDB de 1974 a 1992 e secretário de Política Econômica do Ministério da Fazenda no governo Sarney, de 1985 a 1987. De 1988 a 1990 foi secretário de Ciência e Tecnologia do Estado de São Paulo no governo Orestes Quércia. Aposentou-se como professor titular de Economia na Universidade Estadual de Campinas e fundou a FACAMP (Faculdades de Campinas). Ex-conselheiro da Bolsa de Mercadorias e Futuros, é sócio da revista *Carta Capital* e consultor de Economia do presidente Luiz Inácio Lula da Silva. Em 2001 foi incluído no *Biographical Dictionary of Dissenting Economists* entre os cem principais economistas heterodoxos do século XXI. Em 2005, recebeu o prêmio Juca Pato de Intelectual do Ano. Em 2009 foi eleito presidente da Sociedade Esportiva Palmeiras para um mandato de dois anos.

O senhor defende a ação de um Estado indutor do desenvolvimento, para diversificar a economia e amortizar a dívida social. O Brasil tem uma longa história de crescimento econômico sem desenvolvimento social. Qual é a diferença entre um e outro?

O Brasil acelerou o seu processo de industrialização no momento em que os países centrais, particularmente os europeus, já estavam cuidando de criar os seus sistemas de proteção social, a partir da Segunda Guerra Mundial e da crise dos anos 1930. O objetivo era impedir que os efeitos negativos do funcionamento da economia capitalista deixassem os cidadãos à mercê do desamparo, da desproteção, da incapacidade de obter ganhos para a subsistência etc. Esse foi o espírito que norteou a reconstituição do pós-guerra, com menor intensidade nos Estados Unidos e maior na Europa. É claro que, nos Estados Unidos, você tinha o peso do *New Deal*, dos rooseveltianos. Na Europa, esse era o papel dos democratas--cristãos, dos socialistas e dos comunistas. E havia o desafio do modelo alternativo, que mais tarde se mostraria incapaz de sobreviver, do socialismo real. Como disse uma vez o economista polonês Michal Kalecki,[34] "nós, europeus do leste, nos sacrificamos com um modelo quase que insustentável de economia de comando para que eles, os europeus ocidentais, fossem felizes".

Dramático.

Dramático. Isso trouxe para a agenda do crescimento outro tema. Estou dizendo que a atração do modelo socialista, naquele momento de imediato pós-guerra, que tem a ver com muitas experiências no Leste Europeu, fez com que as lideranças ocidentais, aquelas que emergiram no pós-guerra e que eram antifascistas, pensassem num modelo social que pudesse se contrapor aos processos destrutivos observados nos anos 1920 e 1930, de exclusão, fome e desespero, que ocorreram nas economias ocidentais. Na Alemanha, o desemprego chegou a 44% da população economicamente ativa.

O senhor está dizendo que o sacrifício socialista foi valioso para o bloco ocidental.

Isso. É isso que o Kalecki diz. Ele levou para a agenda do pós-guerra a questão da proteção contra as falhas do mercado. Isso virou consenso na Europa. Até hoje você sente que isso é uma conquista da qual os europeus não vão abrir mão, a despeito de todo o avanço da ideologia neoliberal, que, na verdade, foi muito menos eficaz na Europa do que foi nos Estados Unidos, ou até mesmo no Brasil. Naquele momento, o Brasil estava no seu período de industrialização mais vigoroso, mais intenso, mais brilhante e mais acelerado. É o largo período que inclui o Plano de Metas do JK, o período também do "milagre brasileiro" que se segue ao gol-

---

[34] Michal Kalecki, "Algumas observações sobre a teoria de Keynes" (*Literatura Econômica*, IPEA, ano IX, nº 2, pp. 137-46, jun. 1987) e *Crescimento e ciclo das economias capitalistas* (São Paulo, Hucitec, 1983).

pe de 64, e da tentativa do segundo PND, em 1975, no governo Geisel, de dar curso a uma industrialização nacional, obstada pelas circunstâncias da economia internacional naquele momento. Nós industrializamos com aumento de endividamento etc., e acabamos caindo na crise no início dos anos 1980. Mas o importante é que esse tema, da proteção social, só foi tratado de maneira, digamos, orgânica, organizada, bem mais tarde, na Constituição de 1988. Nós somos tardios também nisso, assim como somos sempre tardios em relação a outras questões.

Como a questão ambiental?
Eu não diria que os economistas em geral foram descuidados com a questão do desperdício de recursos e do mau uso de recursos naturais promovido pela acumulação rápida de capital. Você tem passagens muito significativas, tanto no Marx quanto no Keynes. O Keynes tinha a preocupação com a boa vida. O Keynes, no fundo, era um utópico, que, na verdade, tinha horror aos mecanismos de expansão do capitalismo, que ele identificava como "amor ao dinheiro", "tendência para a acumulação" ou "ganância". Ele pensava na socialização do investimento como uma forma de tornar isso mais racional. Assim como outros viam que o capitalismo tinha tendência a ser destrutivo no uso dos recursos naturais. Mas o tema ecológico aparece também na Europa, um tanto tardiamente, com os *Limits of Growth*, do Clube de Roma. E aí eles já colocavam essas questões: crescimento para quem? Que efeitos o desenvolvimento gera? Eles colocaram a questão que naquela época parecia um pouco extemporânea, mas que mais tarde começou a se mostrar cada vez mais pertinente. Teve muita gente que escreveu sobre a economia do desperdício, falando da tendência, por exemplo, de sobreconsumo dos Estados Unidos, o excesso de consumo, que se repetiu em vários ciclos de crescimento. Os países socialistas tampouco cuidaram dessa questão, porque estavam muito mais interessados em responder ao desafio do Ocidente, no sentido de alcançar os níveis de bem-estar e de vida que o Ocidente tinha alcançado, e não conseguiram, por conta do modelo da economia de comando e pela falta de espaço para o debate. Bem, eles não conseguiram várias coisas.

A falta de democracia esteriliza o debate.
Impede. Eles não conseguiram, por exemplo, transferir tudo o que acumularam na tecnologia militar para a tecnologia civil. Se você olhar bem, a questão civilizatória que envolve o uso dos recursos naturais, que

envolve a relação do homem com a natureza, é um tema fundamental, porque ela diz respeito ao *habitat* humano, ao ecúmeno. Só que, quando nós falamos do *habitat* humano, estamos falando do *habitat* que já não é mais natural, no sentido naturalista: ele é um *habitat* já transformado e domesticado pelo homem. Então, a questão que se impõe é a que o Norbert Elias[35] coloca em seus livros: como é que o homem, que adquiriu controle razoável sobre a natureza, pode perder o controle sobre as formas sociais de domínio da natureza? O que aconteceu no período recente: o homem adquiriu uma grande capacidade de controle. Até por conta, digamos, do que faz a microeletrônica, ao reproduzir, de certa forma, os processos naturais, promovendo uma artificialização do mundo, não é verdade? O que ocorreu foi uma artificialização do mundo. Essa artificialização que o capitalismo produziu foi muito bem-sucedida num certo sentido, porque deu ao homem capacidade de manejo, capacidade de escapar, digamos, das determinações naturais do clima, da distância geográfica — essa é a magia do engenho humano. Quando tratamos dessa questão, temos de admitir como ponto de partida o fato de que não estamos mais no mundo natural e nem podemos renaturalizá-lo. Temos é que proteger o ecúmeno, os ativos fundamentais. Acho que esse ponto de vista é muito pouco explorado pelos economistas. Quando os economistas se põem a falar de questões ecológicas, eles não conseguem romper o círculo vicioso entre o uso dos recursos e a acumulação de capital. Todos falam "é preciso reduzir o crescimento". Na verdade, temos de discutir o seguinte: o que queremos dizer com crescimento econômico? Para mim, hoje, o potencial tecnológico acumulado pelo homem é de tal ordem que você já tem condições de utilizá-lo de outra maneira, em vez de deixá-lo ao sabor das forças espontâneas do mercado, que só tendem a utilizar isso de maneira agressiva, na concorrência, de maneira predatória. Essa é a questão que se impõe: quais são as formas sociais e políticas que vão nos permitir adotar políticas de proteção do meio ambiente que não sejam, ao mesmo tempo, cerceadoras do crescimento saudável, imobilizadoras?

Nos últimos trinta anos foi muito difícil lidar com isso. O Brasil pagou um preço alto, em termos de Amazônia, por exemplo, pelo crescimento econômico.

---

[35] Norbert Elias, *O processo civilizador*, Rio de Janeiro, Zahar, 1994.

Acho que, na verdade, esses últimos trinta anos foram de absoluto descuido com essa questão. Ela não foi incluída na pauta. Por isso é que eu digo: mesmo os economistas desenvolvimentistas — eu, por exemplo, que intimamente discuto essa questão faz tempo — se deram pouca conta de como esse problema se tornou relevante. Ao mesmo tempo eles abriram espaço para um tipo de ambientalismo que desconsidera também a outra dimensão, que é essa da artificialização, da eficiência, da produção e do crescimento econômico. Na verdade, do uso. Porque você tem usos e usos da energia. Às vezes a questão não é atacada de uma maneira clara, nem por um lado, nem por outro.

A humanidade se define pela linguagem, pelo artifício, pela tecnologia. Esse é um debate antigo. É a polêmica entre Voltaire e Rousseau.
É o mito do bom selvagem.

Mas o engenho humano conquistou a capacidade de alterar o planeta em uma fração de tempo histórico. Grandes mudanças não intencionais estão ocorrendo na atmosfera, nos solos, nas águas e nas relações entre os elementos. Como o senhor vê a busca pela sustentabilidade?
Eu acredito muito naquela frase do Marx, de que a sociedade não se propõe problemas que não pode resolver. Ela está se propondo esse problema da sustentabilidade agora. Isso não é uma questão, digamos, retórica. Esse é um problema que a humanidade tem de resolver, neste momento. A sociedade avançou de forma contraditória, construindo a possibilidade de se desenvolver sem agredir a natureza, mas, ao mesmo tempo, tornando essa agressão cada vez mais dolorosa. Isso é a dupla face da tecnologia. Porque você pode usá-la para reconstruir aquilo que destruiu. Temos esse domínio. Também temos a capacidade de reconstituir. Você tem isso nas ciências biológicas, na botânica e no tratamento dos recursos naturais. Temos a possibilidade de reaproveitar os recursos para agredir menos a natureza. Temos a possibilidade da energia limpa. Isso tudo é fruto da tecnologia e do engenho humano. A energia limpa não era possível um tempo atrás. Você não pode desconstruir a industrialização, porque no início ela foi poluidora. Basta ver o exemplo do Tâmisa, que era uma cloaca. A possibilidade de você ter um desenvolvimento sustentável, no sentido em que as pessoas adotam esse termo, hoje, é muito maior do que há trinta anos. Tem essa coisa contraditória: a possibilidade é maior e, no entanto, não se concretiza. Por que

não se concretiza? Porque é dessa forma que o capitalismo usa os recursos naturais. É da sua natureza. Está no seu DNA. É como a questão social: se os governos e as sociedades não tivessem imposto limites, se você não regular, o instinto animal baixa. É curiosa a admiração, por exemplo, que o Marx tinha pelo capitalismo, pelo impulso de desenvolver as forças produtivas. Ao mesmo tempo os efeitos produzidos na sociedade — e aí incluo o meio onde o homem vive — eram terríveis. O homem não tem consequência de seus atos. Isso era uma coisa que o perturbava, o fato de que o homem não podia exercer a sua liberdade porque tomava decisões que teriam consequências distintas das pretendidas. Como o Marx era um filósofo da autoconsciência e da autonomia, ele ficava nervoso, aflito, com isso.

O aumento histórico das emissões de carbono está diretamente associado à arrancada de produtividade do capitalismo. Milhões de pessoas melhoraram de vida. Mas a crise ambiental também veio se agravando ao longo do século XX, como indicam externalidades como Minamata (1956), Three Mile Island (1979), Bhopal (1984), Chernobyl (1986) e Exxon Valdez (1989) e colapsos de vários ecossistemas. Por que os alertas para os impactos colaterais dos processos econômicos não foram ouvidos? Aparentemente, os economistas nutrem tanto desprezo pela preocupação ambiental quanto os ambientalistas ignoram a Economia.

É porque o capitalismo é autorreferencial. Ele só se move de acordo com objetivos que lhe são próprios. Tudo o que o cerca ele tende a desconsiderar e, na verdade, sendo autorreferencial, é cego para as consequências. Não entra no rol de preocupações dos agentes enquanto tais, enquanto acumuladores de riqueza abstrata — aquilo que Keynes chamava de amor ao dinheiro e Marx, de acumulação de riqueza abstrata. Então se dá esse processo, na verdade, de abstração e de supressão de outras questões que não estão ligadas ao desenvolvimento do sistema. O capitalismo é sistemicamente incapaz de perceber isso. Na verdade, ele só para quando as forças da política, geradas pelo seu próprio desenvolvimento, o obrigam a parar. Essa é uma questão de acumulação democrática, de antivírus que você vai produzindo, porque também não vamos imaginar que o homem seja totalmente dominado pelas forças que ele não controla. Existe sempre uma réstia de liberdade, de crítica, que você pode exercer, como dizem Marx e Keynes.

Por que o discurso ambientalista transita tão mal entre os economistas?

Acho o estranhamento natural. A desconsideração era de tal ordem que induz à posição extremista, que é esta que eu chamei de naturalista ou de renaturalização. Você a vê muitas vezes, de maneira recorrente. Por exemplo, recentemente uma hidrelétrica foi atrasada meses porque não se sabia se uma pedra, ou se um seixo rolado, era uma machadinha indígena. Essa contravisão é "natural", quer dizer, ela é decorrente do fato de que você não encarou a questão ambiental, não a colocou como objeto de discussão racional. Então é natural que a reação seja extremada e que proponha um retorno, sem condições, ao estado natural que ninguém sabe direito o que é, porque o homem não é um ser natural. O homem é um ser histórico, então as relações com a natureza são determinadas assim. O problema do discurso naturalista é que ele não é eficaz, porque interage mal com o outro, com a realidade.

O homem não é um ser natural? O senhor está dizendo que acredita na evolução do discurso naturalista no sentido de se tornar mais razoável.

Estamos observando isso agora. Se você olhar de Kyoto para a COP-15, em Copenhague, em Kyoto havia uma hostilidade completa dos Estados Unidos à questão climática. Não acho que o Brasil tenha tomado más posições, externamente, em relação a essa questão. O Brasil tomou boas posições. O Brasil está em evolução. Pelo menos do ponto de vista do debate, está numa evolução grande em relação a essa questão. Acho que quem vai realmente dar o tom serão os europeus, porque estão mais avançados institucionalmente em todas essas questões, do ponto de vista social e ambiental. Não vamos falar dos chineses, que precisam se civilizar um pouco.

O cenário climático é desanimador. Segundo o IPCC, a atmosfera do planeta está abafada por um manto de gás com 800 bilhões de toneladas de carbono. A cada ano lançamos mais 6 bilhões. Se o cenário business as usual continuar, dispararemos um aquecimento superior a 2 °C que gerará mudanças climáticas irreversíveis. A inovação tecnológica pode mudar esse quadro, como mudou o cenário da catástrofe demográfica vista por Malthus no século XIX?

Pode, desde que os governos e a sociedade criem corpos e instituições intermediárias, digamos, grandes fundações de pesquisa tecnológica, com incentivos e estímulos. Com o mesmo estímulo que eles dão, por exemplo, para as indústrias se desenvolverem sem regras, eles podem muito bem criar um fundo internacional de *commodities*, por exemplo, um fundo internacional de proteção do meio ambiente, e exercer esse controle de maneira multilateral. Acho que nós caminhamos para isso — não sou especialista nessas questões, sou apenas leitor — e acho perfeitamente possível que usemos tecnologia para isso. Uma das argumentações é que esse processo tem reversibilidade. Uma das falhas da ciência é supor irreversibilidade. Isso existe em Economia. A química belga e filósofa da ciência Isabelle Stengers[36] mostra que há reversibilidade na natureza, ou seja, que existe uma história da natureza, porque a evolução natural não terminou. Essa percepção junta, de certa forma, as ciências humanas com as ciências naturais. Essa é uma grande contribuição.

Não sei se entendi. A evolução da natureza não se completou. Existe uma história da natureza. Não voltaremos aos sistemas pré-artificiais.
É. Você não pode voltar para os sistemas pré-artificiais. Não tenho conhecimento suficiente para opinar sobre isso, mas tenho a impressão de que você já dispõe de inovações ou de capacidade de inovação suficiente para gerar um desenvolvimento mais equilibrado. Agora, esse desenvolvimento mais equilibrado só vai ser obtido se você tiver um desenvolvimento também socialmente mais equilibrado...

Que gere pressões equilibradas, que faça cobranças equilibradas e que induza a sociedade a um caminho mais equilibrado?
Exatamente. O problema maior é que os ambientalistas não veem que o desequilíbrio social que o capitalismo produz, a crescente desigualdade dos últimos anos, também é responsável pelo desequilíbrio ambiental. Essas duas coisas são interdependentes, porque você concentra poder. Por exemplo, você concentrou o poder na mão das finanças e nos últimos vinte anos eles fizeram o que fizeram. Como eu disse, o sistema é autorreferencial. O André Comte-Sponville[37] mostra que o capitalismo não tem preocupação fora de si. A moral é uma questão que diz respeito a

---

[36] Isabelle Stengers, *A invenção das ciências modernas*, trad. Max Altman, São Paulo, Editora 34, 2002.

[37] André Comte-Sponville, *Le Capitalisme est-il moral?*, Paris, Éditions Albin Michel, 2004.

outra esfera da existência. O que eles fizeram foi simplesmente seguir as regras da concorrência entre eles, o que nos levou a essa última catástrofe. Se você deixar, aí assim, pode se produzir a catástrofe natural.

A sustentabilidade também é uma boa ferramenta de marketing. O termo virou uma panaceia, tão flexível quanto o conceito de democracia no passado. Toda ditadura latino-americana ou do Leste Europeu se autointitulava democrata. Agora todos são sustentáveis.

Todas as empresas se dizem partidárias do desenvolvimento sustentável, e os governos também. Agora, na prática, o que se observa é que, apesar de você dispor dos instrumentos para tornar o desenvolvimento sustentável, isso não acontece. Porque sustentabilidade também tem a ver com a igualdade e com equilíbrio social. Não adianta você tratar a sustentabilidade como uma coisa externa ao ambiente social onde se produz. Então, temos o seguinte: vamos manter a mesma forma social de desenvolvimento capitalista e a gente introduz um componente sustentável. Ora, isso não vai funcionar. Isso não muda a correlação de forças e, na verdade, não obstrui a tendência que o capitalismo tem de fazer uso irracional dos recursos. Desenvolvimento sustentável supõe, por exemplo, que os indivíduos tenham uma maior consciência de sua liberdade, de seus direitos, de seu papel na sociedade. Depende muito não só da educação formal, mas de você construir uma consciência no indivíduo de que ele, na verdade, é sujeito, é cidadão de direitos e de deveres para com a sociedade. Isso supõe que você mitigue um pouco o individualismo que a sociedade valorizou — o individualismo agressivo, esse que sobreviveu nos últimos anos. Se você não concentrar nas pessoas a ideia de que elas são corresponsáveis — porque não se trata de um problema de ser moral ou imoral, trata-se da responsabilidade para com o outro, para com o conjunto —, você não vai avançar.

Como contribuir para essa evolução?
A única maneira é intensificar o debate público. Aí, paradoxalmente, essa insistência dos ambientalistas, às vezes um pouco estridente, é importante, porque você precisa manter a tensão. Hoje eu vejo que as novas gerações têm outra noção da sua responsabilidade em relação ao meio ambiente. Mas isso vai acabar se esvaindo. As crianças e os jovens têm muito isso, mas acabam perdendo quando entram no mundo do trabalho. A competição excessiva os desvia e eles acabam esquecendo o que

cultivavam. Mas vejo que, na base, as escolas desenvolvem a consciência ecológica. Infelizmente, na medida em que o sujeito vai se tornando mais adulto e entra na dura realidade da vida e da concorrência, ele reconstitui essa visão, digamos, um pouco apolítica, menos crítica. O Comte-Sponville é interessante. Ele diz que era um jovem em 1968, quando tudo era reduzido à política. Afirma que nem tudo pode ser reduzido à política, mas a política está em tudo. A propósito do desenvolvimento sustentável, do capitalismo responsável, esse moralismo que baixou por aí, isso é uma forma de você escapar da quase compulsão de politizar essa questão. Politizá-la em que sentido? No sentido de torná-la prática na vida do homem. Não adianta vir com palavras de ordem se você deixa escapar a percepção de que a sua relação com a natureza e com o outro na sociedade está desfocada.

Fiel à crítica de Marx a Malthus, parte da intelligentsia *recusa-se a pensar em demografia. Em 2035 o planeta terá 8 bilhões de pessoas, bem menos recursos e uma temperatura mais quente. Já a população brasileira atingirá "crescimento zero" em 2039, com 219 milhões, e entrará em decréscimo num país rico de florestas virgens, terra agriculturável e água. Temos tempo e recursos para modernizar a economia.*

Essa é uma questão que a gente estava discutindo na FIESP, hoje. O Brasil depende cada vez mais das mudanças na divisão internacional do trabalho. Por conta da natureza da integração do país na divisão internacional do trabalho, estamos nos transformando cada vez mais em exportadores de *commodities*. Isso tem a ver com a valorização do câmbio, com o baixo incentivo à inovação na indústria brasileira e com a concentração do poder manufatureiro no sudeste da Ásia e na China, que criou um *cluster* manufatureiro importante. Agora, o Brasil pode se beneficiar dessa sua situação singular se adotar as políticas adequadas para estimular, em alguns subsetores, a produção manufatureira. Hoje mesmo, o pessoal do setor calçadista, lá do Rio Grande do Sul, me parou para conversar sobre o que está acontecendo com o setor.

A importação barata da China.

Ela pressiona muito, por causa da valorização cambial. Os gaúchos dizem: "Não estamos pedindo que o dólar vá a R$ 2,50; estamos pedindo que fique em R$ 1,90, porque podemos competir se o governo nos der os incentivos adequados". Nós temos condições, pelo nosso patrimônio de recursos naturais, de adotar uma estratégia capaz de agregar valor aos recursos e exportar. Estamos mais ou menos na mesma condição que os Estados Unidos estavam no século XIX. Toda analogia histórica é perigosa. Os Estados Unidos foram exportadores de *commodities*, foram líderes na industrialização no final do século XIX e começo do XX. Conseguiram, na verdade, implantar essa tendência nos outros países periféricos, de se especializarem na produção de uma, duas ou três *commodities*. O Brasil pode perfeitamente cair nisso. Se cair na tentação de entregar a rapadura e virar um exportador de *commodities* e importador de bens industriais, isso será muito ruim, porque haverá efeitos pesados sobre o emprego, sobre a tecnologia, sobre a convivência social e sobre a marginalização. Não é uma perspectiva agradável, porque se desconstrói a economia e o parque industrial que você levou anos para construir.

O senhor está vendo isso acontecer?

É, eu estou preocupado porque essa mudança de eixo, que é uma mudança interessante, ocorreu menos por conta do que o Brasil decidiu e mais porque o país não foi capaz de se defender da mudança que estava acontecendo lá fora, ao contrário da China. Eu não estou dizendo para replicar, nem que o Brasil possa ou deva replicar o modelo chinês, mas certas lições a gente tem de aprender. Nesta economia não é possível desenvolver uma indústria sem ter uma proteção adequada para ela. Por isso, está correta a proposta do projeto do petróleo no pré-sal: induzir o desenvolvimento e acelerar a produção tecnológica de energia limpa, para fazer a transição, porque a importância do petróleo não vai acabar agora. Acho que devemos concentrar os ganhos no Estado, para ter os meios financeiros para expandir a pesquisa tecnológica.

A exploração do pré-sal vai custar caro. De onde vamos tirar o dinheiro?

Você está falando do investimento no pré-sal?

Sim. O Estado brasileiro tem condição de bancar esse investimento sozinho?

Esse eu acho, sinceramente, um problema menor, porque o mercado já está descontando os ganhos que o país vai ter com o pré-sal. Essa dinheirama que está entrando agora, em 2009 e 2010, significa que todo mundo está vendo que, em 2015 ou 2016, o Brasil não vai ter mais problema de balanço de pagamentos. Isso facilita, na verdade, a administração do câmbio e o financiamento das atividades, cuja fronteira é muito mais ampla do que a fronteira do petróleo. Precisamos tratar o petróleo como um recurso natural não renovável, cuja sobreutilização em curto espaço de tempo pode trazer problemas terríveis, de apreciação cambial, de desestruturação da economia industrial, de "doença holandesa"[38] etc.

Muitos consideram a expressão "desenvolvimento sustentável" um oxímoro, uma contradição em termos, uma vez que não é possível desenvolver conservando. O economista romeno Nicholas Georgescu-Roegen afirma que, a longo prazo, a Economia será necessariamente absorvida pela Ecologia.

A economia e a lei da entropia. Esse é um livro antigo, que muita gente deveria ler. O Georgescu foi professor de alguns brasileiros. Eu acho que a aplicação da lei da entropia à economia, ao ambiente humano, é um pouco problemática. O que diz a lei da entropia? Que seu sistema, a partir de um determinado momento, gera mais perdas do que ganhos do ponto de vista energético. O livro é muito interessante. Agora, eu diria que todos esses oxímoros têm um problema semântico. Vamos voltar um pouco. Se você falar do nosso estilo de desenvolvimento recente, este que gerou essa última crise financeira, obviamente trata-se de um oxímoro: não há desenvolvimento sustentável com esse modelo, com esse processo. Esquece, não dá. Esse é um processo intrinsecamente predatório, insustentável. Essa é uma questão que coloca em juízo o capitalismo como sistema de acumulação de riqueza abstrata. É aí que precisamos chegar. O que significa desenvolvimento? Para mim, ainda que imperfeitamente, significa dar condições ao homem para que sobreviva dignamente em liberdade, com capacidade para se autodesenvolver. Isso nada tem a ver com relações necessariamente quantitativas do crescimento. Diz respeito à organização social da economia. O que é o socialismo? É organização social, é controle social da economia. É isso que está em questão e que as pessoas não querem falar, porque a experiência socialista é recente. Mas é isso que está em jogo. Não se trata de saber se você vai crescer ou não. Trata-se de retirar esse caráter autorreferencial do capitalismo. Você está

---

[38] A "doença holandesa" induz a um declínio do setor manufatureiro e industrial em decorrência do aumento da receita da exportação dos recursos naturais, como verificado, nos anos 1960, no *boom* do gás da Holanda.

crescendo para quê? Para acumular riqueza abstrata ou para facilitar às pessoas uma vida decente, boa, em liberdade? Essa é a questão. O que você quer que desenvolvimento signifique? Isso que está aí? Se for isso aí, então é oxímoro mesmo, não há desenvolvimento sustentável. Eu acho o desenvolvimento sustentável possível, muito possível. Por exemplo, hoje em dia, por que as pessoas trabalham tanto com esse grau de desenvolvimento das forças produtivas? Não precisava. A própria economia está dizendo: não dá para absorver todo esse pessoal que está tentando entrar, o mercado de trabalho não comporta. Temos de criar outras formas de relação e de atividade. Os programas Bolsa Família, Renda Mínima e os outros sistemas de redistribuição já estão dando um sinal: tem gente demais para pouco trabalho, o cobertor não dá para todo mundo. Então, temos de criar proteção para os velhos, para as crianças, mudar o arranjo social — esse é o grande problema. Se você não mudar o arranjo social, não vai atingir os objetivos ambientais. Você tem de criar sistemas de saúde menos custosos e sistemas de educação mais eficazes, em que haja maior participação cidadã de pessoas desocupadas; fazer, por exemplo, que trabalhem no tratamento de idosos e no cuidado com as crianças.

O senhor conhece a "curva de Kuznets". Economistas da Universidade de Princeton sugerem a existência de uma "curva ambiental de Kuznets" em que a poluição e os impactos ambientais cresceriam durante os estágios iniciais do desenvolvimento, mas, a partir da obtenção de certo nível de renda, estabilizam e entram em declínio, junto com a intensificação da racionalidade ambiental. O senhor acha que o Brasil poderia estar se aproximando de uma fase de racionalidade ambiental?

Eu acho que essas observações foram feitas país a país. Na verdade o problema não é esse. O problema é que, do ponto de vista global, os impactos ambientais aumentaram porque diminuíram nos Estados Unidos, porque os Estados Unidos também se desindustrializaram, de certa forma, e transferiram parte de sua indústria para a China. Então, na média, o impacto ambiental medido por algum critério de emissão de gases etc., aumentou, não diminuiu. Os emergentes são muito descuidados com isso. Então, quando você pega país por país, você desconhece — como dizia o Hegel, que a verdade é o todo — que essa diminuição de impactos deve-se à desindustrialização relativa sofrida com a transferência de indústria para outros locais.

Mas a emergência da questão ambiental não seria um indício da evolução de que o senhor falava antes?

Só estou falando que ela pode ser enganosa como indicador. Estou falando do ponto de vista global. O Brasil, na verdade, tem uma responsabilidade climática relativamente menor do que os países desenvolvidos, o que não quer dizer que não recaia sobre nós um peso grande, sobretudo na questão do desmatamento. O Brasil vai ter que se esforçar e dar uma contribuição maior, porque não adianta dizer: "os ricos fizeram o que fizeram, destruíram boa parte dos seus recursos naturais, mataram suas florestas, e agora nós vamos pagar o pato". Essa é uma imposição deste sistema maior: o Brasil sobrou com a água, com as florestas.

E também com os impactos. Em 1972, quando eu tinha vinte anos, o desmatamento na Amazônia era de 1%; hoje são 18%. Pela lógica dos impactos da "curva ambiental de Kuznets", esse destino seria inevitável? Isso não é determinismo?

Se você olhar esse momento que você viveu, e sua evolução, com a expansão da agricultura e da pecuária, cá entre nós, com o perdão da expressão, foi um verdadeiro "pega pra capar", um "arrasa quarteirão". Ainda temos reservas maiores que os outros países e não somos responsáveis por tudo o que aconteceu em matéria de dano ambiental. Mas, hoje em dia, integrados na comunidade internacional como estamos, vamos ter que assumir um papel decisivo. Água, sol, recursos e terra agriculturável nós temos, então vai recair sobre nós boa parte da responsabilidade. Nesses programas de proteção ambiental, o Brasil não só deve ser protagonista, como deve ter recompensas pela preservação.

Se 18% foram devastados, restam 80% da Floresta Amazônica, em pé, regulando o clima, a hidrologia, a chuva para a agricultura, a energia e a biodiversidade. Aparentemente, temos um problema cultural de horror ao mato e desprezo à floresta, que supostamente não serve para nada e que deve ser convertida em capim. É possível construir uma "economia da floresta em pé"?

O Brasil, por ter esse privilégio e essa capacidade de oxigenação do mundo, de gerar um ecossistema mais equilibrado, não pode escapar de reconhecer que a Amazônia é importante para o planeta. Esta é a internacionalização viável. Você não pode tratar a Amazônia como um recurso seu, independentemente do que aconteceu lá trás. Você não pode usá-la como quiser. A história trouxe ao Brasil essa responsabilidade e o Brasil tem de responder a ela. Isso não tem nada a ver com pretensões de internacionalização, com subtração do poder de controle e domínio, com perda de soberania do Brasil.

A Global Footprint Network, uma ONG ligada à Universidade de British Columbia, no Canadá, afirma que o consumo global de recursos ultrapassou a capacidade de regeneração do planeta em 1987. Se continuarmos no ritmo atual, em 2050 precisaremos de dois planetas. O que o senhor acha?

Eu não teria meios de fazer uma crítica disso, porque não sei como usaram os indicadores. No fundo, você recai na questão que já apontei: o consumo, do jeito que é modulado nas nossas economias, como superconsumo, virou um dos elementos mais importantes do dinamismo macroeconômico contemporâneo. Thorstein Veblen,[39] um economista americano, cuidou dessa questão e escreveu coisas interessantíssimas sobre o consumo. Os sociólogos americanos perceberam que o consumo era uma forma de integração social muito importante nos Estados Unidos. Então, quando esse pessoal canadense faz essa medição, tem de se dar conta de que o consumo adquiriu essa importância, porque está dentro de um sistema que depende da expansão do consumo. Eles já levaram isso à exasperação e os consumidores das famílias não têm mais dinheiro, não podem se endividar mais. O que se observa é que esse consumismo ilimitado não é um fenômeno natural, mas algo produzido pelos valores da sociedade que torna as pessoas permanentemente insatisfeitas.

A sociedade pode abdicar da ideia de crescimento econômico?

Bom, há graus de desenvolvimento muito diferentes entre as sociedades. É claro que é possível para a economia americana, com uma reorganização social e produtiva, crescer 1% ao ano, mais devagar, sem grande perda de eficiência, até aumentando a eficiência do uso dos fatores de produção e otimizando a capacidade de reorganizar os mercados de trabalho, introduzindo outras formas de relação de interatividade etc. Mas o que dizer quanto a um país de renda muito baixa, um país africa-

---

[39] Thorstein Veblen, *A teoria da classe ociosa*, São Paulo, Editora Abril, Coleção Os Economistas, 1983.

no, por exemplo, com dívidas sociais tremendas? Como é que ele vai ficar lá embaixo? O que é imperativo é enfrentar o problema da coordenação global das questões. É bom para a Inglaterra crescer pouco e manter aquele padrão de vida. Dependendo da forma que isso for feito, os Estados Unidos também. Mas como é que faz com um país africano, um país sul-americano?

O raciocínio se aplica às economias desenvolvidas, não às emergentes.

É, mas a China tem um PIB em torno de US$ 4 trilhões e ainda tem uma renda *per capita* baixa. Se a China tentar replicar o que os Estados Unidos fizeram, certamente vamos ter uma catástrofe ambiental de grandes proporções. Então, chegamos a um momento complicado. A China vai abdicar de seu crescimento? Não.

Muitos sugerem que os produtos e serviços deveriam ser precificados pelo custo total, embutindo, no preço, o custo das externalidades e dos impactos socioambientais, que deveriam ser internalizados tanto nos orçamentos das empresas quanto nos dos consumidores. Ou seja, tudo custaria mais caro.

Sem dúvida. Se você estabelecer que todas as externalidades sejam apropriadas privadamente, os custos serão muito caros. Mas o Estado dispõe de instrumentos fiscais capazes de permitir a apropriação das externalidades com um custo menor. Você pode estabelecer um custo gradual. Você não tem só uma maneira de produzir os bens hoje em dia. Você pode mudar os métodos de produção, as formas e as prioridades. É como eu disse: o potencial produtivo contemporâneo é muito grande, não precisa continuar acumulando nessa velocidade. Podemos diminuir a velocidade e, ao mesmo tempo, colocar à disposição da sociedade uma quantidade de bens em condições de utilização. O problema é que isso não bate. É aquela coisa que o Marx falou: a contradição entre o desenvolvimento das forças produtivas e as relações sociais. Está cada vez mais claro que as duas não combinam.

Essa revisão de ênfase no crescimento implica numa mudança no uso de indicadores como o PIB?

Acho razoável propor outras medidas. O uso exclusivo do PIB como medida do crescimento deixa de considerar as condições de vida da população, inclusive a questão do ecúmeno, onde o homem vive. Ele não leva em conta, por exemplo, o tempo livre. Está computado lá? Como é que você usa o tempo livre? Isso é algo fundamental. É tão importante quanto a questão ambiental: definir como usar o tempo livre, que é cada vez maior devido, exatamente, ao desenvolvimento das forças produtivas. As pessoas não sabem o que fazer com o tempo livre. É um desespero, porque essa sociedade não criou os modos, os métodos e os valores adequados para você usar o seu tempo livre. O cara que recebe, digamos, uma renda mínima ou uma pensão do Estado, o que faz com o tempo livre? Ele se sente um excluído. Não está ganhando dinheiro, não está produzindo, não está enriquecendo, está ali, "passivo". Como é que você mede, por exemplo, o consumo cultural? Isso também deveria ser incluído como indicador, o valor da apreciação da arte, da música, das artes plásticas, da literatura. É o grau de bem-estar do indivíduo e a sua capacidade de compreensão que interessam. O que acontece hoje é que, apesar de todo o desenvolvimento da informação, diminuiu a capacidade de compreensão das pessoas sobre o que está acontecendo. Elas vivem de *slogans*, de clichês e de palavras de ordem. É muito angustiante. Não seria melhor que dedicassem boa parte do tempo livre para um processo de aperfeiçoamento cultural, de aprimoramento da capacidade de autocompreensão?

Com a ideia de sustentabilidade difunde-se o conceito de ecoeficiência, que propõe produzir mais e melhor com menos. O que o senhor acha?

O problema é que há um descompasso entre o que é eficiente microeconomicamente e o que é eficiente macroeconomicamente, e nós estamos falando de um problema macro, não de um problema micro. Toda a eficiência micro não é capaz de resolver o problema da ineficiência macro, porque a concorrência leva a uma exploração maior, você baixa o custo dos produtos e isso, na verdade, estimula mais ainda o consumo. Na medida em que você vai baixando, pela concorrência global, o preço das manufaturas, você vai estimulando o consumo. Foi assim que se deu azo a que o consumismo americano chegasse aos píncaros que chegou. Então, é mais uma vez um caso em que no nível micro você toma uma decisão e, no nível macro, o resultado é outro. É preciso que a decisão incida sobre o padrão de consumo e o padrão de produção, como usar bem os insumos, a energia, o sistema de transportes. O sistema baseado no automóvel, ao meu juízo, é um dos maiores responsáveis pela emissão de carbono. É um sistema irracional do ponto de vista das cidades onde circulam. Seria conveniente substituir progressivamente esse modelo, mas isso está no âmago da economia moderna capitalista, que estimula o consumo individual. Na verdade, você tem todas as ferramentas, todos os instrumentos para desenvolver sistemas de transporte coletivo, mais racionais na utilização da energia e de tudo. Ou seja, a estruturação social do crescimento depende dos modos e dos meios de se fazer as coisas ou de se produzir as coisas. Eles não são independentes. Então, se você quiser fazer uma transformação tecnológica a partir de um debate técnico, não vai conseguir. A discussão é como conter, ou pelo menos civilizar, domesticar, o padrão de consumo que está aí. Se você deixar como está, vamos continuar falando e o sistema continuará produzindo os efeitos nefastos que produz.

Mas a Terra se move. A agenda do presidente Barack Obama induz ao desenvolvimento de uma economia de baixa emissão de carbono. Isso significa uma nova fronteira científica e tecnológica e um novo tipo de infraestrutura econômica, como transportes elétricos, por exemplo. Como inserir o Brasil nesse novo paradigma?

O Brasil tem uma oferta muito diversificada de fontes de energia. Temos ainda o potencial hidrelétrico não explorado, um potencial enorme em bioenergia, em energia eólica, em todas as energias renováveis. O Brasil tem água suficiente, vento suficiente, terra suficiente, sol suficiente para usar esses recursos de maneira racional, sem devastar a Amazônia, sem nada. Temos uma posição privilegiada. Mas redefinir o sistema de transporte será muito importante, porque terá impacto na matriz energética.

A economia de mercado não é propriamente uma invenção de alguém, mas sim o resultado de um processo de seleção e ajuste ao longo de séculos. Já o capitalismo é uma forma de organização volátil que vive em permanente mudança, induzida pela inovação e sujeita a crises cíclicas. Sua virtude e seu vício é funcionar livremente, sem objetivos ou valores além dos seus interesses imediatos. Por isso, ninguém sabe ao certo para onde vai. Digamos que o mau caminho perdure. O que pode a sociedade fazer?

Vou sugerir uma perspectiva otimista. O capitalismo já está realizando um projeto de autocontrole por meio do seu contrário. Esse ângulo é mais visível na sociedade e no Estado e resulta daquela fração de liberdade consciente que os homens ainda têm, ao perceberem que não podem deixar o sistema ser assim tão autorreferencial. Esse é o poder da crítica, o poder da construção de instituições democráticas. Porque é verdade que o sistema é produto de um longo processo histórico, mas não é só o mercado que é produzido no processo, as instituições sociais também são. A construção de instituições é concomitante à evolução do mercado, às formas que o mercado adquiriu. Então você tem a proibição do trabalho infantil, processo de socialização do crédito e certas instâncias do processo produtivo sob controle social. Isso também é produzido no mesmo processo "natural", que gerou o capitalismo, o processo histórico que constitui o capitalismo. A gente não pode ter uma visão unilateral. Temos de dar esse crédito ao capitalismo.

O socialismo, aliás, não é permeável a instituições autônomas.

Não, não é permeável. E uma coisa é preciso reconhecer no capitalismo: ele permite a crítica coletiva. Estamos vendo isso acontecer em relação à sustentabilidade e ao meio ambiente, por meio da construção de instituições que impedem o sistema de continuar se movendo dessa maneira.

É mais democrático?
É mais democrático.

Maílson da Nóbrega

"Nos anos 1970 predominava uma visão economicista errada sobre a exploração da Amazônia."

Maílson Ferreira da Nóbrega nasceu em Cruz do Espírito Santo, Paraíba, em 1942. Entrou no Banco do Brasil por concurso, em Cajazeiras (PB), em 1963. Em 1974, formou-se em Economia pela Faculdade de Ciências Econômicas, Contábeis e de Administração do Distrito Federal. Foi assessor da Presidência do Banco do Brasil, chefe da Divisão de Análise e Projetos e chefe da Consultoria Técnica. Transferido para o Ministério da Indústria e Comércio, foi chefe da Coordenadoria de Assuntos Econômicos (1977), secretário-geral do Ministério da Fazenda (1983) e diretor-executivo do European Brazilian Bank (1985-1987), em Londres. Após reassumir a Secretaria-Geral do Ministério da Fazenda (1987), tornou-se ministro da Fazenda em um dos períodos mais difíceis da economia brasileira (1988-1990). Participou da formulação do Plano Bresser, em 1987, e liderou o Plano Verão, em 1989. Em 1990 fundou em São Paulo a Tendências Consultoria Integrada. É colunista da revista *Veja*, membro de conselhos de administração de várias empresas e autor de diversos livros, entre os quais *O futuro chegou: instituições e desenvolvimento no Brasil* (Globo, 2005).

O senhor foi ministro da Fazenda num dos períodos mais difíceis da economia brasileira, de 1988 a 1990, na crise de hiperinflação do governo Sarney. Minha mãe, ao saber que eu vinha entrevistá-lo, comentou: "É aquele ministro da inflação a 80%".

Chegou a 84%. Foi em março de 1990, metade do mês no governo Sarney e metade já no governo Collor. A inflação atingiu 84%. Foi o resultado de um conjunto de circunstâncias típicas daquele mês.

As crises hiperinflacionárias bloqueiam a capacidade de planejamento. Vinte anos depois, o país precisa planejar sua resposta a outras pressões: mudanças climáticas derivadas da emissão de gases de efeito estufa. Como o senhor encara essa questão?

O pensamento econômico evolui de acordo com a experiência, a pesquisa e a realidade. Acho que a questão ambiental é uma realidade que se impôs nas últimas duas décadas. Não vejo isso como uma mudança de paradigma econômico, mas como a introdução de um tema, que não é novo, que permeia toda a discussão sobre o desenvolvimento. É difícil imaginar hoje uma discussão sobre o desenvolvimento que não inclua a questão ambiental. Se você olhar há vinte, trinta anos, o desenvolvimento focava na questão da pobreza: como extirpar a pobreza. A palavra desenvolvimento surgiu depois da Segunda Guerra Mundial e consolidou-se, nos anos 1980, significando algo novo, diferente de crescimento, uma vez que o desenvolvimento inclui a questão da distribuição de renda e da redução da pobreza. Nos últimos anos evoluiu-se para a ideia do desenvolvimento sustentável, o que, antes da questão ambiental, era uma expressão tipicamente econômica. Desenvolvimento sustentável era aquele que ocorria sem geração de desequilíbrios do lado inflacionário e das contas externas. Hoje, a ideia de desenvolvimento sustentável está associada à questão ambiental, ou seja, promover o processo de desenvolvimento sem causar danos irreversíveis ao meio ambiente.

Antes, a sustentabilidade pressupunha a estabilidade das contas econômicas, agora trata da preservação das condições socioambientais.

Exatamente. O desenvolvimento não é sustentável em ambiente inflacionário. O Brasil aprendeu isso. Não é sustentável com contas externas impagáveis. Você não pode ter uma dívida externa incompatível com níveis de prudência na gestão das contas, não pode ter um déficit em conta corrente não financiável, ou financiável com dívida. A gestão econômica sustentável requer uma prudência exequível e sustentável no tempo. No Brasil, a ideia de desenvolvimento sustentável, do lado econômico e do lado ambiental, é recente, até porque nós, brasileiros, achávamos que tínhamos quebrado a lei de ferro de que desenvolvimento com inflação é insustentável. Desenvolvemos a ideia absolutamente sem sentido de que era possível conviver com a inflação e crescer. Durante certo tempo isso até pareceu viável, porque achávamos que tínhamos descoberto a pedra filosofal desse processo, que seria a correção monetária. Aprendemos duramente, no final dos anos 1980, durante a falência dessa visão — e eu estava lá, infelizmente, para viver isso num posto de relevância. O país pagou um preço muito alto. No fundo, é a mesma visão que estava por trás, se não explicitamente, implicitamente, da construção de Brasília. O sonho de construir uma cidade do nada.

Mandando a conta para o futuro.
Pagando a conta no futuro. Porque a inflação não era um problema, na verdade. O Juscelino achava possível construir, em três anos, uma cidade com um custo hoje estimado em cinco a sete vezes o custo das próximas Olimpíadas, sem nenhum efeito inflacionário. Como você vê, o mundo muda.

Houve, então, uma ampliação do paradigma do desenvolvimento?
Uma ampliação. O mundo continua evoluindo. Mudanças de paradigma equivalem a mudanças tectônicas, levam um tempo para acontecer. O livro do editor da *Newsweek*, Fareed Zakaria,[40] identifica três mudanças tectônicas nos últimos cinco séculos: uma é a emergência da Europa, fruto das transformações que ocorreram por volta dos séculos XVI e XVII, em especial a Revolução Gloriosa, inglesa, de 1688, que lançou as bases do sistema capitalista. Outra mudança foi a emergência dos Estados Unidos, entre os séculos XIX e XX, quando se tornaram a maior força econômica do mundo. A terceira mudança tectônica está acontecendo com a emergência do que o Zakaria chama o "resto", não no sentido negativo, mas como o conjunto de países que começam a ser atores relevantes no processo econômico, o Brasil incluído. Mesmo assim, acho que o paradigma continua o mesmo, que é o paradigma que o mundo abraçou, o sistema capitalista. O que se percebe é que esse paradigma pressupõe a existência de instituições, a educação joga um papel importante e o acaso joga outro, não pequeno. Ao longo dos últimos anos vimos que o desenvolvimento não é processo mecânico, mas exige certas condições de investimento e de regulação. O desenvolvimento é um processo complexo. Assim como outras mudanças que vemos no mundo, a mudança climática também é um processo complexo.

[40] Fareed Zakaria, *O mundo pós-americano*, São Paulo, Companhia das Letras, 2009.

A tecnologia e o engenho humano adquiriram a capacidade de alterar o planeta em uma fração do tempo histórico. Como o senhor vê a atual busca pela sustentabilidade? Moda? Ideologia? Necessidade?

Acho que pensar o meio ambiente e acompanhar e avaliar os efeitos da ação humana é uma necessidade. Quando você olha o debate em torno, vê muita ideologia, tanto de direita quanto de esquerda. Do lado da direita, os libertários com a ideia de que "não é preciso fazer nada, a humanidade terminará se ajustando, é uma questão de tempo". Do outro lado, um fervor ambiental quase religioso, que enxerga catástrofes iminentes e prega a mobilização para salvar o planeta. Aí vira realmente um teatro, no sentido de que primeiro você tem o problema, que é o aquecimento global, e depois a resposta, que vai da mais radical, o crescimento zero, até bilhões e bilhões de investimento para deter o processo. A virtude deve estar aí pelo meio. Portanto, as decisões nacionais e globais, como discutidas em Copenhague, não podem ser guiadas exclusivamente pela visão catastrofista presente nos debates, inclusive no Painel Intergovernamental de Mudanças Climáticas.

Dois economistas da Universidade de Princeton sugerem a existência de uma "curva ambiental de Kuznets", em que a poluição e os impactos evoluiriam segundo o "U invertido": crescem durante os estágios iniciais do desenvolvimento, mas, a partir da obtenção de certo nível de renda, estabilizam e declinam, enquanto a racionalidade ambiental se intensifica. O senhor acha que, para fazer o bolo crescer, é inevitável gerar impacto ambiental?

Acho que faz todo sentido. Se você olhar a história dos últimos cem anos, temos demonstrações inequívocas dessa evolução em vários lugares. Se fôssemos ao rio Tâmisa no auge da Revolução Industrial, durante a famosa exposição do Crystal Palace, em 1851, aberta pela rainha Vitória, veríamos a demonstração mais conspícua do poder industrial da Inglaterra. Londres era uma cidade fedorenta, insuportável e assolada por enchentes. O Tâmisa era poluído por dejetos lançados sem o menor cuidado. Hoje dá para pescar salmão. Nem a barragem que passou a regular o rio foi capaz de evitar a volta dos peixes. Londres não é mais uma cidade fedorenta. Outro exemplo: o uso da energia para a Revolução Industrial, que provinha do carvão, tornou Londres uma cidade feia. O *fog* londrino não era só do clima, era também poluição provocada pelo uso do carvão em larga escala. Morei na cidade durante um período, e quando cheguei lá, em 1985, acompanhei parte do esforço municipal de limpeza dos edifícios. O edifício do parlamento era preto. Se você olhar agora, ele recuperou a cor original. Por que isso foi possível? Porque se construiu uma consciência em torno da necessidade de usar energia de fontes mais limpas, porque a energia elétrica produzida por petróleo é menos poluidora do que o carvão, porque os ingleses enriqueceram e tornou-se possível preservar, no orçamento da cidade, uma parcela de recursos para a limpeza dos edifícios públicos. Você teria vários exemplos no Brasil. Pense no esforço para a limpeza do rio Tietê. Ele ainda é um rio poluído, mas é menos poluído hoje do que há dez anos.

É, mas falta muito.

Falta muito. O esforço continua, mas provavelmente a gente vai ver competições de natação no rio Tietê algum dia.

Em 1972, quando eu tinha vinte anos, 1% da Amazônia havia sido desmatado. Em poucas décadas chegamos a 18% de desmatamento. Pela lógica dos impactos do desenvolvimento da "curva ambiental de Kuznets", esse destino seria inevitável. O senhor concordaria?

Não, acho que não. O fato de essa tese ter certo sentido não significa que você deve ser negligente sobre o que está acontecendo. Acho que o desmatamento excessivo da Amazônia tem de ser reprimido. Você não pode se conformar com uma coisa dessa natureza, até porque grande parte desse desmatamento são ações criminosas, desde a derrubada para a produção de carvão até a exploração ilegal da madeira. Mas o que não se pode dizer é "vamos parar de explorar a Amazônia". Estudos mostram que é possível explorar a agropecuária e o turismo na Amazônia com sustentabilidade. É o que fazem, por exemplo, em Bonito, no Mato Grosso do Sul. Bonito é uma demonstração inequívoca de que é possível gerar atividade econômica, ampliar o bem-estar e preservar a natureza. Se você anda por aquelas propriedades, que são Reservas Privadas de Patrimônio Natural (RPPN), você vê que funciona. Há uma certificação federal que diz que aquela fazenda pode ser explorada como atividade turística, que preserva o meio ambiente, gera emprego, renda, bem-estar, e permite que outras pessoas tenham a oportunidade de conviver com o ambiente natural, num ambiente também capitalista.

A devastação da Amazônia corresponderia à fase de arrancada do desenvolvimento regional, segundo a "curva ambiental de Kuznets". Nesse sentido, o senhor acha que os impactos são um preço a pagar?

Acho. De certa forma, isso aconteceu antes da formação dessa consciência. É bom lembrar que o Ibama é do final dos anos 1980, quer dizer, você não tinha sequer instrumentos para medir. Até hoje há poucos meios para fiscalizar. Por outro lado, eu diria que em meados dos anos 1970 havia uma visão do governo, partilhada por muitos formadores de opinião, de que era possível explorar a Amazônia, de que aquilo seria um tesouro que tínhamos de nos apossar. A ideia que estava por trás era um *slogan* militar, "Integrar para não entregar". A Belém-Brasília, na época do Juscelino, carregava essa ideia da expansão da fronteira e integração da região Norte ao desenvolvimento. Na visão de Juscelino, Brasília seria um centro irradiador do progresso, uma visão sujeita a crítica, porque, na verdade, por trás reside a ideia de que é o Estado que promove o desenvolvimento. Mas independentemente disso, não houve nenhum cuidado ambiental.

Predominava uma visão economicista.

Uma visão economicista errada. A mesma coisa houve com a Transamazônica. Eu me lembro, eu já exercia postos de alto nível no governo federal quando surgiu a Transamazônica. A Transamazônica surge no governo Médici em meio ao clamor para se fazer alguma coisa que permitisse a expansão da fronteira agrícola e fosse capaz de ajudar a resolver o problema da seca do Nordeste. Tanto que a mesma legislação da Transamazônica é a que cria o Pró-Terra, que distribuiu terra no Nordeste e, ao mesmo tempo, viabilizou migrações. Na época, o ministro do Planejamento era o João Paulo dos Reis Velloso. Eu fui visitar a Transamazônica em 1973. Eu era assessor do presidente do Banco do Brasil e fui com um grupo do Ministério da Agricultura e do Incra. Eu trabalhava em crédito rural nessa época e visitar a Transamazônica era uma coisa que fazia parte do processo de visitar agrovilas. Passei uma semana lá. Era uma coisa meio épica. A gente sabe hoje muito mais, mas, na época, tínhamos a ideia de que estávamos desbravando a Amazônia para integrá-la à agricultura sustentável, no sentido econômico. Fui até o quilômetro 100 da Transamazônica, e lá tinha uma agrovila que estava construindo uma usina de açúcar. Hoje sabemos que o açúcar não é viável na Amazônia. Naquela época o Brasil tinha uma legislação, uma regulação do açúcar, que não levava em conta, por exemplo, a questão do teor de sacarose da cana. No Brasil, no tempo do Instituto do Açúcar e do Álcool, a cana era paga por peso e não por açúcar contido. Logo, se na Amazônia a gente podia plantar cana que tinha dois metros de altura, como as de Piracicaba ou de Ribeirão Preto, valia a pena ir. Hoje se vê que estava tudo errado e, não por acaso, tornou-se inviável. O Incra chegou a fazer uma usina na Transamazônica e as canas subiam, bonitas, belíssimas — vi muita cana bonita —, mas sem açúcar, sem sacarose para produzir açúcar ou álcool. Era outro mundo. Naquela época, o Brasil participou de uma conferência sobre população na qual defendemos o direito de não controlar a natalidade no Brasil. Naquela época não se sabia ainda que o controle da natalidade viria naturalmente. São questões novas que vão surgindo. A questão ambiental é semelhante, ou seja, surge da evolução do conhecimento, da percepção do dano e até das questões regulatórias, como essa do açúcar, que levava o país a não se preocupar com a viabilidade econômica da cana na Transamazônica.

Muitos afirmam que, para que uma mudança de paradigma se concretize, os produtos e serviços deveriam ser precificados pelo "custo total", embutindo, no preço, o custo das "externalidades" e dos impactos socioambientais. O Estado deveria contribuir emitindo regulamentação pertinente, taxando a poluição, o uso de recursos escassos e criando incentivos à conservação. O que o senhor acha?

Eu acho impossível precificar as externalidades por determinação do Estado. Acho que isso vai acontecer naturalmente. As externalidades vão se incorporar ao custo dos produtos na medida em que o Estado começar, pela atividade regulatória e pela tributação, a impor custos pelas externalidades. É legítimo criar um tributo para penalizar a poluição e incentivar a busca de processos produtivos mais limpos. Uma fábrica que polui o ambiente gera externalidades para quem não tem nada a ver com ela — o sujeito que mora nas proximidades. Alguém que polui um rio cria externalidades para quem está a jusante, para quem vive da pesca. Nesses casos, a melhor alternativa é estabelecer uma tributação pela poluição e incentivar a busca de métodos mais limpos, que é a ideia por trás dos créditos de carbono, que podem ser comercializados, incentivando o mercado. Não acredito que seja possível o Estado fazer esse tipo de ação — obrigar as empresas a assumirem o custo. É o mercado que deve fazer isso, sob a adequada regulação do Estado.

O país precisa de investimentos em infraestrutura para melhorar a competitividade e reduzir o "custo Brasil". O licenciamento ambiental frequentemente demonstra incompreensão da importância econômica desses empreendimentos. Mas os relatórios de impacto ambiental apresentados pelas empresas também mostram má vontade e desleixo com as externalidades. Como romper esse impasse?

Acho que não é mais possível, hoje, construir infraestrutura sem considerar os danos ambientais, assim como não é possível construir infraestrutura com zero de dano. Acho que o mundo evoluiu para a percepção de que o licenciamento ambiental será aquele que permita o desenvolvimento sustentável, quer dizer, que minimize os danos ambientais. Se você olha, por exemplo, os Estados Unidos, a partir dos anos 1930 houve um grande investimento em hidrelétricas sem preocupação ambiental — muitas estão condenadas e já foram desativadas. A melhor maneira de fazer isso é preparar adequadamente o Estado para esse licenciamento, seja com uma boa regulação, que evite os exageros dos dois lados, seja com mão de obra qualificada. Por exemplo, devemos evitar que o licenciamento de uma obra leve dois, três anos. Não dá para imaginar o Brasil renunciando ao objetivo de melhorar a infraestrutura, porque a melhoria significa maior potencial de crescimento, melhor logística e aumento da competitividade dos produtos brasileiros. Em última análise, crescimento econômico gera mais bem-estar. Por trás do processo de desenvolvimento está a noção de bem-estar. O desenvolvimento tem produzido transformações gigantescas em benefício da humanidade. Recentemente saiu o livro de um professor da Universidade da Califórnia, Gregory Clark, *A Farewell to Alms*,[41] que mostra como o mundo se livrou da armadilha malthusiana. O Malthus desenvolveu a ideia, que foi uma boa sacada para a época, de que os alimentos cresciam em progressão aritmética e a população crescia em progressão geométrica, e portanto a conta não fecharia. Então, teria de haver um ajuste, ou pela abstinência sexual — ele recomendava isso —, ou pela morte das pessoas.

Ele sugeria controle de natalidade.

É, produzir menos filho. Na verdade, até a época dele, a história dava razão a isso. Se você olhar uma curva de evolução da renda *per capita*,

---

[41] Gregory Clark, *A Farewell to Alms: A Brief Economic History of the World*, New Jersey, Princeton University Press, 2007.

e hoje há estudos que estimam qual era a renda *per capita* na Palestina, na época de Cristo, você verifica que, do ano 1000 a.C. até 1820, a renda *per capita* mundial manteve-se praticamente estável. Há variações acentuadas em momentos de desastre, como a peste negra, que gerou perdas gigantescas de vidas, um terço da população europeia morreu. Nesse momento, a renda *per capita* subiu para os que sobreviveram. Desde então, houve duas revoluções: uma foi a Revolução Agrícola, que é pouco enfatizada nos estudos desse processo, e a outra foi a Revolução Industrial. Se você vê um gráfico da evolução da renda, a partir de 1820 a curva dá um salto, uma inclinação brusca, que é o que eles chamam "A Grande Divergência". O mundo está pior ou melhor depois dela? Está bem melhor. Na Europa, quando começou A Grande Divergência, 90% da população era pobre. Hoje é o inverso. A expectativa de vida mais do que dobrou. Então, o objetivo do desenvolvimento é, a meu ver, indissociável da busca humana por aumentos crescentes de bem-estar. Ninguém se conforma com a pobreza. Se você ler um comunicado do G20, verá que a expressão "reduzir a pobreza" aparece várias vezes, o que pressupõe crescimento econômico. Crescimento econômico pressupõe interferência na natureza. A questão é como fazer isso preservando a sustentabilidade.

Em 1972, o Clube de Roma provocou polêmica por questionar a ideologia do crescimento econômico e fazer previsões sombrias que, afinal, revelaram-se equivocadas. Hoje há, de novo, economistas propondo uma "economia de não crescimento" para os países desenvolvidos. A sociedade pode abdicar da ideia de crescimento econômico?

Não. Ficou provado que a ideia do não crescimento do Clube de Roma não passava de uma utopia inviável, além de uma tremenda injustiça com quem não tinha chegado lá. Na verdade, congelava-se a desigualdade e exigia-se um nível de coordenação mundial absolutamente impossível, não apenas das políticas públicas, mas das vontades sociais. Eles pretendiam levar a humanidade a renunciar à ideia de progresso, renunciar à ideia de existência humana.

A versão moderna prega um crescimento vegetativo para os países desenvolvidos, não para os emergentes. Muda o quadro?

Não. Mesmo porque, nos países desenvolvidos, há desigualdades. Como você não tem um poder mundial com capacidade de impor sanções, um movimento desses só aconteceria se houvesse um grau de adesão espontânea das sociedades. Por que é que a França renunciaria ao crescimento? Em nome dos indianos? Para esse princípio ser obedecido, precisa ter algum tipo de sanção. Não existe esse poder.

Há apreensão sobre a "capacidade de suporte do planeta". A ONG Global Footprint Network, ligada à Universidade de British Columbia, no Canadá, anunciou que em 1987 o consumo global de recursos ultrapassou a capacidade de regeneração do planeta. Nosso excedente de consumo seria da ordem de 30% e, se continuarmos no ritmo atual, em 2050 precisaremos de dois planetas. O que o senhor acha?

Acho que é uma visão no mínimo discutível, porque pressupõe que a tecnologia não possa resolver o problema, que não seja possível continuar o desenvolvimento com tecnologias que reduzam os danos ao meio ambiente ou que melhorem, gigantescamente, o uso dos recursos naturais. Há vários exemplos de mau uso dos recursos. Por exemplo, nos anos da Guerra Fria, a União Soviética entendia que o aço era sinônimo de poder. Quanto mais aço se produzisse, mais poder se acumulava. O aço compunha as carcaças dos navios, dos aviões e dos canhões. Isso chegou a um nível de dogma religioso com Mao Tsé-Tung. O Grande Salto Para Frente foi uma intensa loucura, inclusive promovendo a ideia de produzir aço nas residências. Há quem calcule que essa loucura possa ter gerado de 20 a 30 milhões de mortes. Também é interessante que, entre os anos 1970 e 1980, a Rússia tenha ultrapassado os Estados Unidos na produção de aço e dado a entender que caminhava para ser a maior potência militar do mundo. Depois, viu-se que a Rússia produzia mais aço porque o usava de uma maneira muito ineficiente.

Com um custo ambiental absurdo.

Absurdo! Então, por exemplo, um trator russo tinha oito vezes o peso de um trator americano. Realmente, aí você usava aço à vontade. Hoje, é muito maior a eficiência no uso dos recursos: a miniaturização, a nanotecnologia, os circuitos integrados, as novas tecnologias — um telefone celular pode ter capacidade de processamento maior do que aquele primeiro gigantesco computador americano, o ENIAC, de 1946, que não cabia numa sala. As mídias estão convergindo para o celular, que hoje tem múltiplas funções. Isso é o resultado da competição, da boa regulação, da busca por um uso crescentemente eficiente dos recursos do planeta.

O aumento exponencial das emissões de carbono está associado à arrancada de produtividade e de prosperidade do capitalismo nos últimos cinquenta anos. Milhões de pessoas melhoraram de vida, na China, no Brasil, na Índia e em muitos países. Mas a crise ambiental também veio se agravando ao longo do século XX, como indicam os desastres de Minamata (1956), Three Mile Island (1979), Bhopal (1984), Chernobyl (1986) e Exxon Valdez (1989). Por que os alertas para os impactos colaterais dos processos econômicos não foram ouvidos? Aparentemente, os economistas nutrem desprezo pela preocupação ambiental tanto quanto os ambientalistas desprezam a Economia.

Eu acho que essas coisas vão convergir. Não sei se sou um otimista, mas acho que isso é um processo de aprendizado. Claro que ninguém vai ficar feliz com o número de mortes e de danos ambientais causados pela explosão de Chernobyl, mas Chernobyl aumentou a consciência sobre a segurança das usinas nucleares. O agravamento de certas situações gera condições para que essas coisas não se repitam. É claro que vão surgir outros desastres — é assim em qualquer sistema. É bom lembrar a questão do desastre aéreo. Se a humanidade tivesse rejeitado o avião por conta dos desastres, onde estaríamos? O que se fez foi aprender com os acidentes para avançar na tecnologia, na regulação e na operação de aeroportos. Hoje, os aviões são mais seguros, transportam mais gente e têm um custo mais baixo. A mesma coisa acontece com esses acidentes que geram graves danos materiais e humanos. Eles constituem lições a serem evitadas e marcos para a evolução de processos mais seguros.

O senhor acha que o catastrofismo prejudica a mensagem ambientalista?

Eu acho que o catastrofismo tem o papel de gerar o alerta, até para mostrar que está errado. O que pode acontecer é sermos levados muitas vezes ao exagero ou a associações sem sustentação científica. Por exemplo, há um livro interessante produzido pelo ex-ministro da Fazenda da Inglaterra, no governo da Margareth Thatcher, o Nigel Lawson, *An Appeal to Reason*.[42] Ele critica o exagero de certas teses, inclusive o famoso relatório do governo do primeiro-ministro Tony Blair, escrito pelo ex-eco-

---

[42] Nigel Lawson, *An Appeal to Reason: A Cool Look at Global Warming*, Nova York, The Overlook Press, 2008.

nomista chefe do Banco Mundial, o Nicholas Stern. Ele diz que o relatório é exagerado, sem base científica, e procura desmoralizar algumas das suas conclusões. Tem coisas que fazem você pensar. Ele diz, por exemplo, que todo mundo fala no aquecimento global, mas agora, no século XXI, a Terra parou de aquecer. Ele mostra níveis de aquecimento estacionados no século XXI.

Ele diz que a temperatura global não está aquecendo?

Não está aquecendo. Ele tem os dados, até 2007. De 2001 a 2007, o aquecimento global não aumentou.

O quarto relatório do Painel Internacional de Mudanças Climáticas afirma que o aquecimento do clima é "inequívoco" e vem aumentando como resultado das atividades humanas desde 1750. Eles se preocupam muito com a qualidade da informação e advertem que não dispõem de dados globais em séries históricas completas. Mas a quantidade de informações reunidas é convincente. A atmosfera do planeta está abafada por um manto de gases de efeito estufa e a cada ano lançamos bilhões de toneladas a mais. O aquecimento médio da temperatura acima de 2 °C em 2030 já está contratado, já está estocado lá em cima. A temperatura vai subir mais de 2 °C.

O Nigel Lawson é muito crítico do IPCC. Ele mostra que o mundo já foi mais quente do que é hoje: vários indicadores mostram que regiões da Inglaterra eram mais quentes, inclusive produziam uvas de alta qualidade, típicas da Itália. No Império Romano, o nível de aquecimento era provavelmente maior do que o de hoje. Uma coisa que eu sempre observo, sem base científica, é claro, é que Londres é uma cidade de clima hostil, horrível, e o inglês é obcecado pelo clima. Quando morava lá, bastava começar uma conversa com um inglês sobre o clima para ele se empolgar. Por que os romanos usavam roupas tão leves? Você não vê nas gravuras da Roma antiga, inclusive na Londres romana, ninguém de agasalho. Por que será? Provavelmente porque era mais quente. Outra coisa que o Nigel Lawson fala é a questão da adaptação e da mitigação. Ele acha que a mitigação tem um custo excessivo. Mas a adaptação, do ponto de vista humano — porque esse aquecimento, se vier (sim, pode ser que ele venha), não virá da noite para o dia — será gradual. Ele diz que a temperatura média de Helsinque, na Finlândia, deve ser de 15 °C, enquanto a temperatura média de Cingapura deve ser de 30 °C. Como o ser huma-

186   O que os economistas pensam sobre sustentabilidade

no vive nessas duas regiões? Ele se adaptou. Portanto, o ser humano se adaptará. Ele não despreza o papel dos gases de efeito estufa, mas acha que o aquecimento é um processo complexo e que não é necessariamente resultado básico da atividade econômica. Outra coisa que diz é que muitas das catástrofes atribuídas a mudanças climáticas na verdade não têm comprovação científica — os furacões não são necessariamente causados pela mudança climática, como se fala por aí.

O IPCC ganhou o prêmio Nobel da Paz de 2007 pelo trabalho de 2.500 cientistas durante vinte anos. Dá para descartar? Eu gostaria que eles estivessem errados.

Não, claro que não. Ele acha que há exagero, que o IPCC tem uma visão catastrófica que não corresponde à realidade. Como ele é homem da direita inglesa, provavelmente identifica no IPCC certa visão de esquerda, anticapitalista. Ele não desconsidera, mas acha que é exagero. O ponto é o seguinte: o aquecimento solar tem origens muito complexas e não é possível afirmar que a causa básica seja a atividade econômica.

A sustentabilidade é uma poderosa ferramenta de marketing. O termo virou uma panaceia, vaga e flexível, tanto quanto o conceito de democracia. Antigamente, todos se autointitulavam democratas, fossem democracias populares marxistas ou ditaduras latino-americanas. Agora, todos são "sustentáveis". É moda?

Acho que as duas coisas não são comparáveis, embora, do ponto de vista do interesse econômico por trás, possam até ser semelhantes. A democracia é a pior forma de organização social que o homem inventou, com exceção de todas as outras, como dizia Churchill. Sustentabilidade é coisa mais recente, tem a ver com o futuro do planeta, enquanto democracia tem a ver com a viabilidade de regimes opostos ao autoritarismo, ao absolutismo. A experiência mostrou ser a melhor forma de organização social. Acho que a busca da identificação de empresas com a sustentabilidade é uma prova de que há uma consciência crescente de que se trata de um conceito correto, que deve buscar o desenvolvimento sem danos graves e sem danos irreversíveis. Evidentemente, virou um instrumento de marketing. Eu acho que é moda, sim.

Em 2035 o planeta terá 8 bilhões de pessoas, menos recursos e uma temperatura alguns graus centígrados mais quente, mas a população bra-

sileira atingirá "crescimento zero" em 2039, num país ainda rico de terra agriculturável, água e florestas. Temos recursos e tempo para completar a modernização da sociedade e da economia?

O Brasil vive um momento único em sua história, em que começamos a colher os frutos de um longo processo de evolução institucional, que criou os incentivos para políticas responsáveis, seja do ponto de vista econômico, ambiental ou democrático. Claro que isso é uma transição e toda transição está sujeita a acidentes, avanços e recuos. Por outro lado, o Brasil vive o chamado bônus demográfico, que é aquele momento em que a quantidade de pessoas em idade de trabalhar é substancialmente maior do que as que pararam de trabalhar e as que não começaram a trabalhar ainda. O nível de dependência de idosos e crianças é menor e, portanto, há disponibilidade de mão de obra, fundamental para o crescimento. Se você considerar que a fonte primária do desenvolvimento é o conhecimento, e que atrás do conhecimento está a educação, não haverá desenvolvimento sem dois componentes: investimento e mão de obra. O desenvolvimento pode ser definido como o processo em que você vai agregando à economia mais capital e mais mão de obra. Ele ocorre quando esses dois elementos são combinados de maneira eficiente pela tecnologia, que gera ganhos de produtividade. E provavelmente o Brasil já cruzou a linha, vamos dizer, cruzou o Rubicão: dificilmente teremos retrocesso nessa evolução. Eu acho que essas transformações que nos legaram a democracia, embora defeituosa, nos anos 1980, e a estabilidade econômica, embora frágil, nos anos 1990, são determinantes. É uma evolução histórica. E, como a gente sabe, o processo de desenvolvimento também depende muito das instituições. Instituição é um conceito amplo, que deu o prêmio Nobel de Economia de 1993 ao americano Douglass North. Ele diz: as instituições são fundamentais para o desenvolvimento porque são elas que criam, na sua regra do jogo, os incentivos para os empreendedores assumirem riscos, inovarem, gerarem renda, produto e emprego. O Brasil está criando essas instituições. Na minha avaliação, a discussão se deslocou da questão da estabilidade — ter ou não inflação — para a do crescimento: ter ou não ter crescimento. Podemos discutir a qualidade desse crescimento do ponto de vista da sustentabilidade e sua qualidade a longo prazo. Aí vão entrar essas questões relacionadas com produtos primários e produtos de ponta, que acho uma discussão meio viciada, quase um fetiche do passado. Ainda temos, no Brasil, muitos formadores de opinião e políticos com visões da época da Cepal. Ainda tem muito político com a cabeça feita pelo Raúl Prebisch, de que o comércio exterior é ruim para o país, que faz com que exportemos produtos primários e importemos produtos industrializados. Uma pesquisa mostraria facilmente que essa tese do Raúl Prebisch era furada. Não obstante, você tem livros que afirmam um monte de bobagens, como *As veias abertas da América Latina*, do Eduardo Galeano, que está na quadragésima edição. Há um consumo muito grande dessas bobagens, feitas com base numa visão de mundo de cinquenta anos atrás, distorcida pelo viés marxista e anticapitalista, que se traduzem hoje no fetiche de que você tem de gerar valor agregado, que a agricultura não gera valor agregado, que a mineração não gera valor agregado. As exportações do agronegócio e da mineração possuem alto conteúdo tecnológico. O Brasil se tornou o maior produtor mundial de carne, o segundo maior produtor de soja, o primeiro produtor de suco de laranja. Somos uma potência agrícola e estamos a caminho de ser uma potência agrícola hegemônica. Podemos dizer "ninguém vai nos segurar", para usar uma expressão do Médici, porque realmente conseguimos introduzir, na agricultura, tecnologia associada à capacidade empresarial. O agricultor de hoje não é mais o Jeca Tatu, é um homem que usa tecnologia e gestão avançadas. A mesma coisa ocorre em mineração. A Vale do Rio Doce utiliza tecnologia de alto nível na exploração mineral.

O argumento cepalino diria que é melhor exportar aço do que ferro.
Pronto! Se você olhar o quanto a gente ficou parado nessa visão, chega a dar medo. A gente enterra a cabeça no chão e não olha o que se passa ao redor. A Austrália é um país rico com exportações do agronegócio. A Nova Zelândia também. A China, que é tida como o exemplo da exportação de produto de ponta, você vai ver, agrega muito pouco à sua produção. No último estudo que vi, o produto chinês tem uma agregação de valor de apenas 15%. Cerca de 85% vêm de fora. Já a nossa concepção é da autossuficiência: temos de produzir tudo e agregar todo o valor aqui. Será que não é mais vantagem exportar minério do que aço? Vimos o presidente da República dizer que não, que é melhor o aço, assumindo ares de Luís XIV. Ele acha que sabe mais do que a Vale do Rio Doce. A Vale do Rio Doce, que já era eficiente na época estatal, tem um nível de qualificação de pessoal que não deixa nada a dever. Quando ouvi o Lula falar isso, me perguntei: será que essa quantidade de engenheiros, de administradores, gente com vinte, trinta anos de experiência nessa área, que

viajou o mundo e dirigiu empresas em muitos países, todo esse grupo, ninguém se deu conta de que é melhor produzir aço?

O foco está errado?

Na verdade, o que tem de nos preocupar não é se vamos produzir produtos de maior valor agregado, mas se estamos preparando gente para isso. O que é estratégico não é o petróleo, mas a força de trabalho. Essa história do pré-sal é uma reedição dessa visão. Ninguém tem dúvida de que o pré-sal é uma dádiva que pode fazer o Brasil mudar de patamar, mas os caras da Petrobras e do governo Lula entendem que o petróleo é a oportunidade para gerar valor agregado, ou seja, que eu, Estado, vale dizer, eu funcionário da Petrobras, preciso dominar a produção de óleo, preciso que todo o óleo venha para mim, porque vou usá-lo para movimentar cadeias produtivas. Ou seja, é uma visão meio soviética, com o perdão do exagero. Primeiro, determina-se a velocidade de exploração. Em vez de explorar em cinquenta anos, vamos explorar em cem. O burocrata incorpora a ideia de que a sociedade pode esperar pela sua visão iluminada. Então, vamos esperar trinta anos para a indústria nacional se capacitar para produzir sondas. É delírio. Segundo, vamos produzir valor agregado. Em vez de exportar petróleo, produzir gasolina etc. Terceiro, posso pular cadeias, posso ir para a petroquímica, convidar a Odebrecht, a Suzano e não sei mais quais grupos privados nacionais, para serem os produtores da petroquímica do futuro. É a visão do Geisel. É uma visão muito semelhante à do Geisel. Em quarto lugar, pressupõe-se um poder de barganha que revoluciona os conceitos de comércio exterior. O ministro de Minas e Energia está dizendo que, com o pré-sal, vamos usar o petróleo para obter vantagens dos nossos compradores comerciais, tipo "eu só vendo petróleo se você comprar meu avião". Olha, o comércio exterior não funciona assim! Você pode fazer acordos comerciais, dar preferências, mas essa visão é tosca e primitiva.

Há muitos economistas que dizem que o II PND, do Geisel, diversificou a economia brasileira.

Provavelmente. Mas não é só isso. Você precisa saber a que custo. Ou seja, os regimes autoritários têm esse poder de impor transformação à sociedade a qualquer custo. Provavelmente, o Brasil teria obtido os mesmos benefícios a um custo menor. O Brasil se industrializou com a integração promovida pelo Estado? Sim, se industrializou, mas de maneira ineficiente. Uma das consequências do processo de industrialização brasileiro guiado pelo Estado, e imposto, em alguns momentos, de maneira autoritária, foi que o país desprezou a educação. Hoje, o Brasil tem uma das piores distribuições de renda do planeta, e há vários estudos mostrando que a má distribuição de renda tem a ver com educação e com o subsídio aos grupos privilegiados que cooptam os burocratas para tirar proveito próprio. Aliás, é uma reprodução muito parecida com o que estamos vendo agora na Venezuela: várias associações de empresários pressionando o governo para aprovar a entrada da Venezuela no acordo do Mercosul. Eu acho um desastre, mas é a visão empresarial. Então, novamente, deu certo. Mas a que custo?

Com a difusão da ideia de sustentabilidade, vem crescendo o interesse pelo conceito de ecoeficiência. O que o senhor pensa a respeito?
Eu acredito que a competição leve naturalmente a uma produção de bens com custos cada vez mais baixos. Agora, no caso do meio ambiente e da ecoeficiência, acho que o Estado tem um papel a desempenhar. O Estado pode estabelecer níveis mínimos de eficiência energética e de eficiência ecológica para os produtos, e com isso forçar a indústria a buscar a tecnologia para se adequar a esses padrões. Vimos isso acontecer nos Estados Unidos em diversas ocasiões, quando se estabeleceu o consumo máximo de combustível por automóvel, que gerou grande avanço tecnológico. Neste ponto, o Estado é insubstituível no papel regulador. O mercado não fará sozinho.

A agenda do presidente Obama pressupõe a retomada do crescimento econômico numa economia de baixa emissão de carbono. Isso significa uma nova fronteira tecnológica e um novo tipo de infraestrutura econômica, como transportes elétricos, por exemplo. Como o Brasil pode se inserir nesse novo paradigma?
Primeiro, acho que os americanos vão realmente fazer isso. Eles têm a oferta e os cérebros, têm a pesquisa, a capacidade industrial e os recursos financeiros para essa empreitada. Acho que o presidente Obama está falando sério, até porque, por trás desse esforço, há o objetivo estratégico de reduzir a dependência de petróleo importado. O Brasil tem de prestar atenção na exploração do petróleo do pré-sal. Podemos nos livrar da catástrofe da escassez de petróleo, mas, como costumava dizer um ministro iraniano, "a idade da pedra não acabou por falta de pedra". A idade

Maílson da Nóbrega   191 do petróleo não acabará por falta de petróleo. Vai acabar porque a humanidade descobrirá fontes alternativas de geração de energia e maneiras eficazes de utilizar o petróleo. Os nossos burocratas pensam como antigamente, sem levar em conta as transformações que estão acontecendo. Acho que o Brasil pode se tornar muito competitivo com o etanol, por exemplo. A nossa matriz energética é melhor do que a de muitos países, e tende a melhorar no futuro, porque ainda não entramos na pesquisa genética na cana-de-açúcar. A produção por hectare pode aumentar 50% com o uso da cana transgênica. Esse aumento vai ser mais de volume de bagaço do que de sacarose. Portanto, nos anos futuros a cana-de-açúcar vai ser uma fonte de geração de energia ainda maior.

O que o senhor acha da criação de um mercado de direitos negociáveis de emissão de poluição? O aquecimento global pode se transformar em barreira comercial?

Acho que sim. Isso é o puro funcionamento do sistema capitalista, regulado pelo Estado. Você penaliza os poluidores com tributação e cria incentivos à busca de meios ecologicamente mais eficientes de produção. Acho que esta crise pode ser um divisor de águas. Os americanos têm uma capacidade inigualável de se reinventar e ainda serão a potência hegemônica por muitos anos à frente, se você considerar que por trás de todo esse processo de transformação está a educação e o conhecimento. Das vinte melhores universidades no mundo, dezoito são americanas. A produção científica deles é inigualável. Produzem mais *papers* científicos do que todo o resto do mundo. Provavelmente vamos ter um aperfeiçoamento desses mecanismos que introduzem técnicas de mercado na exploração de recursos naturais. Elinor Ostrom recebeu o prêmio Nobel de Economia em 2009 pelo estudo de instituições que reduzem os riscos de exploração predatória dos bens comuns. Um exemplo é o das regras da exploração da pesca: como fazer para evitar o fim dos estoques pesqueiros? E a primeira ideia que vem do burocrata — o burocrata, normalmente, é bitolado — é estabelecer cotas; cada pescador só pode pescar tantos quilos de peixe numa determinada época. A experiência mostrou que não basta. Então, evoluiu-se para a ideia de leiloar cotas. Quem der o maior preço ganha, e as cotas são negociadas em condições de mercado. Então, o produtor pode vender a cota dele: ela passa a ser um direito de propriedade. A propriedade não é só física, ela é um direito para o usufruto de direitos. A mesma coisa com o crédito de carbono. Esta é a ideia: quase "comprar" o direito de poluir, o que pode beneficiar países como o Brasil e diminuir a poluição em termos globais. Se for verdade que o ser humano reage a incentivos, o grande desafio é construir instituições, regras do jogo, que induzam a comportamentos socialmente mais adequados à preservação do meio ambiente e à capacidade que o homem tem de crescer.

O capitalismo vive em contínua evolução, sujeito a crises cíclicas. A crise ambiental é mais uma entre muitas?

Escrevi um livro, em 2005, com um título provocativo, *O futuro chegou*,[43] em que adoto a teoria institucional para analisar o Brasil e o mundo. Essa pesquisa me convenceu de que o capitalismo existe muito antes das transformações institucionais da Europa. Há pesquisas que mostram que o *Homo sapiens* prevaleceu sobre o *Neandertal* porque já fazia trocas, já praticava formas rudimentares de capitalismo. Se você pensar no episódio da expulsão dos vendilhões do Templo por Cristo, trata-se de uma demonstração de que o capitalismo já existia. Aquelas pessoas que vendiam pombas dentro do Templo, o que estavam fazendo? Desde as cidades-estado italianas da época do Renascimento até a Revolução Gloriosa inglesa, o mundo assiste à evolução do sistema capitalista, que é a evolução da economia de mercado. O sistema capitalista é, por natureza, instável, gera movimentos irracionais. Daí por que só se transformou numa engrenagem permanente de produção de riqueza a partir do momento em que foi possível associar o engenho do ser humano, ou seja, a capacidade humana de inovar e de buscar o desconhecido, com o surgimento do Estado, com a capacidade de estabelecer regras, de deter o monopólio da violência e de criar o ambiente que permitiu ao empreendedor buscar o seu interesse pessoal em compatibilidade com a sociedade. De tempos em tempos ocorrem crises, porque todo *boom* gera movimento de perda de cuidado, relaxamento da prudência. Escrevi o prefácio da tradução brasileira, que vai sair, agora, do clássico escrito pelo americano Charles Kindleberger, *Manias, Panics and Crashes*,[44] onde ele examina as crises financeiras desde o século XVII. É impressionante como são parecidas. A crise financeira de 2008/2009 tem todas as característi-

[43] Maílson da Nóbrega, *O futuro chegou: instituições e desenvolvimento no Brasil*, Rio de Janeiro, Globo, 2005.

[44] Charles P. Kindleberger e Robert Z. Aliber, *Da euforia ao pânico: uma história das crises financeiras*, São Paulo, Editora Gente, 2009.

cas das passadas — e mais algumas —, sobretudo a criação de um ambiente em que o *boom* econômico produz comportamentos irracionais. Daí que essa ideia da eficiência do mercado é furada, porque o homem não é tão racional. A crença sobre as "expectativas racionais" é furada.

O homem não sabe as consequências do que faz.

Exatamente. Identifiquei seis causas e uma não causa nessa crise financeira. A não causa é a desregulação — acho que não é o caso de discutirmos isso agora. Mas uma das causas, sugerida por um diretor do Banco da Inglaterra, que se baseou em estudos sobre mercado de seguros, é a chamada "miopia em face do desastre". Todas as vezes que o ser humano se afasta no tempo de um acontecimento desastroso, vai apagando isso da memória e é capaz de produzir o mesmo desastre, por outras razões, em outras circunstâncias. Ele exemplifica com o indivíduo que presencia um acidente de automóvel e instintivamente diminui a velocidade, mas, à medida em que o tempo passa, vai se distanciando do evento e acelera de novo. É por isso que, desde que o sistema financeiro começou a adquirir as características que tem hoje, lá pelo século XVII na Holanda e na Inglaterra, foram catalogadas pelo menos trezentas crises. A revista *The Economist* notou que há duas coisas que se pode dizer da crise; primeiro, que ela vai ser debelada; segundo, que vai acontecer de novo.

O senhor manifesta uma profissão de fé otimista, mas considere o contrário. E se a catástrofe ambiental vier? Não há garantia de que as contradições do sistema sejam resolvíveis sempre.

Sim, nada é garantido no futuro. Nem mesmo que o capitalismo sobreviva e que não haja catástrofe. Se você olhar os estudos históricos mais recentes, essa visão mecanicista de que o desenvolvimento pode ser produzido por um grupo de burocratas visionários ou déspotas esclarecidos está em queda. Existem precondições para o desenvolvimento capitalista acontecer. Você precisa ter mão de obra qualificada e investimento em educação. Por trás de grandes êxitos há revoluções na educação. Há estudos mostrando que a tese do Max Weber tem de ser requalificada, isto é, que o protestantismo foi uma religião favorável ao desenvolvimento capitalista, particularmente nos Estados Unidos, não só pelos valores, não só pela busca da prosperidade, da riqueza, mas porque foi uma religião que favoreceu a educação. Os Estados Unidos, em meados do século XIX, já tinham universalizado a educação fundamental, seja nas escolas, seja nas famílias, porque as famílias protestantes têm o cuidado de fazer que os filhos aprendam a ler para desfrutar da liberdade religiosa, ou seja, meu filho não pode depender do sacerdote para ler a Bíblia. O desenvolvimento também depende muito do acaso, da liderança, de um conjunto complexo de circunstâncias. Qual teria sido a história da Inglaterra se Napoleão tivesse vencido Waterloo? O que teria sido do Brasil se o Lula tivesse sido eleito em 1989 e não em 2002? Você precisa ter sorte e condições básicas, que são educação, instituições, um conjunto de circunstâncias. Então, se você extrapolar para o futuro o que aconteceu no passado, e se o passado for um guia para o futuro, minha percepção é de que a humanidade não vai se suicidar. Vamos encontrar alternativas de uso racional dos recursos, inclusive no campo energético. Não acredito em suicídio do capitalismo. O sistema tem mecanismos, pesos e contrapesos sustentados pelo sistema político democrático, que ajudam a humanidade a encontrar maneiras de evitar a catástrofe. Neste ponto, os catastrofistas acabam tendo razão: eles contribuem para a busca de alternativas que evitem o pior. Eu sou um cara otimista.

Aloizio Mercadante

> "O mercado não é capaz de se autorregular, seja para distribuir renda, seja para buscar sustentabilidade."

Aloizio Mercadante Oliva nasceu em Santos, em 1954. Formou-se em Economia pela Universidade de São Paulo (USP) e fez mestrado em Economia na Universidade de Campinas (Unicamp). É professor licenciado da PUC-SP e da Unicamp. Fundador do Partido dos Trabalhadores, foi vice-presidente do Diretório Nacional e da Executiva do PT, coordenando a campanha presidencial do partido nas eleições de 1989, 1994, 1998 e 2002. Foi deputado federal pelo PT de São Paulo, em 1990, e candidato à vice-presidência da República nas eleições de 1994. Em 1998, voltou a ser eleito à Câmara de Deputados. Em 2002, foi eleito senador por São Paulo com 10 milhões de votos. Em 2006, foi candidato ao Governo de São Paulo. Foi presidente da Comissão de Assuntos Econômicos do Senado, líder do bloco de apoio ao governo Luiz Inácio Lula da Silva e líder do PT no Senado. Em 2011 assumiu o cargo de ministro de Ciência e Tecnologia do governo Dilma Rousseff. É autor de diversos livros, entre eles *O Brasil pós-Real* e *Brasil: primeiro tempo*.

"Combater a ameaça das mudanças climáticas é o desafio coletivo mais complexo que a humanidade já enfrentou", escreveu Martin Wolf, do Financial Times. *As negociações diplomáticas mostram a dificuldade para se conciliar interesses e coordenar ações entre 194 países. O crescimento da economia global ultrapassou nossa capacidade de administrá-la?*

O mecanismo de decisão internacional precisa ser repensado. É muito difícil obter consenso e é preciso construir outros acordos e políticas, estruturas e instituições. Especificamente, venho defendendo a criação de um organismo especial na ONU para cuidar do problema do aquecimento e do meio ambiente. No pós-guerra criamos o Fundo Monetário Internacional e o Banco Mundial. Na saúde, temos a Organização Mundial da

Saúde. Nosso desafio é criar um organismo global com estrutura decisória que possua um fundo específico para fazer políticas ambientais e estabelecer indicadores comuns. Não pode cada país criar uma metodologia, uma meta ou critério de avaliação de emissões. Precisamos de uma metodologia global para poder acompanhar, fiscalizar e estabelecer políticas de ajuste e de fiscalização, e sobretudo de um fundo com recursos para isso. A grande dificuldade é o financiamento dessas políticas. Definir metas já é complexo, mas há um esforço para se estabelecer uma meta de convergência aceitável. O mais difícil é financiar a economia de baixo carbono. Além de todos os esforços nacionais para a reconversão da matriz energética e o sequestro de carbono, precisamos de um fundo específico. A dificuldade é que o esforço anticíclico imposto pela crise de 2008, a mais grave desde 1929, criou um déficit fiscal muito grande nas principais economias do mundo. O déficit público americano em 2009, se não forem executadas as garantias bancárias, é de 9,7% do PIB. Isso vai aumentar a dívida pública. A União Europeia está com um déficit em torno de 10% do PIB. Bote aí mais o socorro a bancos e a empresas como a GM (US$ 50 bilhões). Todo esse esforço anticíclico — redução de impostos, aumento de gastos, investimentos, socorro a empresas — tem um custo fiscal enorme. A dívida pública do Japão vai para 125% do PIB. A americana vai para mais de 90% do PIB. A da Itália vai para mais de 100% e a nossa está em 44%. Isso significa que, na saída da crise, vão ter de aumentar impostos, cortar gastos e aumentar juros, porque haverá grande pressão inflacionária. Olhando o cenário, enfrentar as mudanças climáticas significa mais um custo relevante no orçamento, porque esse esforço não é um custo marginal. O financiamento da economia de baixo carbono terá de perpassar todas as políticas públicas.

Como avançar nesse cenário?

A proposta realista, neste momento, seria criar um fundo com uma fonte de financiamento específica, nova. Não vejo como os países poderão tirar do orçamento recursos para fazer frente a esse desafio. Há dois movimentos: precisamos passar essa agenda para todas as políticas públicas e criar um fundo específico. Eu estudei a Taxa Tobin, que foi a proposta mais ousada de criação de um fundo global nas últimas décadas. Ele propunha cobrar 1% sobre o movimento de capitais, o que acho inviável por causa do impacto. A cobrança da CPMF já mostrou a resistência que existe no mercado de capitais, nas bolsas de valores etc. Minha tese é cobrar 1% sobre as importações. Por que as importações? Primeiro, porque é mais fácil construir essa política. Você está defendendo o mercado doméstico, então é natural que os países busquem criar barreiras à importação. Segundo, com 1% em média, isentando os produtos de baixo carbono e tributando de forma efetiva os que emitem mais, você já estaria começando uma reforma tributária verde no planeta, iniciando uma reforma tributária ecológica.

O senhor está pensando em uma agência independente do PNUMA, o Programa das Nações Unidas para o Meio Ambiente?

Independente do PNUMA. Uma nova agência multilateral, com um novo fundo global, financiado com 1% do valor das importações. Isso daria aí em torno de US$ 150 milhões por ano, que é um patamar para começarmos a realizar os programas. Ao longo do tempo você vai fortalecendo esse orçamento, executando políticas, acompanhando metas e calibrando recursos. Ao tributar importação, você está tributando consumo com valores ecológicos. Então, inicia-se um movimento pedagógico relevante. Cada país teria a sua receita autônoma, 1% sobre o valor médio das importações. O impacto macroeconômico seria residual. Não desestabiliza a economia mundial e não cria distorção relevante — na última crise o protecionismo foi muito além disso — além de ser sustentável, se realimentando na medida em que o comércio global se mantém. Aprovei esse projeto no Parlamento do Mercosul, na comissão mista que analisará o efeito estufa no Brasil e falei com o presidente Lula a respeito.

O desafio de construir uma economia de baixa emissão de carbono implica numa mudança de paradigma no pensamento econômico ou esta é apenas mais uma crise entre outras?

Implica numa mudança completa. As categorias que formaram toda uma geração de economistas e administradores públicos estão superadas. Precisamos estudar com mais profundidade a relação entre economia, crescimento, preservação do ambiente e "pegada ecológica", além de buscar uma reconversão produtiva que não seja só uma questão energética. O ajuste necessário para termos uma economia sustentável para as próximas gerações é profundo.

O aumento das emissões de carbono está associado à arrancada de produtividade do capitalismo dos últimos cinquenta anos. O crescimen-

to econômico melhorou a vida de milhões de pessoas, mas, junto com ele, a crise ambiental veio se agravando ao longo do século XX, como indicam os desastres de Minamata, Three Mile Island, Bhopal, Chernobyl, Exxon Valdez e colapsos de poluição urbana, de falta d'água, esgotamento da pesca etc. Por que os alertas para os impactos colaterais do desenvolvimento não foram ouvidos?

O discurso ambientalista tem um papel histórico muito importante. Os valores estão se alterando e novas preocupações estão sendo incorporadas. A prova disso é a sensibilidade sobre a questão climática. Veja a COP-15, a Conferência de Copenhague, por exemplo. Não se chegou a um acordo, mas o fato de a conferência ter a repercussão que teve, todo mundo discutindo, todos se convencendo do desafio histórico, foi um avanço político importante. Sinto que essa preocupação vem crescendo. Mas, como todos os movimentos, uma parte é mais consistente, mais competente e mais convincente e outra mais fundamentalista. Isso é parte do processo de qualquer transformação histórica. Acho que os valores fundamentais estão se afirmando e que a agenda de sustentabilidade está ganhando importância estratégica na academia, na vida pública, nas empresas, em todos os horizontes. Mas é claro que os países que mais poluíram têm de assumir sua responsabilidade diferenciada e não simplesmente transferi-la para os países em desenvolvimento. Já os países em desenvolvimento têm de assumir que terão de crescer já com um novo paradigma. Se não houver esse reconhecimento mútuo, será muito difícil avançar. O presidente Lula disse isso claramente na COP-15. O Obama também fez uma inflexão importante na política americana no sentido de buscar um protagonismo nessa área, mas ele está numa situação interna muito difícil. Os Estados Unidos perderam 4,2 milhões de empregos.

Segundo os cientistas, o cenário climático é desanimador. A atmosfera do planeta está abafada por um manto de gás que se adensa a cada ano. Os cientistas dizem que, se o cenário business as usual *continuar, em 2030 dispararemos um aquecimento climático superior a 2 °C. A inovação tecnológica poderá mudar esse quadro, como mudou o prognóstico de catástrofe econômica antevista por Malthus no século XIX?*

A experiência malthusiana é uma boa referência, apesar de, historicamente, o consumo de alimentos estar novamente crescendo muito além da capacidade global de produção de alimentos. O Brasil já é o terceiro país agrícola do mundo, depois dos Estados Unidos e da China. Fomos o país que mais aumentou o excedente exportável de alimentos nos últimos cinco anos. A China está urbanizando 18 milhões de habitantes por ano e não tem terra disponível para produzir. O eixo do desenvolvimento econômico se deslocou para a Ásia, China e Índia. O nível de emprego da Europa só voltará a ser o que era em três a cinco anos. O comércio internacional não voltará tão cedo. Aquele consumismo americano, sustentado por uma indústria financeira sofisticada que desabou, somado ao nível de endividamento das famílias, das empresas e do Estado, não poderá manter sua trajetória. Então, há declínio histórico e há emergência de China e Índia e, em certo sentido, do Brasil. O Brasil terá um papel importante em duas pontas: na oferta de alimentos e na questão ambiental. Espero que a Revolução Verde, que foi capaz de acelerar a produção de alimentos de forma geométrica, se repita. Mas o desafio é grande. No cenário climático, o que mudou muito desde a época das previsões acadêmicas e dos cenários estatísticos é que as pessoas começam a ver que as mudanças estão próximas e os efeitos vão surgindo — terremotos, tsunamis, inundações, impactos na agricultura. Com isso a consciência, a mobilização e a rapidez das transformações se aceleram. Esta é a inflexão mais importante.

O senhor acha que haverá um incremento dramático na percepção.
Está vindo. A cada ano que passa as catástrofes e os desequilíbrios do planeta tornam-se mais presentes e a consciência e a mobilização aumentam. Você acha que, antes da crise de 2008, seria possível sair do G8 para o G20? Seria possível imaginar que uma economia como a americana rompesse o paradigma liberal que a inspirou durante décadas e adotasse uma política keynesiana de intervenção do Estado, estatizando um banco como o Citibank?

O Relatório do crescimento, *da Comissão sobre Crescimento e Desenvolvimento do Banco Mundial, afirma que há um "impasse conceitual" sobre como reduzir as emissões de carbono a níveis seguros, acomodando o crescimento dos países em desenvolvimento. O jeito seria reduzir radicalmente a dependência de carbono, promovendo a eficiência energética. Mas, ao mesmo tempo, para os países emergentes "alcançarem" a renda* per capita *dos industrializados, ele propõe um crescimento anual médio de 5,7% na China, 5,3% no Brasil e 7,4% na Índia, até 2050. Como acomodar os custos socioambientais desse crescimento? Só a urbanização prevista para a China nos próximos anos é de 600 milhões de pessoas.*

No caso da produção de alimentos, você tem ganhos de produtividade, de eficiência, de automação e de conservação do solo que podem suprir. Agora, o grande desafio é a matriz energética. Vamos continuar dependendo de gás e de petróleo ainda por um bom período. Gás e petróleo representam quase 63% da matriz energética mundial. Se você colocar carvão, os fósseis vão para quase 80% da matriz energética. Depois tem energia nuclear. As fontes alternativas, solar, eólica e hidráulica, são ainda marginais. Há um esforço grande para avançar em energia solar e eólica. Vejo duas contribuições: gás, cujo impacto é menor, e energia nuclear, que está crescendo fortemente, apesar de todos os riscos, porque, do ponto de vista do efeito estufa, significa uma contribuição importante. Solar e eólica estão avançando, mas ainda têm um custo econômico bem mais considerável. Mesmo assim, toda a estrutura de transporte — caminhões, ônibus, aviões, automóveis — continuará dependente de petróleo e gás. Ainda que tivéssemos o carro elétrico pronto, a substituição demoraria quinze, vinte anos. Então, precisamos acelerar na margem a substituição energética e, ao mesmo tempo, avançar nas pesquisas, na racionalidade e no investimento. E, sobretudo, precificar. Porque não há saída se você não precificar. Se o custo do impacto ambiental não for embutido no preço, se não virar custo para as empresas, para as famílias e para o consumidor, em última instância, não há saída. O grande fator de regulação é a política fiscal. Ela tem de onerar, estabelecer preços e custos no financiamento, na contratação do setor público, nos impostos. Se você não tiver uma política fiscal agressiva, dificilmente conseguirá dar conta dessa tarefa. Isso significa estimular a mudança do padrão de consumo. Veja o exemplo do cigarro. Pega a queda do índice de fumantes no planeta nos últimos anos. Sabendo dos danos que a indústria traz, você ataca a publicidade e encarece o produto. Houve uma redução substancial de fumantes. A emissão de carbono está para a história como o cigarro esteve para a geração dos nossos pais.

Como o senhor vê a busca pela sustentabilidade em economia? Moda? Necessidade? Ideologia?

Quero dizer que o cenário catastrofista só serve para gerar ações concretas. Se trabalharmos com o cenário ruim geraremos imobilismo, pânico e paralisia. Precisamos de uma perspectiva histórica com alternativas que começam a ser construídas, acelerar as medidas e a mudança cultural. O Brasil tem que sair na frente e mostrar ousadia. Uma vantagem desse fundo ambiental global que defendo é que você pode fazer sem esperar pelos outros. Posso taxar as importações com critérios ambientais, defendendo na OMC, constituir um fundo e associá-lo à minha meta de redução de emissões. Quem vai ser contra? Quem sair na frente terá uma vantagem comparativa, porque preservará seu mercado, criará recursos, terá autofinanciamento e apontará para uma perspectiva de futuro. A vantagem dessa proposta é que o Mercosul também pode fazer. Vou assumir a presidência do Parlamento do Mercosul e espero colocar isso como tema central. Podemos criar no âmbito do Mercosul um fundo ambiental específico. Para isso precisamos de instrumentos economicamente viáveis. No caso da reforma tributária e das políticas de financiamento, temos outra vantagem: o Banco do Brasil empresta mais do que todos os bancos brasileiros emprestaram em 2003. O BNDES é maior que o Banco Mundial. A Caixa Econômica Federal emprestou 40 bilhões de reais em 2009 para habitação. Os bancos públicos brasileiros têm um papel decisivo no financiamento — a crise de 2008 demonstrou isso —, são a base do crédito do país. Portanto, podem ser operacionalizados com critérios verdes e critérios de sustentabilidade. O BNDES vem fazendo isso em algumas áreas, como financiamento de usinas de etanol. Financia usinas com caldeiras capazes de fornecer energia para a rede. Só aí você tem uma Itaipu de potencial. A exemplo da cana-de-açúcar, podemos difundir isso para outros setores, desonerando equipamentos para energia alternativa, subsidiando e financiando, como fizemos com a indústria automotiva, durante a crise. Hoje só tem redução de IPI para carro *flex*. Fizemos isso no setor eletroeletrônico para equipamentos de baixo consumo energético. Temos de usar os instrumentos de política pública, o crédito e o fiscal.

Como o senhor mencionou, muitos sugerem que os produtos e os serviços sejam precificados pelo custo total, embutindo no preço o custo das externalidades e dos impactos socioambientais. O problema é que, além de complicado de operacionalizar, de saída isso significa aumento de custo para empresas e consumidores.

Custa mais caro. A transição para o baixo carbono aparentemente custa caro, mas o custo de não fazer será muito mais alto. Por que o cigarro é tão caro em termos de imposto? Porque gera câncer, gera enfisema e tem quatrocentos produtos tóxicos. Se não taxar, o gasto em saúde e previdência será muito maior. Eu também preciso financiar esses gastos, então tributo antes para alavancar recursos. Ao tributar, desestimulo o consumo e estimulo outros produtos que não estou onerando. A política fiscal e a política de crédito são grandes instrumentos de reconversão da economia. É isso que precifica: você embute o custo da externalidade por meio da ação regulatória do Estado, não esperando que as empresas façam, porque elas não farão — já que o acionista quer resultado. É positivo as empresas buscarem padrões de sustentabilidade e quererem figurar em índices de sustentabilidade como o da Bovespa. A responsabilidade social exige compromisso com a sustentabilidade, mas a crise de 2008 mostrou novamente que o mercado não se autorregula. O Estado tem de estabelecer critérios e penalidades.

A economia brasileira tem obtido superávits comerciais e resistido a crises em boa parte graças à exportação de produtos primários e com-modities agrícolas. Mas há economistas preocupados com a desindustrialização e com o câmbio, cuja sobrevalorização inviabiliza parte das exportações industriais pela concorrência dos importados. Como vê esse debate?

O Brasil hoje tem uma indústria sofisticada e diversificada. Somos o único país que produz avião abaixo da linha do Equador. A Embraer já exportou 5 mil aviões para 88 países. Temos uma indústria importante de bens de capital, de material elétrico e de material eletrônico. O que faz o país crescer hoje é o mercado interno e o consumo de massa: 11 milhões de famílias com bolsa-família, outras em outros programas, salário mínimo ultrapassando US$ 250 para 24 milhões de trabalhadores, crédito consignado, bancarização para a população de baixa renda, aumento do nível de emprego — esse aumento da renda é que faz o país crescer. Porque só dá para crescer para dentro. A queda das exportações e dos manufaturados não é só um problema do câmbio, resulta da crise do mercado mundial. A grande matriz de consumo dos Estados Unidos veio abaixo e, com ela, toda a indústria. A China, que tem 40% do PIB decorrente da exportação e não tem como internalizar, está despejando produto a qualquer custo, seja onde for. A concorrência está mais acirrada. O outro lado da apreciação do real decorre do fato de que o Brasil vive um bom momento. Somos um país com democracia, que cresce, com fundamentos macroeconômicos sólidos, com Olimpíada, Copa do Mundo, perspectiva de futuro positiva, que atrai muito investimento estrangeiro. Então, é claro que isso aprecia a moeda. O governo está tentando evitar a sobreapreciação: tributamos em 2% o Imposto sobre Operações Financeiras (IOF). O Banco Central tomou algumas medidas, e vamos ter de tomar outras para evitar um aprofundamento, porque o real sobrevalorizado evidentemente prejudica o comércio exterior e a competitividade do país num momento de acirramento. Agora, além de tudo isso, ainda tem o pré-sal. Este sim é um desafio. Gás e petróleo representam 12% do PIB brasileiro. Nós tínhamos 14 bilhões de barris de petróleo em reservas. Só o polo de Tupi contém de 12 a 16 bilhões de barris, e é apenas 29% da área do pré-sal. Portanto, o potencial é grande. Eu vi vários geólogos falando em 50 a 80 bilhões de barris. Vamos pegar os 16 bilhões de barris que vão virar reserva provada agora. A US$ 100 o barril, estamos falando de US$ 1,6 trilhão! O impacto dessa riqueza na economia vai ser grande. Pode gerar a "doença holandesa", que acometeu os principais países produtores de petróleo. Ela cria uma cultura extrativista parasitária, que deixa de promover outros setores, e tudo o que estamos discutindo acaba se agravando. Temos que saber evitá-la. Em seis anos o Brasil vai virar o sétimo maior exportador de petróleo. A nossa história está mudando.

E as emissões de carbono? E o impacto no clima?

Temos esse grande desafio. A Petrobras está investindo pesadamente nas refinarias. Só na refinaria de São José dos Campos são US$ 6 bilhões, não para aumentar a produção, mas para produzir combustível com menor teor de enxofre e melhor qualidade. Serão 15 mil trabalhadores. É um custo significativo. Então, parte dos investimentos que estão sendo feitos é para diminuir o impacto dos produtos. O gás, que os campos do pré-sal possuem em grande quantidade e alta qualidade, também pode ajudar a diminuir as emissões, principalmente no transporte urbano, em ônibus e caminhões. Você pode substituir o combustível dos ônibus urbanos com impacto benéfico imediato. Quando se descobriu petróleo na Venezuela, em 1974, o Celso Furtado disse que a Venezuela podia, ou não, ser o primeiro país da América Latina a se transformar numa nação desenvolvida. Virou um exemplo clássico da "doença holandesa". Como se apropriar da riqueza do pré-sal para fazer a reconversão energética? Como se apropriar dessa riqueza para investir numa sociedade do conhecimento? Como transformá-la numa política de preservação ambiental? Devemos usar esses recursos com inteligência, porque as grandes economias do mundo vão continuar, mesmo com a mudança da matriz energética, a necessitar de gás e petróleo.

O Brasil tem um registro incomum de muito crescimento econômico, pouco desenvolvimento social e vasto impacto ambiental. Por um lado, há a devastação da Amazônia, por outro, 80% da nossa eletricidade é renovável. Nossos economistas parecem nutrir indiferença pelas questões ambientais, tanto quanto os nossos ambientalistas aparentam ignorar a Economia. O que mais contribui para esse modelo?

Eu acho que a educação é o problema estrutural mais grave do Brasil. A sociedade do futuro é uma sociedade do conhecimento, da informação, da inovação tecnológica, que é a saída tanto para a distribuição de renda como para o desenvolvimento sustentável. Ela exige um padrão educacional de outra qualidade. Se eu tivesse de eleger, colocaria educação, ciência e tecnologia como as grandes prioridades históricas. O que pode acelerar o processo é a inclusão digital. Aprovei um projeto no Senado, por unanimidade, que está na Câmara, agora, para votar com urgência. Há dois anos luto por isso. É o projeto de colocar banda larga em todas as escolas do país. Pôr 49 milhões de alunos na internet aprendendo a mexer com o Google, a fazer pesquisa, a ter acesso às informações. Num primeiro momento você tem de direcionar para o aprendizado, monitorar o acesso à internet, treinar os professores e produzir material didático digital. A partir daí podemos dar um grande salto de qualidade. Em Portugal estão colocando cem *megabytes* nas escolas e nas casas. Todas as crianças do ensino fundamental têm um *laptop Magalhães*, uma máquina tosca, limitada, mas têm. No ensino médio licitaram com preço subsidiado, e as empresas oferecem equipamento com mais qualidade. A Europa inteira colocou a inclusão digital como prioridade número um do planejamento estratégico, para criar a sociedade do conhecimento. Temos que acelerar. Vendemos 1 milhão de computadores por mês no Brasil. Somos o terceiro maior mercado de computadores no mundo. No entanto, sem banda larga o computador vira apenas uma máquina de escrever: precisamos de acesso firme à internet e de uma boa base da formação escolar. Somos um capitalismo tardio, estamos atrasados, as coisas acontecem mais tarde, mas podem ser mais rápidas. Ganharemos tempo se promovermos a inclusão digital.

O economista Simon Kuznets ficou famoso pela "curva de Kuznets", que sugere que a desigualdade de renda aumenta na fase inicial da industrialização e diminui quando o país alcança o desenvolvimento. Essa é a base científica da famosa parábola de fazer o bolo crescer para depois distribuir. Agora, economistas da Universidade de Princeton sugerem a existência de uma "curva ambiental de Kuznets", em que a poluição e os impactos ambientais cresceriam durante os estágios iniciais do desenvolvimento, mas, a partir da obtenção de certo nível de renda, estabilizariam e entrariam em declínio, intensificando-se a racionalidade ambiental. O senhor acha que, para fazer o bolo crescer, é inevitável gerar impacto ambiental? O Brasil estaria se aproximando da fase de racionalidade ambiental?

Primeiro, discordo desse modelo. Sempre defendemos distribuir para crescer. A história recente do Brasil mostra que tínhamos razão. As críticas à Bolsa Família, ao aumento do salário mínimo, que supostamente gerava inflação, e à população que não tinha condições de ter crédito barato, foram superadas. Foi o fato de termos distribuído renda que gerou crescimento. Só dá para crescer para dentro, como já disse. A mesma questão vale para a curva ambiental. Não podemos esperar a renda subir para tratar da economia de baixo carbono. Temos de mudar de matriz desde já porque será um fator competitivo no futuro e porque as exigências ambientais internacionais vão crescer, inclusive as barreiras do comércio exterior. Precisamos nos antecipar não só para melhorar a perspectiva das futuras gerações, mas porque é o caminho mais saudável para o desenvolvimento e para melhorar a competitividade. Exemplo: se o agronegócio não tivesse feito um Termo de Ajuste de Conduta para plantar soja na Amazônia, teríamos problemas na comercialização. A mesma coisa deve ser feita em relação à carne. A União Europeia exige a rastreabilidade da carne, quer dizer, você tem de monitorar o bezerro desde o nascimento até o abatedouro. A fazenda precisará ser certificada e a propriedade envolvida em desmatamento da Amazônia não terá acesso ao mercado global. Essas exigências ambientais vão aumentar. Se o Brasil não se acomodar esperando aumento de renda da curva em "U" invertido, temos chance de aumentar a nossa eficiência econômica.

Nos últimos quarenta anos, 18% da Floresta Amazônica foi destruída. Pela lógica da "curva ambiental de Kuznets", esse destino seria inevitável.

Exatamente, e é claro que não é. Questiono essa visão conservadora que precisa esperar o bolo crescer, seja para distribuir renda seja para encaminhar a questão ambiental. Precisamos distribuir para crescer e preservar para crescer sustentavelmente.

Há trinta anos propõe-se o desenvolvimento de uma economia da floresta em pé. Na prática, avançou-se pouco. A primeira opção econômica na Amazônia continua a ser converter floresta em capim. É possível criar uma "economia da floresta em pé" no Brasil?

Acho que sim. Primeiro, temos que investir em conhecimento, em pesquisa e na valorização da biodiversidade. O extrativismo é uma forma incompatível como alternativa econômica para uma região com 25 milhões de pessoas. Não é sustentável na economia globalizada. Não acho que o manejo florestal seja uma saída econômica para a Amazônia. Onde conseguimos preservar? Onde implantamos uma política urbana eficiente, como no polo industrial de Manaus, usando estímulos, barateamento e fomento para gerar valor agregado, empregos e impostos. O estado do Amazonas é muito mais preservado do que os outros, que não passaram por essa experiência. Eu concentraria na Amazônia a nova legislação de Zonas Econômicas Especiais, que já foi aprovada. Faria novos polos industriais, de serviços, de tecnologia avançada para exportação, usando incentivos fiscais, regime cambial específico etc. Vale para várias regiões e para cidades médias. Primeiro, é claro, temos que evitar o desmatamento. Depois, temos que cobrar e pagar pelo serviço ambiental prestado. A floresta em pé não traz mais valor para o produtor rural do que as opções geradas pelo desmatamento. Se derrubar a floresta e plantar soja ou criar gado, a renda será superior. Se esse paradigma não for resolvido, se a floresta não for precificada, não haverá solução. Quanto custa para a humanidade derrubar a floresta? Quanto custa mantê-la em pé? Temos de remunerar o proprietário, a floresta tem de ter valor econômico, temos de pagar pelo serviço ambiental. Nova York fez isso para preservar os mananciais de abastecimento de água. Estou tentando fazer isso no sistema Cantareira, em São Paulo. Algumas cidades já introduziram o pagamento do pequeno proprietário para a manutenção da mata ciliar, para cercar minas d'água com cinquenta metros de matas. O município paga uma renda pela área que não vai mais ser utilizada economicamente.

O país precisa de investimentos em infraestrutura para melhorar a competitividade e reduzir o "custo Brasil", agravado por estradas deficientes, portos congestionados, transporte ferroviário precário e falta de energia. O licenciamento ambiental frequentemente demonstra incompreensão da importância desses empreendimentos, mas também os relatórios de impacto ambiental apresentados pelas empresas revelam má vontade e desleixo com as externalidades. Como avançar nesse impasse?

Primeiro, temos de mudar a matriz de transporte. Não temos condições de continuar com a lógica atual. Estamos entrando na marca de 300 mil carros novos por mês no país; em São Paulo, são mil carros por dia. A cidade não consegue mais se mover. Além dos problemas ambientais, trata-se de um problema de racionalidade sistêmica. Precisamos investir em trens de alta velocidade, metrô, metrô de superfície, trens urbanos. Essa é a grande mudança da matriz energética que precisamos fazer e acelerar. Precisamos de um plano macro de licenciamento ambiental. O segundo problema é que hoje se transferiu toda a responsabilidade para o cidadão que assina o licenciamento.

É absurdo.

O salário é baixo e a responsabilidade jurídica toda dele. Se não assinar não acontece nada. É um verdadeiro estímulo à inércia no serviço público. Temos que mudar isso. O risco é institucional, é do Estado, do governo que autorizou, não do indivíduo. Agora, acho, sim, que há irracionalidades. Precisamos de uma visão sistêmica, um plano nacional ambiental que oriente os investimentos e que mostre a importância da reconversão da matriz energética. Os impactos ambientais têm de ser compensados. O investimento exige cautela, mas, sistemicamente, o impacto de uma hidrelétrica é muito menor que qualquer outra fonte de energia, como termoelétricas a carvão, a óleo diesel ou a óleo combustível. Não faz o menor sentido histórico atrasar investimentos em hidrelétricas. Precisamos articular o macro e o micro.

Sim, mas não é fácil. Quem trabalha na fronteira de expansão econômica, com colonos e índios, sabe a dificuldade de avaliar benefícios de longo prazo da modernização da infraestrutura diante de impactos ambientais imediatos.

Tem um custo, é claro. Tem de investir nas populações, tem de compensar o impacto. A sociedade tem de pagar pelo serviço ambiental preservado. Não se trata de simplesmente transferir a responsabilidade porque a comunidade foi prejudicada por estar numa rota necessária ao desenvolvimento da sociedade. Mas também não há alternativa. No caso da matriz hidráulica brasileira, o impacto ambiental existe, mas é muito menor do que qualquer outra fonte. Além disso, é economicamente viável, porque o custo da eólica e da solar é alto, e essas energias não resolvem todos os problemas de abastecimento. Para o Rio Grande do Norte, o Ceará e o litoral do Rio Grande do Sul, a eólica é extremamente viável. Mas não serve para todo o país.

Na discussão sobre as hidrelétricas do rio Madeira, cuja corrente induz a muita sedimentação de detritos, havia quem reivindicasse uma avaliação da sedimentação na bacia do Amazonas inteira.

Isso é fundamentalismo. Até entendo que o cidadão possa ter essa visão, mas o Estado não. O Estado tem de ter uma política e discernir sobre o custo dos impactos ambientais dos empreendimentos. Não há fonte de energia que não tenha algum impacto. Se você usar eólica para substituir uma hidrelétrica, imagine quantos aerogeradores e pás serão necessários. Como ficará o cenário? Ainda bem que temos uma matriz renovável variada. Está melhorando a percepção do sistema e estamos avançando, mas temos de acelerar.

A diretoria do Ibama responsável pelo licenciamento das hidrelétricas do rio Madeira pediu demissão em 2007. Em 2009, os responsáveis pelo licenciamento da hidrelétrica de Belo Monte, no Xingu, pediram demissão. O que isso indica?

Indica que temos problema de gestão nesse setor. A responsabilidade é individualizada. O Ministério Público aciona o funcionário que autorizou e a pressão é exercida sobre ele. Falta a visão sistêmica. Falta uma discussão maior sobre essas questões. Acho que a crise ambiental global vai acelerar a mudança para uma visão mais correta sobre esses procedimentos.

O Brasil já desmatou 18% da Floresta Amazônica. A agropecuária pode se expandir por vinte anos nessas terras sem tocar em florestas. Seria possível conservar os 80% da floresta que restam para preservar serviços ambientais e arrefecer as mudanças climáticas. O que o senhor acha da hipótese?

Acho viável histórica e politicamente. Acho possível um pacto de desmatamento zero na Amazônia. Estou sentindo essa percepção crescer e o ambiente político evoluir favoravelmente. Diria que não é difícil. Agora, tem de haver um fundo que compense a manutenção da floresta em pé. A história demonstra que não se consegue essa política só com coerção e repressão. Conseguimos reduzir muito o desmatamento. Mas por que a crise econômica reduz o desmatamento? Porque não compensa desmatar. A questão econômica de fundo tem de ser resolvida. Volto a dizer: se pagarmos pelo serviço ambiental prestado, se a floresta em pé tiver valor econômico, se criarmos um fundo com as importações e esses recursos forem disponibilizados para compensar proprietários — em vez de pagar Imposto Territorial Rural, a pessoa ganha uma receita por conservar uma área florestal —, acho que resolvemos esse impasse. Outro fator importante são as novas tecnologias. Agora temos Embrapa-satélite, temos o INPE, temos novas formas de visualizar a região, forças armadas com helicópteros pesados, 74 helicópteros novos com autonomia de voo de mil quilômetros. Podemos melhorar o monitoramento e a presença da fiscalização.

De 1996 a 2006, 15 milhões trocaram o campo pela cidade e 3,2 milhões foram para assentamentos de reforma agrária. Essas mudanças não alteraram a estrutura fundiária, porque, embora as ocupações de terras concentrem-se no Centro-Sul e no Nordeste, os assentamentos concentram-se na Amazônia desde o regime militar. Mas oito dos cem maiores desmatamentos registrados na Amazônia Legal desde 2005 ocorreram em assentamentos do Incra, no Mato Grosso. Isso mostra que pequenos e grandes proprietários desmatam. Dá para controlar o desmatamento?

Dá. O país registrou a menor taxa de desmatamento dos últimos vinte anos em 2009. As fontes de financiamento público do crédito rural não estão liberando recursos para empresas com irregularidades nessa área. O Programa Nacional de Fortalecimento da Agricultura Familiar pode ajudar muito direcionando o crédito, mas a agricultura familiar e os assentamentos precisam de alternativa de renda. Se houver alternativa de renda viável, ninguém desmata. Uma delas pode ser o reflorestamento. Você pode reflorestar com espécies nativas e com isso viabilizar alguma forma de renda alternativa, mas, se não houver pagamento pelo serviço ambiental, não há solução.

Em 1972, o relatório Limites do crescimento, *do Clube de Roma, provocou polêmica por suas previsões e por questionar a ideologia do crescimento econômico. Hoje, há economistas propondo uma "economia de não crescimento" para os países desenvolvidos. A sociedade pode abdicar da ideia de crescimento econômico?*

É muito difícil você chegar na África e dizer: "Vamos fazer um pacto, ninguém cresce". A desigualdade é muito grande entre quem cresceu, produziu, poluiu, e quem não teve essa oportunidade. É inviável, historicamente. Temos de tentar convergir para certos padrões. E há uma discussão de fundo: O que é a felicidade humana? O que realiza o ser humano? Será esse consumismo irracional? Temos de repensar os padrões de publicidade, de propaganda, de educação e os valores educacionais. O novo paradigma é mais profundo do que os padrões tradicionais. Mas os países em desenvolvimento precisarão continuar a crescer. Os países ricos, realmente, não vejo a necessidade de voltarem a crescer nas taxas de antes. Mas têm de manter empregos.

Muitos empresários veem a sustentabilidade como obstáculo e restrição. Os ambientalistas pregam regulações e controles às empresas. Para os consumidores, a mensagem ambiental prega limitação do consumo, comprar menos, gastar menos, dirigir menos, compartilhar recursos e até ter menos filhos. Em suma: sacrifícios e severidade. A proposta ambientalista é pouco atraente, avessa à abundância e ao desfrute. Seria possível mudar essas percepções?

Acho que sim. É mais ou menos como ir ao dentista. Você conhece alguém que gosta de ir ao dentista? Ninguém gosta, mas tem de ir. É desagradável, não há um tratamento de cárie que seja indolor, tem de tomar injeção, tem o zumbido da maquininha. É a mesma discussão na questão ambiental. Tem de sentar na cadeira do dentista. Precisamos tomar medidas de redução de consumo. Vamos ter de encarecer os produtos que geram emissão. Vamos ter de restringir o crédito para quem polui. Tudo isso tem um custo econômico relevante que vai, por si só, reduzir e alterar os padrões de consumo. A democracia tem de enfrentar esse debate. É pela democracia, pelo convencimento e pela persuasão que a gente acha a saída. Qual é o custo de não fazer? As pessoas estão se dando conta de que o clima está mudando. Eu pedi à Secretaria de Defesa Civil um estudo: quanto aumentou nos últimos dez anos a despesa com catástrofes ambientais? Muito. Muito. Esse custo vai ajudar na racionalização de que prevenir é melhor, mas prevenir significa mudar o padrão de consumo, os investimentos, as empresas, a política fiscal, o financiamento — mudar o paradigma para um desenvolvimento com sustentabilidade.

A sustentabilidade é uma poderosa ferramenta de marketing. O termo virou uma panaceia, vaga, difusa, tão flexível quanto o conceito de democracia no passado. As ditaduras latino-americanas ou as democracias populares do Leste Europeu se autoproclamavam "democratas". Agora todas as empresas são "sustentáveis". Como o senhor vê a onda de "maquiagem verde"?

Acho muito positivo as empresas assumirem responsabilidades sociais e ambientais. O consumidor está passando a exigir e elas estão se adequando. Mas o mercado não é capaz de se autorregular, seja para distribuir renda, seja para buscar sustentabilidade. É indispensável que a democracia e o poder público tomem decisões que onerem a poluição e que penalizem externalidades negativas, gerando custos na política fiscal e na política monetária, no padrão de financiamento.

A agenda do presidente Obama pressupõe a retomada do crescimento econômico numa economia de baixa emissão de carbono. Isso significa uma nova fronteira científica e tecnológica e um novo tipo de infraestrutura econômica, como transportes elétricos, por exemplo. Como o Brasil pode se inserir nesse novo paradigma?

Para os Estados Unidos é inexorável. Eles importam 10 milhões de barris de petróleo por dia. Do meu ponto de vista, a guerra do Iraque — esse lamentável episódio — foi uma guerra pelo abastecimento de petróleo. Agora eles vão ter de sair na frente, porque não têm competitividade com a atual matriz energética e exauriram as reservas de petróleo. Só dá para três, quatro anos. O mesmo acontece com a Europa e o Japão. Então, para os países desenvolvidos é uma questão de sobrevivência econômica a curtíssimo prazo. Não pode passar de uma década. Os Estados Unidos importam 10 milhões de barris por dia. A China está chegando a 6 milhões. Japão, Coreia e França, 3 ou 4 milhões. Alemanha, 5 milhões. O padrão de importação de gás e petróleo está chegando a níveis alarmantes e as reservas disponíveis não oferecem segurança. Além disso, há a emissão de carbono. O petróleo é uma fonte não renovável cujo custo de produção será cada vez mais caro. Mudar para energias renováveis é inevitável. O Brasil tem potencial muito grande nessa área, hidráulico, eólico, solar, biomassa. Temos muitas fontes alternativas.

Há sinais de que o Congresso dos Estados Unidos está determinado a adotar tarifas de equalização de emissão de carbono contra Índia, China e Brasil se não adotarem metas de redução de emissões. O senhor acha que o aquecimento global pode se transformar em barreira comercial?

Já está se transformando. A carne e a soja são exemplos periféricos, mas já entraram na agenda global. O carbono será um fator de defesa comercial de crescente importância. O Brasil precisa se antecipar. As exigências ambientais globais vão aumentar. Temos de estar à frente para ser eficientes.

As ferramentas de análise econômica evoluem em velocidade compatível com a crise global? O presidente Sarkozy patrocina uma revisão do conceito de Produto Interno Bruto. Há críticos que afirmam que a preocupação do PIB com a métrica contribuiu para desencadear a atual crise financeira, na medida em que desprezou os índices de endividamento das famílias e das empresas norte-americanas. O que o senhor acha?

A crise econômica colocou em crise todo o marco regulatório, os paraísos fiscais, a dinâmica financeira do crédito e as bolhas de diversos tipos. Está evidente que precisamos de novos padrões de regulação, de controle e de transparência. Mas, na questão ambiental, falta muito mais. Estamos defasados historicamente em termos de conceitos e instrumentos de política ambiental.

Sérgio Besserman Vianna

"Qualquer pessoa abaixo da linha da pobreza gera um impacto ambiental muito superior ao de D. João VI."

Sérgio Besserman Vianna nasceu no Rio de Janeiro em 1957. É mestre em Economia pela PUC-RJ. Em 1988, entrou para o BNDES, onde foi diretor de Planejamento e diretor da Área Social. De 1999 a 2003 foi presidente do IBGE, comandando a realização do Censo 2000. Foi presidente do Instituto Pereira Passos, no Rio de Janeiro; é membro do Conselho Diretor da WWF-Brasil; presidente da Câmara Técnica de Desenvolvimento Sustentável e de Governança Metropolitana da Prefeitura do Rio de Janeiro; professor de Economia Brasileira na PUC-RJ e comentarista da Globonews e da Rádio CBN.

Você integrou a delegação brasileira na COP-15, em Copenhague, em 2009. O que achou do resultado?
Eu não tinha a expectativa de que pudéssemos sair com um acordo legalmente vinculante, como se diz no jargão das negociações. Mas imaginava uma declaração política mais forte, com algum balizamento em relação às metas necessárias, dada a urgência do problema. Acabou que a declaração política também foi fraca. A ONU, com 194 países participando da Conferência das Partes da Mudança Climática, é um fórum que deve consagrar coisas já decididas. Como se trata de um assunto que envolve o cerne da discussão macroeconômica, e também geopolítica, todos os fóruns onde temas de relevância são discutidos terão um papel na construção, nos próximos anos, de um acordo climático com significado global. Naturalmente, a relação entre a China e os Estados Unidos, tanto do ponto de vista econômico quanto na questão da mudança climática, tem que encontrar uma equação útil a ambos. Caso contrário, o movimento de travar as negociações aferrando-se às questões nacionais repercutirá sobre o resto, inviabilizando um acordo.

Há pessimismo sobre o esforço para se controlar as mudanças climáticas. Parece haver mais progresso retórico do que prático.

A institucionalidade da nossa governança global está muito aquém do necessário para enfrentarmos um desafio do tamanho da mudança climática. O mundo tem sofrido mudanças no peso relativo das grandes economias e a geopolítica está se adequando, depois da Guerra Fria, a uma multipolaridade que vislumbra, lá na frente, uma bipolaridade entre Estados Unidos e China, e desconhece o quanto a União Europeia poderá se qualificar como ator unificado num processo desses. Só que, desta vez, o desafio é diferente. Se a gente atrasa a Rodada de Doha, a consequência é um atraso de três, quatro ou cinco anos na liberalização do comércio mundial, mas a mudança climática ignora as dificuldades da agenda política das nações ou da humanidade. Ela continuará cobrando seu preço cada vez mais acentuadamente, ano após ano. Então, não temos o tempo necessário para enfrentá-la. A continuidade das economias emissoras de gases de efeito estufa nos próximos anos implica num tal estoque de gases na atmosfera que, ali na frente, o movimento de descarbonização terá de ser tão acentuado e dramático que seus custos poderão ser muitas e muitas vezes superiores aos custos de uma ação que se iniciasse de forma planejada hoje. Como isso será resolvido é uma incógnita.

Estamos num caminho de risco.

Estamos numa situação de grande incerteza. O maior problema do fracasso de Copenhague não é não ter havido um acordo legalmente vinculante, mas o fato de a ausência de atitude firme manter uma incerteza pairando sobre a precificação do carbono, que inibe os investimentos que precisamos. Isso nos atrasa no momento em que precisávamos acelerar. Por outro lado, o caminho para a economia de baixo teor de carbono e a descarbonização será, provavelmente, a transformação tecnológica mais acelerada de toda a história da humanidade. Isso é inevitável. Pode apenas ser mais rápido ou mais lento, com custos maiores ou menores, mas ocorrerá.

O Relatório do crescimento, da Comissão sobre Crescimento e Desenvolvimento, do Banco Mundial, afirma que há um "impasse conceitual" sobre como reduzir as emissões de carbono a níveis seguros, acomodando o crescimento dos países em desenvolvimento. O jeito seria reduzir radicalmente a dependência de energia e de carbono. Mas, para os países emergentes "alcançarem" a renda per capita *dos industrializados, o relatório sugere um crescimento anual médio de 5,7% na China, 5,3% no Brasil e 7,4% na Índia, até 2050. Como acomodar os custos socioambientais desse crescimento? Só a urbanização prevista da China nos próximos anos é da ordem de 600 milhões de pessoas.*

Essa conta demonstra de modo simples que o modo atual de produzir e de consumir é insustentável. Não é um modelo. A desigualdade relativa aos direitos de emissão de gases de efeito estufa *per capita* é análoga à desigualdade da distribuição de renda. Como economista, não creio que essas economias estejam fadadas a taxas tão elevadas de crescimento por período tão longo. A China e a Índia usufruem de um fenômeno historicamente conhecido, que vimos na União Soviética, no Japão e no sudeste asiático, em que a curva de produtividade e de rendimento do capital é muito positivamente inclinada no momento em que se injeta capital. Keynes sempre dizia que o crescimento da população é um dos principais fatores de crescimento da economia. Esses países usufruem da prerrogativa de incorporarem, aos golpes, dezenas de milhões de pessoas ao mercado. É como se essas pessoas antes não existissem e, de repente, fossem incorporadas. Mas esse processo em algum momento começa a apresentar rendimentos decrescentes. Por outro lado, neste século há um problema relativo às dimensões da crise ambiental, mas ele já deixou de ser um problema do século e passou a ser das próximas duas décadas. Fomos atropelados pela gravidade, a profundidade e a urgência das mudanças climáticas. Sabemos que teremos grandes problemas, mas, mais importante do que isso, do ponto de vista de um economista, é que a taxa de risco da ocorrência de eventos com impactos enormes passa a ser muito maior do que a taxa de risco usada no cotidiano, com a qual os empresários e os economistas fazem negócios e assinam contratos. Não se trata de prever que o metano do *permafrost* vai parar na atmosfera ou que o degelo da Groenlândia e do Polo Sul pode ser maior do que é. Essas previsões são probabilidades, mas passam a ser eventos de magnitude e ganham probabilidades de 2%, 3% e 5%, com as quais nenhum economista — desses que acham que têm bom senso, mas não olham os números das mudanças climáticas — admitiria ser minimamente racional trabalhar. Quando pensam no assunto, a maior parte dos economistas acaba olhando a realidade de maneira bipartida — apocalipse ou tudo bem —, quando, na verdade, estamos falando de distribuição de probabilidades. Voltando à sua pergunta, a questão colocada para o desenvolvi-

Sérgio Besserman Vianna

mento da China, da Índia e do Brasil já não é mais a de ter assegurada a chance de se desenvolver como os países industrializados. Eles não têm mais essa chance.

Com "eles" você quer dizer nós.

Sim, nós. Brasil, China e Índia. Isso é ilusão: a defesa do direito da China de se desenvolver usando termoelétricas a carvão, do Brasil se desenvolver expandindo a fronteira agrícola de forma extensiva, ou da Índia se aferrar ao seu territorialismo anacrônico, para além de uma discussão ética sobre ter ou não esse direito, para além da injustiça relativa às emissões *per capita*, está fora da realidade. A realidade é que, se a União Europeia, até 2050, descarbonizar as suas economias em 80% em relação aos níveis de 1990 — como está fazendo —, e se os Estados Unidos, com ou sem acordo global, iniciarem um movimento para, até 2020, descarbonizar em 17%, ou 20%, dependendo da lei que está no Congresso, essa transição será muito acelerada. Eles vão fazer isso para enfrentar os riscos da mudança climática e para ter segurança energética, para acabar com a dependência do gás da Rússia e do petróleo do Oriente Médio. Portanto, a ideia de que China, Índia e Brasil possam almejar um desenvolvimento econômico intensivo em carbono é desconhecer como funciona o sistema capitalista e o fato de que a desigualdade na inovação tecnológica é a desigualdade mais decisiva no funcionamento das economias. Se esses países tentarem ir por esse caminho, esbarrarão primeiramente em barreiras protecionistas e, em segundo lugar, ficarão com uma matriz tecnológica defasada do que será o desenvolvimento do futuro. É importante entender isto: o caminho do uso intensivo de carbono não existe mais. Podemos ganhar um ano ou dois com o mundo do passado, mas o mundo do futuro já está delineado.

O aumento histórico das emissões de carbono está associado à arrancada de produtividade do capitalismo nos últimos anos. O crescimento econômico melhorou a vida de milhões de pessoas, mas a crise ambiental vem se agravando ao longo do século XX, como indicam os desastres de Minamata, Three Mile Island, Bhopal, Chernobyl e Exxon Valdez. Por que os alertas para os impactos colaterais do desenvolvimento não foram ouvidos?

O que há de errado com o discurso ambientalista é a separação entre meio ambiente e sociedade, que não corresponde à realidade das coisas, tal como a ciência nos informa, e nem à realidade do desenvolvimento. "Meio ambiente" em si já é uma palavra problemática, em qualquer língua. Os portugueses se orgulham de não falarem "meio ambiente", mas apenas "ambiente". Tanto *"environment"*, em inglês, quanto *"environnement"*, em francês, significam "eu e o que me cerca": ou seja, o humano, o social, o cultural, separado da realidade natural. Precisamos terminar a revolução darwiniana, para a ficha cair de vez, e entender que somos parte da natureza e que tudo o que é humano é cultural, social e também ambiental. Precisamos vencer as resistências do sentimento humano de onipotência, que sustenta a ideia de que podemos conquistar tudo e todos, que bloqueia o entendimento do tempo longo da natureza e o fato de que a humanidade não pode fazer nenhum mal a ela nesse tempo longo. Se alguém tem um problema — este é um dos pecadilhos do discurso ambiental —, esse alguém não é a natureza. Diante de uma apólice de seguro para a crise ambiental, alguém que *não* vai comprar é a natureza. A humanidade não pode fazer mal à natureza do planeta porque o tempo dele é outro. Vivemos oitenta anos. Cristo esteve aqui há 2 mil anos. A civilização tem 7 mil anos; a agricultura, 11 mil. O primeiro bebê nasceu há 200 mil anos. Mas a vida está no planeta há 3 bilhões e 600 milhões de anos! Chegamos aqui no último centésimo de segundo. Se a vida fosse um relógio de 24 horas, teríamos chegado aqui nos últimos centésimos de segundos. Nas 23 horas e 59 minutos anteriores, o planeta já passou por problemas que a humanidade não é capaz de causar e não será capaz de causar nem daqui a 10 mil anos de ciência e tecnologia acumuladas. O planeta se recupera no seu tempo e o registro fóssil é da ordem de 5 milhões, 10 milhões de anos. Então, não se trata de nos arvorarmos em deuses onipotentes que cuidarão de Gaia, a mãe que está precisando de ajuda. Ela não precisa de ajuda; ela nos ignora. Se a gente encher muito o saco, ela se livra de nós em 5 milhões ou 10 milhões de anos. Enquanto o Sol não esquentar demais, está tudo bem para ela.

Somos nós que temos um problema.

Exatamente. Somos parte desta natureza que está aí e somos uma parte cada vez mais relevante da natureza no nosso tempo. Está se consagrando na ciência a utilização do termo "antropoceno" para o último período geológico. A gente já mudou a paisagem do planeta de forma tão significativa que poderíamos chamar esta última era geológica de "antropoceno". Estamos fazendo isso de maneira acentuadamente deletéria para a capacidade do planeta de renovar os serviços que *nós* necessitamos. Afinal, nós somos muitos. Nos 199.950 anos anteriores ao meu nascimento, éramos 2 bilhões de pessoas. Nos cinquenta anos que tenho de vida, fomos a 6 bilhões e logo iremos a 9 bilhões, e isso é um problemão. Os economistas costumam ser pouco inteligentes neste momento. Eles dizem assim: "Malthus errou e o Clube de Roma errou. Então, qualquer um que fale em demografia doravante está errado". Não consigo perceber inteligência nesse argumento. Mas o problema não é só que seremos 9 bilhões. No dia em que todas as mulheres e pessoas tiverem educação e conhecimento similares aos padrões europeus, por exemplo, o problema estará resolvido por si só. Basta dar educação às mulheres que a taxa de fecundidade cai e a população começa a diminuir. O problema é que nós chegaremos a 9 bilhões e, hoje, qualquer pobre da Favela da Maré ou do Complexo do Alemão causa impacto ambiental. Qualquer pessoa abaixo da linha da pobreza gera um impacto ambiental muito superior ao de Dom João VI. Qualquer pobre da Rússia, na periferia de Moscou, causa um impacto ambiental muito superior ao do czar: ele se aquece com gás da Sibéria, anda de ônibus, toma banho quente e, às vezes, viaja. A mentalidade do desenvolvimento capitalista nos salvou da pobreza, nos salvou da mortalidade infantil e nos deu uma expectativa de vida extraordinária. O ambientalismo da visão rousseauniana do bom selvagem propõe ao cidadão do planeta uma oferta inaceitável. A expectativa de vida de uma tribo caçadora-coletora é de 35 a 40 anos. Pode estar muito harmonizada com a natureza, mas eu prefiro os meus 80 anos desarmonizados, e todo mundo que eu conheço também prefere. Qual é a maior tragédia da vida? Morrer um filho. O resto vai acontecer, o avô já morreu, o pai vai morrer, a gente morre, mas quando se inverte a ordem o drama é insuportável. Pois, há apenas cem anos, em média todas as mulheres que tinham filhos assistiam algum morrer. Nós nos livramos disso. O desenvolvimento científico, tecnológico e produtivo propiciado pela economia de mercado foi fantástico, mas apoiou-se na premissa da capacidade do planeta de renovar os serviços ambientais infinitamente. A produção de bens a tecnologia até resolve. Se alguém chegar para mim preocupado porque "vai acabar o lítio que está na Bolívia e os computadores usam lítio", não fico nem um pouco preocupado, porque a tecnologia resolve. Mas a produção dos serviços que a natureza nos presta, clima, biodiversidade, água doce, não funciona assim. Não é preciso conhecimento sofisticado para ver que estamos degradando de maneira insustentável a capacidade do planeta de repor esses serviços.

Os problemas locais viraram globais.

O rio Tâmisa, o ar de Londres, os impactos regionais nas bacias hidrográficas, as florestas europeias, o bioma da Mata Atlântica, boa parte da Amazônia, foi tudo destruído. Mas, agora, há um conjunto de agressões ecossistêmicas globais afetando a capacidade do planeta de continuar a nos oferecer os serviços que sempre ofereceu, como clima, hidrologia e biodiversidade. Além disso, somos ignorantes sobre esses processos. Nossa ciência é precária nessa área. De modo que a taxa de risco envolvida na possibilidade de certos macroprocessos darem muito errado já demonstra que o *Homo sapiens* está diante do desafio de justificar a denominação pouco modesta que se atribuiu.

O Brasil tem um registro de muito crescimento econômico, pouco desenvolvimento social e vasto impacto ambiental. Por um lado, temos a devastação da Amazônia, mas, por outro, 80% da nossa eletricidade é renovável. Os nossos economistas parecem nutrir indiferença pelas questões ambientais, tanto quanto os ambientalistas aparentam ignorar a Economia. O que mais contribui para esse modelo?

A falta de valorização do conhecimento pela sociedade tem um papel. O problema não é só a baixa qualidade da educação a que tem acesso a maioria da população — o povo brasileiro foi excluído do acesso ao conhecimento por séculos —, mas o conhecimento das elites. Comparativamente às elites dos países desenvolvidos, as nossas elites são mais atrasadas na valorização do conhecimento do que a nossa população em relação à população trabalhadora desses países. Mas a principal razão são as raízes ibéricas da nossa sociedade. A destruição da mata e a formação de pastos eram vistas como progresso. A Mata Atlântica foi destruída sistematicamente, até que José Bonifácio e outros adquirissem outra percepção. O nosso desenvolvimento foi todo feito explorando minério e abrindo mais fronteira agrícola. A imensidão do Brasil e a abundância de terra e de recursos naturais induziram a uma visão extensiva da conquista de recursos. A urbanização e a industrialização da segunda metade do século XX aceleraram a identidade entre altas taxas de crescimento econômico e desenvolvimento social. Acho que isso está mudando, agora, no século XXI. As empresas se confrontam com dois fatores

Sérgio Besserman Vianna

de mudança: de um lado, a competição internacional; do outro, demandas crescentes dos clientes, que também são consumidores de mentalidade global. Isso as empurra para práticas mais sustentáveis. A sociedade brasileira, fortemente urbanizada e vivenciando cada vez mais problemas ambientais, começa a ser uma força política, inclusive eleitoral, que coloca o tema na agenda. Tenho a expectativa otimista de que esses últimos anos tenham sido aqueles em que a visão implícita na sua pergunta — a reprodução do anacronismo — revele sua falta de sentido. Refiro-me à dicotomia entre desenvolvimento econômico e as questões da sustentabilidade. Não é que as respostas para essa oposição, que habita a cabeça dos nossos políticos, sejam ruins. A pergunta é que é ruim: a dicotomia não existe mais. O único caminho para o desenvolvimento econômico-social do Brasil é o da descarbonização e o da construção da economia de baixo teor de carbono, o do desenvolvimento sustentável para a Amazônia que não implique em dilapidação desordenada, o da transformação da logística brasileira, suja e ineficiente, em uma logística moderna, que se apoie mais em conhecimento e *software* do que no uso extensivo dos recursos.

A sustentabilidade é uma ideologia econômica ou uma necessidade?
Não chega a ser uma ideologia econômica. É uma imposição da realidade. Temos tratado os serviços que a natureza nos presta como se fossem bens públicos: usamos à vontade, eternamente, infinitamente, sem custo. Sabemos, hoje, que têm custo. O custo é global, afeta bilhões no planeta e, por conta da mudança climática, não é uma agenda para muitas décadas, é a agenda de agora. Vamos ter de internalizar esses custos na contabilidade nacional, nas economias e nas empresas. Esses custos têm de ser precificados, têm de passar a ser cobrados. Isso provocará imensas alterações de preços relativos e no modo de produzir e de consumir. Há duas populações em risco com a mudança climática: os pobres, mais vulneráveis, com menos defesas, e as empresas. As empresas nascerão e morrerão aos borbotões. Que prestem atenção nos acontecimentos, porque os preços mudarão de tal forma, as formas de produzir e de consumir serão modificadas de maneira tão rápida, que manter antenas ligadas é condição crucial para a sustentabilidade da vida empresarial.

Você conhece a "curva ambiental de Kuznets"? Economistas da Universidade de Princeton sugerem a existência de uma "curva ambiental de

Kuznets", em que a poluição e os impactos ambientais evoluiriam segundo o "U invertido", ou seja, crescem durante os estágios iniciais do desenvolvimento, mas, a partir da obtenção de certo nível de renda, estabilizam e entram em declínio, junto com a intensificação da racionalidade ambiental. O Brasil estaria se aproximando da fase de racionalidade ambiental?

Primeiro, o fato de a agenda da mudança climática ser completamente independente dessas variáveis faz com que, na realidade, não tenhamos tempo para esperar por esses efeitos. Até a virada do século, de fato, por unidade de PIB que se obtinha, havia uma redução nas emissões de gases do efeito estufa, mas, com a incorporação do crescimento dos países emergentes, essa conta inverteu-se completamente. Como a desigualdade mundial cresceu enormemente no século XX, e como as taxas de crescimento populacional dos países desenvolvidos e dos países pobres discreparam absurdamente, simplesmente não temos tempo para permitir que a generalização de padrões, principalmente de eficiência energética, nas economias asiáticas, latino-americanas e outras, nos leve à descarbonização. Imaginar esse caminho significa deixar acumular uma quantidade de gases de efeito estufa na atmosfera que nos levará a um aquecimento global próximo ao *business as usual* muito acima das projeções que consideramos razoáveis. Os líderes do G8 falam em 2 °C, mas já não é mais possível aquecer só 2 °C. Esperar que esse efeito da "curva ambiental de Kuznets" se produza não é uma alternativa na história concreta. É só um argumento.

Nos últimos quarenta anos, 18% da Floresta Amazônica foi destruída. Pela lógica dos impactos do desenvolvimento da "curva ambiental de Kuznets", esse destino seria inevitável.

É claro que não é. Tudo depende do que produzimos e do que consumimos. A questão é que o modo de produção capitalista, levado ao paroxismo nos anos finais do século XX, gerou um quadro em que a sustentação da acumulação de capital depende do consumismo desenfreado, do consumismo pelo consumismo, de um consumismo que não considera os preços e os custos da degradação ambiental. O futuro à frente incluirá muita produção e consumo, mas de outras coisas. Em primeiro lugar, a internalização dos custos da degradação ambiental vai mudar os preços relativos. Em segundo lugar, a civilização vai se modificar, a humanidade vai se transformar, tomando decisões relativas à sustentabilidade. Por

Sérgio Besserman Vianna

que uma caminhonete a diesel com tração nas quatro rodas atrai mais a atenção das meninas do que a informação de que aquele rapaz leu toda a obra de Eça de Queiroz? Na hora em que souberem que aquele indivíduo consumiu horas lendo a obra completa de Eça de Queiroz, enquanto do outro lado está um bobalhão com um carro a diesel com tração nas quatro rodas, quando pensarem desse jeito, em um novo contexto cultural, as meninas e o consumo virarão para a obra de Eça de Queiroz, Machado de Assis e Fernando Pessoa, para ficar só com escritores de língua portuguesa.

Há trinta anos propõe-se o desenvolvimento de uma "economia da floresta em pé" como alternativa ao desmatamento. Na prática, avançou-se muito pouco. A primeira opção econômica na Amazônia continua a ser converter floresta em capim. É possível criar uma economia da floresta em pé no Brasil?

Vai ter que ser. Claro que essa expressão é um tanto voluntarista e devemos compreender a dificuldade de sermos o primeiro país tropical da história a procurar um modo de desenvolvimento sustentável tropical. O Brasil é o país certo para esse desafio: temos a Amazônia, temos ciência e tecnologia, o Inpe, a USP e empresas fortes com capacidade logística. Mas é um desafio. Concordo com você que temos aprendido muito. Os esforços realizados ao longo desses últimos trinta anos enfrentaram sempre a dificuldade de que nada na precificação acompanhou esses movimentos. Ou seja, o preço das coisas continuou a refletir apenas a realidade ilusória de que o planeta é infinito. Então, a economia não remou a favor e as conquistas foram arrancadas. Agora tende a haver uma aceleração, tanto das tecnologias quanto do conhecimento necessário, do movimento de precificação pelo valor do carbono e de uma compreensão maior dos serviços ambientais que a floresta presta. Sem contar as técnicas de apropriação do conhecimento da riqueza genômica da Amazônia, que passam por transformações revolucionárias. É vertiginoso o avanço da tecnologia para o conhecimento de sequências genômicas, que é uma das grandes riquezas daquele reservatório biológico. Há uma tendência acelerada no mundo de atribuir valor a produtos e serviços que hoje não têm valor na floresta. De outro lado, temos a massa crítica dos fracassos e êxitos escassos, gerada por empresas, organizações não governamentais, cientistas, laboratórios e comunidades tradicionais, que será muito mais bem aproveitada. Além disso, a tecnologia fortalece as ferramentas de monitoramento e gestão. O centro da questão é encontrar o desenvolvimento sustentável para a Amazônia. E há outra razão intangível, que parece menos importante, mas não é: caiu o argumento cínico. A ideia de que precisamos ocupar a Amazônia com a pata do boi, na base do "ame ou deixe-o", enfrentando "ameaças" à soberania do Brasil, caiu. Foi substituída por outro argumento fraco, que também está para cair, que é o discurso de que existem 20 milhões de pessoas na Amazônia e temos de encontrar um jeito de elas sobreviverem. O pior Índice de Desenvolvimento Humano (IDH) do país, incluindo o Nordeste, é o da "Terra do Meio", entre os rios Xingu e Tapajós, no Pará. O que se oferece a esses 20 milhões de pessoas é o pior IDH do Brasil, que levará décadas para chegar perto do IDH do Complexo do Alemão, no Rio de Janeiro. Isso é número puro. Não estou inventando nada. É isso que defendem? Esse desenvolvimento deveria ser deletado. É preciso oferecer aos 20 milhões outra coisa, porque esse é o pior desenvolvimento que pode ser encontrado no mundo.

Precificar os produtos e serviços pelo custo total, embutindo no preço o custo das externalidades e dos impactos socioambientais, está no radar de muitos economistas. Mas não é algo fácil de fazer, e para empresas e consumidores a sustentabilidade significa mais custo.

Num primeiro momento, sim. Quer dizer, há até a possibilidade de ganhos específicos de eficiência energética, que aumentem a lucratividade no início. Mas, se passarmos a considerar custos que até hoje não cobramos, é claro que aquilo que produzimos e consumimos tende a ficar mais caro. Entretanto, há toda a possibilidade de oferta de produtos que podem ser valorizados de forma diferente pelo mercado consumidor e que não custam mais caro, como sociabilidade, cultura, conhecimento, interação. Esse é o início de um movimento em que, simultaneamente, na medida em que os preços relativos vão se alterando por uma decisão externa ao mercado, muda o objeto do desejo do consumo e, portanto, a produção se modifica. Isso não é estranho à realidade do capitalismo. Foi feito nas economias nacionais, contra o trabalho infantil, por exemplo. A história do século XX demonstrou que ninguém aloca recursos tão eficientemente como o mercado, com a finalidade do crescimento econômico ou da acumulação de capital. A questão é que o mercado faz isso muito bem, mas só faz isso. Ele é cego e surdo a quaisquer outros valores, e a crise de 2008 demonstrou que até mesmo à sua regulação. Esses outros valores serão impostos de fora para dentro, como sempre o foram. O desafio é que, como dizíamos no início, surgiram externalidades globais no ecossistema planetário. Como encontrar a governança adequada para assumir os custos decorrentes dessas agressões? Portanto, sim, a sustentabilidade de fazer as coisas do mesmo jeito ficará mais cara, mas não a de fazer de jeito diferente, com outros objetivos. Como chegar aí é a grande dificuldade.

Nos últimos quarenta anos o Brasil desmatou 1,3 milhão de km^2 na região Norte, 18% da Floresta Amazônica. A agropecuária pode se expandir vinte anos explorando essas terras, sem tocar em florestas. É possível conservar os 80% da floresta que restam para preservar serviços ambientais e arrefecer as mudanças climáticas?

O desenvolvimento econômico do Brasil ainda vai descobrir como aproveitar as riquezas da floresta sem derrubá-la, em vez de acrescentar parcos rendimentos da madeira extraída, da floresta queimada e da pata do boi ao Produto Interno Bruto. Mas é preciso entender que o desafio é complexo. Pode ser que resolvamos insistir no crescimento da pecuária extensiva, que constitui a principal causa de desmatamento na Amazônia, assim como pode ser que a humanidade se dê conta de que há uma fórmula barata para resolver 10% do problema do aquecimento. Tão barata que ninguém gastará um centavo e ainda haveria um grande ganho de saúde e de qualidade de vida, provavelmente de dois a quatro anos de vida a mais para cada cidadão do planeta, o que em gastos com saúde significaria uma economia de trilhões de dólares a mais do que se gastou em toda essa crise econômica. Basta consumir carne vermelha três a quatro vezes por ano, em vez de três a quatro vezes por semana. Todas as pessoas vão viver mais e melhor e vai sobrar dinheiro para gastar com a obra de Eça de Queiroz. E, de repente, o negócio pecuário-extensivo morrerá. A pecuária extensiva é um negócio condenado. A pecuária associada ao florestamento ou à agricultura, assim como a criação de gado confinado, pode ter futuro, porque seus preços poderão vir a ser condizentes com a demanda de um mercado cada vez mais consciente, que contará com a oferta de produtos substitutivos. A pecuária extensiva, que emite duas a três vezes mais carbono do que a pecuária confinada, dificilmente sobreviverá. Quem apostar nisso pode falir, porque a mudança pode ser muito rápida.

O país precisa de investimentos em infraestrutura para melhorar a competitividade e reduzir o "custo Brasil", agravado por estradas deficientes, portos congestionados, transporte ferroviário precário e falta de energia. O licenciamento ambiental frequentemente demonstra incompreensão da importância desses empreendimentos, mas os relatórios de impacto ambiental apresentados pelas empresas também revelam má vontade e desleixo com suas externalidades. Como avançar nesse impasse?

A autoridade ambiental obedece a lei em um país onde as vicissitudes da redemocratização e do processo político exigem da cidadania e do judiciário, através do Ministério Público, um grau de atenção necessário para superarmos padrões muito baixos de moralidade nos negócios públicos. Isso obriga a autoridade ambiental, nos níveis municipal, estadual e federal, a se comportar de maneira aferrada aos ditames da lei, o que muitas vezes pode ser, e é, burocrático e pouco inteligente, mas é uma obrigação. Acho que a superação desse entrave exige mudança e inteligência de todos. Nós, ambientalistas, estamos condenados a considerar nossas questões no contexto da economia e da sociedade global. Não podemos ser contra grandes e pequenas hidrelétricas, contra energia nuclear, contra a ocupação de paisagens por usinas eólicas e, ao mesmo tempo, combater o aquecimento global e a pobreza. Se quisermos superar a pobreza e evitar o aquecimento global, aqueles voltados para a defesa da natureza do planeta dos nossos tempos, como eu, estão na obrigação de entrar na discussão com os outros e oferecer a alternativa eficiente.

Em 2007, a diretoria do Ibama responsável pelo licenciamento das hidrelétricas de Juruá e Santo Antonio, no rio Madeira, pediu demissão, por causa das pressões políticas. Em 2009, os responsáveis pelo licenciamento da hidrelétrica de Belo Monte, no rio Xingu, também pediram demissão. O que isso indica?

Indica um forte conflito entre o mundo do passado e o mundo do futuro. Naturalmente, os *lobbies* do mundo do passado são mais poderosos. Há formas e formas de fazer uma hidrelétrica. A análise de custo-benefício vai considerar uma ampla gama de externalidades. O mundo do passado vai tentar superar os setores da sociedade que levantam essas questões — a perda de espécies, o impacto no bioma, as comunidades afetadas etc. O mundo do passado enfrenta tudo como se fossem obstáculos de uma corrida de duzentos metros a superar, a ferro, fogo e dinheiro, como der. O mundo do futuro, por sua vez, ainda está aferrado a uma resistência preservacionista, uma resistência a qualquer alteração dos ambientes naturais, e não incorporou suficientemente o fato de que agora se trata de todo o planeta, que uma hidrelétrica que não seja construída aqui talvez se torne uma termoelétrica a carvão acolá, já que o sistema está interligado. Então, temos a obrigação de participar também das soluções gerais. Tudo isso aponta para o funcionamento de uma economia de mercado com sinais mais claros por parte do planejamento governamental, capaz de incorporar os sinais de preços do mercado futuro. Preocupa-me a forma como no Brasil olhamos para a exploração de recursos do petróleo do pré-sal, como se essa exploração — que é uma benção — só dissesse respeito ao mundo do passado, exigindo muito planejamento estatal, dirigismo e preocupação com a capitalização de recursos, quando não há dificuldade. Enquanto isso, com relação ao mundo do futuro, a energia da biomassa, a eólica, a preservação dos recursos hídricos nos reservatórios, a solar e outras potencialidades são tratadas de forma absolutamente neoliberal, perdoe o jargão, mesmo no governo do PT: façamos leilões, sem metas, sem planejamento, sem estratégia. Deveria ser o contrário. Para aquilo que já está precificado, para o qual seria fácil capitalizar os recursos do mercado, que se explore ao máximo o mercado. Para aquilo que ainda não está precificado, e que diz respeito à compreensão da dinâmica tecnológica do mundo, é necessário planejamento e indução ativa por parte do Estado, não baseada em visões tecnocratas, mas numa estratégia compartilhada democraticamente com a sociedade.

A sociedade pode abdicar da ideia de crescimento econômico?
A sociedade global de hoje, onde 1 bilhão de pessoas não conta com acesso a saneamento, com bilhões abaixo do limiar da pobreza e expostos às vulnerabilidades decorrentes dos impactos inevitáveis do aquecimento global, não. Ainda há muito crescimento e desenvolvimento pela frente. Mas, para os países desenvolvidos, chega a ser ridículo imaginar que a felicidade interna bruta dos japoneses dependa de ganhar mais 1% do PIB. Não é difícil vislumbrar um mundo à frente, mais educado, com mais conhecimento, com as potencialidades da biotecnologia e da nanotecnologia, em que a realização de cada indivíduo, o potencial da comunidade e a criatividade sejam processos que independam crescentemente da simples acumulação de riquezas.

Muitos empresários veem a sustentabilidade como obstáculo à produção e ao crescimento. Os ambientalistas pregam regulações e restrições às empresas. Para os consumidores, a mensagem ambiental sugere limitação do consumo, comprar menos, gastar menos, dirigir menos e compartilhar recursos, sacrifícios e severidade. Seria possível mudar essas percepções?

É necessário mudar. A continuidade da sociabilidade atual, na sua forma *business as usual*, é uma limitação ao desenvolvimento dos indivíduos e das sociedades. Nunca a produtividade foi tão elevada e nunca as pessoas tiveram tão pouco tempo para a vida. Nunca viveram tanto e nunca se sentiram como se tivessem vivido tão pouco. A civilização clama por uma ampliação dos horizontes individuais, sociais e culturais. A simples ideia de consumir mais e mais produtos iguais não se sustenta, na medida em que as pessoas vão conseguindo superar suas necessidades mais imediatas, ainda que a um ritmo muito mais lento do que o eticamente aceitável. Esta será a grande revolução: a percepção de que modificar o *business as usual*, embora com custos, não é o momento em que chegamos ao fim do desenvolvimento econômico, social e humano, mas, muito pelo contrário, o momento em que tomamos em nossas mãos a sua direção. Nós vamos consumir mais e vamos produzir mais, porque as pessoas do planeta necessitam, e seremos 9 bilhões, mas não com a exuberância irracional propiciada nos últimos três séculos pela civilização dos combustíveis fósseis. Essa vida extensiva e inconsciente acabou. Fica para trás a ilusão ingênua de que somos deuses. Surge um desenvolvimento muito mais interessante e mais complexo, mais consciente e mais aberto para a liberdade de cada indivíduo.

Os ambientalistas são contra os transgênicos, as hidrelétricas e o eucalipto. O que você acha desses temas?

Eu sou ambientalista, e sou radicalmente a favor de transgênicos. Temos de estudá-los muito e o seu impacto ambiental, mas eles terão um papel decisivo no futuro alimentar e energético do planeta. Sou a favor de hidrelétricas e acho que é grande o potencial do Brasil para pequenas centrais hidrelétricas e para novas tecnologias em centrais maiores. Acho que a energia nuclear terá um papel indispensável na transição. Temos de fazer a transição entre os modos atuais de produzir e de consumir e os modos futuros. Isso não se dá de estalo e é custoso. O papel da energia nuclear para suavizar essa transição é inquestionável. E sou totalmente a

Sérgio Besserman Vianna

favor de florestas plantadas. Se você me permite a brincadeira, meu sonho são pés de cana-de-açúcar transgênica do tamanho de eucaliptos. Agora, tudo isso com muito estudo e não com o voluntarismo irresponsável do mercado deixado por conta própria.

A sustentabilidade é uma poderosa ferramenta de marketing. O termo virou uma panaceia, tão flexível quanto vaga e difusa. Há empresas admiráveis e socialmente responsáveis, mas a maioria realiza programas pontuais e o marketing reivindica créditos planetários. Como você vê a onda de "maquiagem verde"?

Vejo com desagrado, mas com o coração frio do economista e aquela expressão dos norte-americanos: *"hate the game, not the player"*. O que nós, os *players*, os atores sociais e econômicos, temos de fazer é mudar as regras do jogo: quanto mais informação e conhecimento, menos a maquiagem vende. Por exemplo, a construção civil. Há empresários que, anos atrás, botavam uma fonte no projeto arquitetônico, uma trilha verde, batizavam de "Jardim Não Sei O Quê" e vendiam. Hoje não vende mais. O cliente, especialmente dos centros desenvolvidos, quer informações sobre água, já que um terço do custo do condomínio é água, e sobre energia, porque sabe que o custo da energia vai aumentar. Vejo as empresas sendo pressionadas e vejo a globalização como um efeito positivo: o padrão elevado do consumidor europeu tende a ser transmitido para os consumidores de todo o planeta como disseminação cultural, como *soft power*.

Em 2035 o planeta terá 8 bilhões de pessoas, menos recursos e uma temperatura alguns graus centígrados mais quente, mas o Brasil terá uma população estabilizada, em termos demográficos, num território rico de terra agriculturável, água e florestas. Você coordenou o Censo 2000. Como será a sociedade brasileira?

Primeiro, o argumento de que não há problemas de superpopulação é falho do ponto de vista lógico: 9 bilhões dá? Ok, e 90 bilhões? Se alguém disser que 90 bilhões dá, meu próximo passo é perguntar: e 900 bilhões? Dado que o impacto ambiental inclui consumo de energia, uso da terra, água, biodiversidade, clima, e que é muito superior ao padrão asiático ou latino-americano — o africano nem se fala —, mesmo com a descarbonização das economias é claro que existirá uma questão relativa ao tamanho da população no planeta e ao consumo dos recursos. O que não existe é a polêmica subsequente sobre aborto e planejamento familiar. Sobre tudo isso está o direito de cada pessoa ter acesso ao conhecimento e o acesso ao conhecimento torna a discussão sobre métodos de controle demográfico irrelevante. Basta dar acesso ao conhecimento que a população resolverá o problema livre e espontaneamente, por decisão de cada mulher ou de cada família. No caso do Brasil, temos um desafio de ordem intelectual difícil de ser transposto. A sociedade do século XXI é a sociedade do conhecimento. O conhecimento é o principal ativo. O homem mais rico do mundo não é dono de uma fábrica de trator, ele inventou um *software*. E temos uma tradição de cinco séculos de história baseada na apropriação extensiva dos recursos naturais. Por ironia da história, na nossa frente está a maior das oportunidades que o Brasil já teve: no mundo das economias de baixo teor de carbono e de alto valor do conhecimento, o Brasil tem vantagens comparativas que podem se tornar vantagens competitivas: a Amazônia, a questão da energia e o fato de a nossa logística ser suja. Aquilo que é um problema oferece uma oportunidade de transição muito acelerada. O melhor exemplo é o fato de que somos um país continental que transporta carga com caminhão a diesel. Mas, voltando à demografia, não devemos nos preocupar em aumentar a ocupação do nosso território com população. É claro que o Brasil não estará imune ao risco de que já é inevitável a existência de algumas centenas de milhões de refugiados ambientais nas próximas décadas. Por conta da mudança climática, é possível que uma parte desses refugiados se transfira, que surjam movimentos migratórios que afetem a realidade demográfica brasileira. Pode haver migrações de outros países para o Brasil.

Há sinais de que o Congresso dos Estados Unidos está determinado a adotar tarifas de equalização de emissão de carbono contra Índia, China e Brasil se não adotarem metas de redução de emissões. O aquecimento global pode se transformar em barreira comercial?

Pode. Não quer dizer que vá, mas com a confluência da discussão da mudança climática com a macroeconomia global, não é possível discutir mudança climática separadamente do reequilíbrio da economia deficitária norte-americana, *vis-à-vis* a economia superavitária chinesa. Temos que discutir a matriz tecnológica que definirá os investimentos da precificação do carbono que se irradiará por toda a estrutura de preços relativos da economia. Se, na rota da mudança climática, o mundo não conseguir um acordo global e caminhar para a fragmentação, é provável que, no âmbito do comércio exterior, a mudança climática seja o principal fator de barreiras tarifárias e de medidas protecionistas. A lei que está sendo discutida nos Estados Unidos abre as portas para isso.

A virtude e o vício da economia de mercado é funcionar relativamente livre, sem objetivos ou valores além dos seus interesses imediatos. Por isso ninguém sabe ao certo para onde o capitalismo vai. Digamos que o mau caminho prevaleça. O que pode a sociedade fazer?

A economia de mercado e o capitalismo continuarão a desempenhar papéis positivos no desenvolvimento da capacidade produtiva e na libertação do ser humano. Mas sabemos, há séculos, que é preciso impor de fora valores sobre os quais o mercado é cego e surdo, como a restrição do trabalho infantil, a jornada de trabalho de oito horas e a análise de impacto ambiental. O problema é que esse movimento, que decorre do avanço democrático da sociedade no sentido de ser capaz de gerar restrições ao funcionamento do capital em função de outros valores que não a maximização do crescimento, ocorreu dentro de Estados nacionais, e, na segunda metade do século XX, houve o extraordinário impacto do processo de globalização. O único processo que se globalizou, de fato, foi o da acumulação de capital e o funcionamento da economia de mercado. Os demais permaneceram restritos à esfera nacional. A sociologia alemã chama isso de "perda de poder do título eleitoral". Na década de 1960, o alemão votava e decidia sobre os temas A, B, C, D, E, F e G. Em 2010, ele vota e decide sobre A, um pedacinho de B e o resto é decidido num plano em que a cédula eleitoral e a participação democrática do cidadão não interferem. A crise ambiental — mudança climática, acesso à água doce, acidificação dos oceanos, extinção da biodiversidade — catalisa essa percepção. O capitalismo, deixado por conta própria, quer maximizar o crescimento e, portanto, é deletério do ponto de vista ecológico. Ele não liga para nada, até quando a sociedade diz: "Ok, maximize a acumulação de capital, mas não destrua isso, respeite aquilo, e mais aquilo e aquilo outro". Então, é ela que, em primeiro lugar, permite a visualização do problema. Hoje precisamos de um *New Deal* global. Mas a humanidade nunca foi global, e sim tribal. Amar o próximo significa amar o sujeito parecido com você; se for de outra tribo, você pode matá-lo. No Antigo Testamento, se for da tribo dos amalecitas é pecado *não* matar. Deus deu essa ordem. Eu posso interpretar essa mensagem assim: "Olha, meu filho, a ética é uma decisão individual com a qual você vai ter que se virar, não há cartilha". Matar alguém, um nazista ou um terrorista fundamentalista, pode ser uma decisão ética. Estou aqui, defendendo Deus, porque há leituras e leituras. O fato é que nós somos tribais, a nossa constituição como espécie é de ordem tribal. Sérvios e bósnios conviveram durante trinta anos na Iugoslávia e, de repente, passaram a se trucidar. Com uma boa campanha de marketing, os brasileiros podem querer invadir o Suriname amanhã. Essa é a nossa forma de pensar enquanto espécie. Só que estamos diante do desafio de superar nossos aspectos tribais, ampliando a nossa noção de "próximo" para incluir não só todos os cidadãos do planeta, como também aqueles que ainda vão nascer. Se seremos ou não capazes de fazê-lo, não sei. Não temos garantia. Se não formos capazes, se seguirmos cegamente a trilha do *business as usual*, o que acontecerá? O fim da vida natural no planeta? Não, isso é bobagem. A natureza se recupera, no seu tempo. O apocalipse da civilização humana? Tampouco. Já temos tecnologia e poderes suficientes para assegurar uma parte expressiva da sociedade humana. Mas certamente haverá um imenso ruído civilizatório: guerras e genocídios, como já estão acontecendo. Não estou fazendo uma previsão, mas uma análise histórica. Só na cabeça de um elitista branco ocidental os genocídios de Ruanda ou do Sudão decorrem do fato de estas serem sociedades atrasadas. Isso é crise ambiental. É desertificação. É a impossibilidade de o território manter o mesmo número de pessoas que mantinha.

Será um mundo pequeno para 9 bilhões de pessoas.
No mundo de hoje, em que alguém pode passear com uma mulher de burca nas ruas de Cabul numa quinta-feira e, na terça, dirigir um táxi em Manhattan, em que posso vender maria-mole em Governador Valadares na sexta e, na quinta seguinte, estar na construção civil de Boston, num mundo em que os refugiados ambientais superarão 250 milhões de pessoas na metade do século, o cenário *business as usual* significa a humanidade se confrontar com a sua incapacidade de equacionar problemas, com novas guerras, genocídios e colapsos locais. O *business as usual* nos levará a um cenário imprevisível, incerto, porém revolucionário. Se há algo que o século XX nos ensinou é que nem toda revolução que não sabe onde quer chegar termina bem. Por outro lado, a alternativa é: tomar a decisão de incluir nos preços da economia de mercado os custos dos serviços ambientais que a natureza nos presta, e impor isso de fora para den-

tro do mercado, de forma global. Assumir que tem custos, sim, mas, por outro lado, haverá benefícios certamente maiores do que os custos. A vida humana continuará imprevisível e incerta, mas um toque de consciência faz parte, coisa que o paroxismo do mercado não pode aceitar. Essa é a chance de a humanidade sair da adolescência e entrar na maturidade. Não é a coisa mais divertida que existe, mas entrar na maturidade mantendo cabeça de adolescente é pior.

Persio Arida

"Quanto a geração atual está disposta a se sacrificar para que, daqui a cinquenta ou cem anos, tenhamos uma qualidade de vida aceitável?"

Persio Arida nasceu em São Paulo e é PhD em Economia pelo Massachusetts Institute of Technology (MIT). Foi diretor da Área Bancária do Banco Central em 1986, presidente do Banco Nacional de Desenvolvimento Econômico e Social de 1993 a 1994 e presidente do Banco Central em 1995. Foi um dos idealizadores do Plano Cruzado, no governo José Sarney (1986), e um dos criadores do Plano Real, no governo Fernando Henrique Cardoso (1994). Foi professor da USP e da PUC-RJ, membro do Institute for Advanced Study da Universidade de Princeton e do Centro de Estudos Brasileiros da Universidade de Oxford. Participou do Conselho de Administração do Itaú-Unibanco. É sócio do Banco BTG Pactual. Publicou vários livros e artigos.

Combater a ameaça das mudanças climáticas é o desafio coletivo mais complexo que a humanidade já enfrentou, porque "o êxito requer ações custosas e coordenadas entre vários países, para lidar com uma ameaça distante, em nome de pessoas que ainda não nasceram e sob um manto de perturbadoras incertezas sobre o custo de não agir", diz Martin Wolf. Construir uma economia de baixa emissão de carbono implica numa mudança de paradigma no pensamento econômico?

Martin Wolf coloca bem o problema. Esta é uma questão extremamente complexa e importantíssima que vai além do problema clássico das externalidades, mas não acho que a teoria econômica esteja pouco equipada para lidar com as dimensões econômicas do aquecimento global. Digo dimensões econômicas porque, além dos agentes econômicos individualmente considerados, temos o envolvimento de Estados soberanos e, portanto, há uma dimensão política na questão.

A questão climática vai além do problema clássico das externalidades. Por quê?

No problema clássico de externalidade negativa, a ação de um agente — seja uma companhia que polui um rio no seu ato produtivo, seja um indivíduo que polui com o seu comportamento individual de fumante, por exemplo — diminui imediatamente o bem-estar dos demais agentes. A dimensão do tempo é secundária. Mas no problema ambiental, a emissão de carbono, hoje, vai impactar o clima porque ficará acumulada na atmosfera e os mais prejudicados não nasceram ainda. A dimensão temporal é essencial. Quanto a geração atual está disposta a se sacrificar para que, daqui a cinquenta ou cem anos, tenhamos uma qualidade de vida aceitável? Além dessa dimensão temporal, o problema do clima difere de um problema clássico de externalidade por ser global. A fábrica que polui um rio com dejetos industriais cria um problema local, mas a emissão de gases poluentes que ela gera é um problema global, pouco importa onde esteja.

Deixando de lado, por enquanto, a questão da soberania nacional, como a teoria econômica lidaria com o problema?

É um problema extremamente complexo, mas vou tentar deslindá-lo em três subproblemas. O primeiro é quanto devemos reduzir a produção hoje para evitar uma catástrofe amanhã, figurativamente falando. O segundo problema é como implementar essa redução — se devemos estabelecer um preço para a emissão de gás carbônico ou cotas quantitativas máximas de emissão. Se soubermos como responder a essas duas questões, vem o terceiro problema: convencer os Estados soberanos a editar leis que assegurem a emissão desejada de gás ou chegar a um acordo para um preço universal para a emissão de gás carbônico. Não deveriam os menos desenvolvidos arcar com um pedaço proporcionalmente menor, posto que o estoque atual de gases resulta da atividade econômica passada?

Sem dúvida. A questão é saber quanto a produção deveria ser reduzida hoje para evitar uma catástrofe no futuro.

Antes de tudo, vale a pena afirmar o óbvio: quanto mais inovações tecnológicas houver, melhor. Se alguém inventar uma maneira simples e barata de contornar o problema, a redução da produção deve ser mínima. Mas, na ausência de grandes *breakthroughs* tecnológicos, é de se esperar que, quanto mais restritivo for o teto de emissão de gases poluentes, maior seja a perda de produto. A pergunta é quanto de produto a sociedade global está disposta a sacrificar hoje para não ter que enfrentar uma catástrofe climática no futuro. Se a taxa intertemporal de desconto for alta, a resposta tende a ser muito pouco. Se for baixa, a propensão ao sacrifício fica maior. Mas não sabemos, com certeza, muito sobre a catástrofe em si, se vai ocorrer no curto prazo de cinquenta anos ou em um século, se o estoque acumulado de gás carbônico aumenta a temperatura de forma linear ou se o processo tem um *turning point* a partir do qual se torna irreversível, ou mesmo se há algum mecanismo de autoequilíbrio do planeta que detenha os processos em curso. Não temos resposta exata para nenhuma dessas questões. Vale a pena sacrificar o produto hoje mesmo assim? Minha resposta é sim. Vamos supor que a catástrofe climática seja um evento com baixa probabilidade. O fato de ter baixa probabilidade não quer dizer que possa ser ignorada, por assim dizer, porque teria consequências dramáticas para o mundo, caso viesse a acontecer. Se há uma probabilidade, ainda que baixa, de uma catástrofe global devemos reduzir a taxa de crescimento para tentar equacionar o problema. O *Relatório Stern*, com todas as suas imperfeições, ainda é o melhor guia que temos sobre a matéria. Muitas vezes escuto a pergunta: mas se há tanta incerteza, no plano científico, sobre a inevitabilidade da catástrofe climática, por que deveríamos sacrificar o padrão de vida hoje? A resposta mais adequada é contraintuitiva: justamente porque não conseguimos atribuir uma probabilidade exata da catástrofe, justamente porque não podemos prever pontos de irreversibilidade, devemos ser mais prudentes, e não menos! Martin Weitzman tem um excelente estudo a respeito desse ponto.[45]

E quanto ao segundo problema: como implementar uma meta de emissão?

Há duas maneiras de resolver um problema de escassez: via preços ou via quantidades. Suponha que a meta seja manter a emissão de gases poluentes em um montante determinado. Uma solução é fixar um preço para a emissão de poluentes. Outra solução é fixar cotas, por países, por agente emissor ou ambos, e deixar que o mercado decida o preço das cotas. Do ponto de vista da alocação de recursos, a solução mais adequa-

---

[45] Martin L. Weitzman, "On Modeling and Interpreting the Economics of Catastrophic Climate Change", www.economics.harvard.edu/files/faculty/61_Modeling.pdf.

da é fixar um preço. O risco é errar. Se o preço for muito alto, haverá uma penalização desnecessária ao crescimento; se muito baixo, a meta de emissão será descumprida. A solução de cotas evita o erro, pois assegura o resultado desejado por definição. A alocação resultante de recursos, no entanto, é sempre distorciva em relação à alocação que prevaleceria se acertássemos o preço certo. Dito de outra forma: se soubéssemos o preço certo, não deveríamos jamais fixar cotas. Na prática não sabemos o preço que gera o resultado quantitativo desejado. Como fazer, então? A prescrição que advém da teoria é intuitiva. Se o problema for de natureza tal que não se pode correr o risco de errar, melhor usar o sistema de cotas. É assim que, implicitamente, o problema tem sido abordado em todas as rodadas de negociações, de Kyoto a Copenhague. Busca-se sempre fixar quantidades ou metas e, a partir daí, permitir que os mercados as negociem. A solução de cotas em princípio é melhor, mas tem se tornado inexequível. Fica aqui a pergunta: em assim sendo, por que não colocar um preço global para a emissão de poluentes? Um mesmo preço global — na prática, um imposto universal sobre a emissão de poluentes — é a solução mais simples e vai direto na natureza do problema. Para a atmosfera, tanto faz se quem polui está na Índia ou no Canadá, se a poluição vem da atividade x ou da atividade y. É claro que o acordo para um preço uniforme global também é um acordo soberano, mas talvez seja mais facilmente negociável justamente porque é simples. O preço universal de emissão, ou a alíquota do imposto universal sobre a emissão, pode e deve ser reajustado com frequência, subindo quando as emissões estiverem excessivas e vice-versa.

Acontece que os agentes econômicos não são entes individuais, mas Estados soberanos.

O que complica a discussão é a natureza do problema. O que importa para o aquecimento global é o estoque acumulado de gases que já está na atmosfera. E esse estoque foi resultado de um desenvolvimento desigual. A contribuição histórica para o problema foi maior nos EUA do que na China ou no Brasil. Vale a pena compensar essa distorção permitindo que, daqui para a frente, China ou Brasil poluam relativamente mais? A questão é política. A Europa e os Estados Unidos destruíram boa parte de suas florestas, mas nós não. A destruição das florestas deles foi parcialmente responsável pelo estoque de gases hoje acumulado na atmosfera. Por que deveria o Brasil preservar a sua floresta quando eles não preservaram as deles? Não deveriam eles pagar-nos para que preservemos nossas florestas? São questões distributivas complexas e que remetem à história desigual do capitalismo.

Os cientistas indicam que teremos um aquecimento climático superior a 2 °C em 2030, que gerará mudanças irreversíveis. Isso já está contratado. Você acha que a inovação tecnológica poderá mudar esse quadro, assim como mudou o prognóstico de catástrofe econômica antevista por Malthus no século XIX?

Essa é uma questão muito difícil de ser respondida. A velocidade da inovação técnica é crescente, mas seu ritmo é desigual nas várias áreas de conhecimento. O mecanismo de transmissão de energia elétrica é basicamente o mesmo há algumas décadas, ao passo que a evolução na medicina ou na agricultura ao longo desse tempo foi absolutamente extraordinária. Além disso, as previsões sobre o futuro da ciência apresentam uma margem de acerto pequena. Quando eu estava no MIT, na década de 1970, previa-se que o mundo seria dominado por robôs movidos pela inteligência artificial. O que aconteceu com a robótica? Há autômatos industriais em certas fábricas e linhas de produção, mas, como um todo, a promessa da robótica foi frustrada. A robótica não avançou muito, mas em compensação o que parecia, então, ser uma área de lento desenvolvimento revelou-se extraordinária: a passagem do mundo analógico para o mundo digital. É impossível prever se alguma inovação tecnológica resolverá o nosso problema do excesso de carbono acumulado na atmosfera. Por prudência, novamente, eu não contaria com essa possibilidade.

Bem, a necessidade é a mãe da invenção, diria Frank Zappa.

A necessidade é a mãe da invenção. Vamos ter, mal ou bem, volumes crescentes de orçamentos dedicados à pesquisa climática. Portanto, algo pode aparecer. Há promessas variadas como o carro elétrico ou tecnologias alternativas como a extração de energia a partir do movimento das marés ou dos ventos. O problema é o custo da energia gerada por essas tecnologias alternativas. É fácil desenvolver tecnologias que poluam menos. O complicado é desenvolver tecnologias que poluam menos a custos ao menos equivalentes às poluidoras.

Há um impasse sobre como reduzir as emissões de carbono a níveis seguros, acomodando o crescimento dos países. O Relatório do crescimento, *da Comissão sobre Crescimento e Desenvolvimento, do Banco Mundial, afirma que o jeito é reduzir radicalmente a dependência de energia e carbono, promovendo a eficiência energética. Só assim os países em desenvolvimento podem crescer sem induzir o mundo a um aquecimento global catastrófico. Eficiência energética pode ser a solução?*

Eficiência enérgica é um belo conceito, mas, pelo que tenho observado, os ganhos até agora têm sido pequenos. Como recomendação faz todo sentido, mas não sei se, na prática, a busca da eficiência energética em si seria suficiente sem um *breakthrough* tecnológico de impacto.

O relatório Limites do crescimento, *do Clube de Roma, provocou polêmica em 1972 por questionar a "ideologia do crescimento econômico". Hoje há economistas novamente propondo uma "economia de não crescimento" para os países desenvolvidos. A sociedade pode abdicar da ideia de crescimento econômico?*

Não acho que estejamos preparados para ter uma sociedade estacionária com crescimento zero. Duvido disso até mesmo em países com Índice de Desenvolvimento Humano (IDH) elevado, como os países nórdicos, mesmo porque o envelhecimento da população só é sustentável sem empobrecimento se houver ganhos de produtividade no trabalho ativo dos mais jovens. Ganhos de produtividade, por sua vez, tendem a ocorrer quando há dinamismo de crescimento e não sociedades estagnadas. Veja o caso do Brasil. Nenhum referendo popular elegeria um candidato que tivesse como plataforma tornar a renda *per capita* constante nos níveis atuais. Além disso, há de novo uma questão distributiva. Parar de crescer, ou crescer bem menos, é muito menos penoso para quem já atingiu um estágio de desenvolvimento avançado.

Que tal parar o crescimento nos países desenvolvidos para permitir mais crescimento nos emergentes?

Estamos lidando com decisões soberanas. Como é que vamos convencer os Estados Unidos a parar de crescer para permitir que os emergentes cresçam sem afetar o equilíbrio ecológico global? Permita-me uma analogia: em algumas economias consegue-se taxar os ricos para dar dinheiro aos pobres, porque quem toma a decisão de taxar é eleito pelos pobres. Mas cidadão chinês não vota na eleição para presidente norte--americano!

Fala-se muito em capacidade de suporte do planeta. A Global Footprint Network, ligada à Universidade de Columbia, no Canadá, afirma que em 1987 o consumo global de recursos teria ultrapassado a capacidade de regeneração do planeta. Nosso excedente de consumo seria da ordem de 30%. Se continuarmos nesse ritmo, em 2050 precisaremos de dois planetas. Isso é uma megaexternalidade?

É uma megaexternalidade que começou a existir desde a Revolução Industrial. Uma externalidade do passado sobre o presente. O estoque de carbono que está na atmosfera hoje é o somatório dos fluxos anuais de emissão. De novo, não é um problema que nós criamos. É um problema herdado que estamos tratando de administrar. A atitude global consciente é limitar as novas emissões para que o estoque não chegue a criar uma irreversibilidade ou uma catástrofe planetária. É um problema coletivo.

O mesmo Relatório do crescimento, do Banco Mundial, mostra que, ao contrário do Brasil, que tem 80% da população nas cidades, a China tem 55% da população no campo e a Índia, 77%. A urbanização prevista para os próximos anos, na China, é da ordem de 600 milhões de pessoas. Como acomodar os impactos socioambientais do crescimento de países como a China, a Índia e o Brasil? Essa conta não fecha.

O crescimento leva à urbanização, à redução da taxa de fertilidade e ao aumento da vida útil. Dito em outras palavras: crescimento leva à urbanização e envelhecimento da população. O Brasil já está muito mais avançado nesse processo do que a China ou a Índia. Mas, ao contrário desses dois países, nós nos urbanizamos sem termos ficado afluentes — ou seja, o nosso desafio é ficarmos afluentes antes de envelhecer. Do ponto de vista do meio ambiente, no entanto, o que importa são os impactos do crescimento, venham eles de sociedades que ainda estão se urbanizando ou daquelas que já se urbanizaram.

O aumento das emissões de carbono está diretamente associado à arrancada de produtividade e prosperidade que o capitalismo gerou nos últimos cinquenta anos. Mas, junto com ela, a crise ambiental também veio se agravando, ao longo do século XX, como mostram externalidades como Minamata, Three Mile Island, Bhopal, Chernobyl e Exxon Valdez. Por que os alertas para os impactos colaterais dos processos econômicos não foram ouvidos?

Persio Arida

Eu não interpretaria acidentes como Chernobyl ou Three Mile Island como alertas para os impactos colaterais dos processos econômicos. Todo processo de geração e transporte de energia tem riscos. Uma hidrelétrica malconstruída pode romper, um petroleiro adernado pode vazar e provocar uma minicatástrofe ecológica como o Exxon Valdez, o mercúrio provoca os horrores de Minamata etc. Se o problema fosse apenas desse tipo, bastaria reforçar os controles e a supervisão prudenciais para evitar que acidentes se repitam. O problema da crise climática ambiental é outro: aumento puro e simples da concentração de gases nocivos na atmosfera. Somente agora os alertas sobre isso passaram a ser mais ouvidos porque, na verdade, os ganhos de bem-estar associados ao desenvolvimento para quem sai da extrema pobreza são de tal ordem que as pessoas preferem ignorar as consequências de longo prazo. Você pode chamar esse comportamento de miopia coletiva ou apenas entendê-lo como resultante de uma taxa de desconto intertemporal muito elevada. A consciência coletiva ambiental se desenvolve de forma gradual.

É incremental.

Isso porque ter taxa intertemporal de desconto baixa é um dos privilégios da afluência. Um sujeito que tem uma expectativa de vida de trinta anos e vive miseravelmente no campo, quando ganha uma expectativa de vida de cinquenta anos e passa a ter um padrão de vida minimamente digno, não se importa a mínima com o problema das gerações futuras. O benefício é maior! Mas quem tem expectativa de vida de oitenta anos com algumas conquistas no IDH e pode passar para noventa ou cem já tem, naturalmente, uma perspectiva de longo prazo sobre os problemas da humanidade. Eu vejo na China, para onde eu vou com frequência, a alegria das pessoas com o progresso material. A China é uma marcha unida para o desenvolvimento! A sociedade inteira só pensa em ganhar dinheiro e se desenvolver. Não é uma coisa deste ou daquele governo, é uma massa unida, é o país inteiro. O grau de adesão social é igual ao de lutar numa guerra.

É o comunismo de consumo!

Será, no futuro, um regime político comunista com um capitalismo dirigido voltado ao consumo, mas no momento a China ainda está na etapa prévia dos investimentos em infraestrutura e nas atividades de exportação. O país inteiro está marchando em ordem unida para crescer, fazer negócios e ganhar dinheiro. Você acha que eles não sabem que têm um problema ambiental? Sabem, sim. Veja como trataram de melhorar a qualidade do ar quando houve as Olimpíadas em Pequim, ou esses exemplos impressionantes, como a história da proibição dos sacos de plástico, que Friedman conta em seu último livro.[46] Mas a pressão da pobreza e da miséria é de tal ordem que não há apoio para a China endossar um protocolo rígido de controle de gases poluentes. O problema ambiental deriva do crescimento, mas só o crescimento cria a consciência ambiental, gradualmente.

Os ambientalistas são contra os transgênicos, as hidrelétricas e as florestas plantadas. O que você acha?

Qualquer decisão tem prós e contras. Uma usina hidrelétrica produz uma energia mais limpa do que uma usina térmica, mas, em compensação, obriga a um alagamento de áreas que poderiam ser utilizadas para agricultura ou reflorestamento. Uma usina nuclear carrega consigo o problema do resíduo atômico. Tudo tem prós e contras. O que não faz sentido é ser contra todas as formas de produção de energia, a menos que se pretenda crescer a taxas negativas. A atitude de muitos extremistas ambientais causa, na prática, um desserviço à causa ambiental. É o sujeito que é contra tudo, contra usina térmica, contra hidrelétrica, contra nuclear, contra petróleo, e quer sustentar o crescimento econômico na base de tecnologias caras e de pouco alcance macroeconômico, como a energia eólica ou a solar. Para ser coerente, esse sujeito deveria dizer também que deseja que o Brasil cresça a taxas negativas e que o desemprego seja estruturalmente mais elevado.

Os economistas parecem nutrir indiferença pelas questões ambientais tanto quanto os ambientalistas aparentam ignorar a Economia.

Muitos ambientalistas costumam ignorar os *trade-offs* da Economia, os prós e contras de qualquer decisão. Do ponto de vista de um discurso de mobilização, para despertar consciências, entendo a estratégia, entendo a vantagem de ignorar os *trade-offs*. Não foi à toa que as grandes religiões propagaram discursos simples. Grandes pregadores têm discursos

---

[46] Thomas Friedman, *Hot, Flat and Crowded: Why We Need a Green Revolution and How It Can Renew America*, Nova York, Farrar, Straus and Giroux, 2008.

simples e mensagens poderosas. Mas um discurso coerente que vise moldar as escolhas da sociedade tem que levar em conta os prós e contras. Se o alagamento é socialmente melhor do que o resíduo atômico, escolhamos uma hidrelétrica e não uma usina nuclear. Se quisermos gerar a mesma energia pelo aproveitamento das marés ou dos ventos, teremos um custo de energia muito maior e menos crescimento. O discurso simplista é bom para chamar a atenção ao assunto, mas é insuficiente para levar o assunto a sério com todas as suas implicações.

Muitos empresários veem a sustentabilidade como obstáculo. Para os ambientalistas, as empresas precisam ser reguladas e controladas. Para os consumidores, prega-se limitação do consumo, comprar menos, gastar menos, dirigir menos e compartilhar recursos, ou seja, sacrifícios e severidade. A proposta ambientalista é avessa à abundância e ao desfrute. Seria possível mudar essas percepções?

É sempre possível obter ganhos com a exortação moral e o despertar das consciências para o problema ambiental. Mas ganhos definitivos, sustentáveis, vêm da fixação de um preço para a emissão de gases poluentes ou de um acordo como o que se tentou em Kyoto. Se você disser aos consumidores "evite consumir, seja mais frugal", alguns o escutarão, outros não. Se você colocar um preço no consumo excessivo, a frugalidade ocorrerá de forma sistemática. Não estou defendendo a frugalidade. Apenas estou dizendo que a exortação moral tem alcance limitado e que, em escala global, devemos pensar soluções econômicas para o problema.

A sustentabilidade virou uma panaceia, um termo vago, difuso e impreciso, como já foi o conceito de democracia no passado. Antigamente, as ditaduras latino-americanas e as democracias populares do Leste Europeu se autoproclamavam democratas. Agora todas as empresas são "sustentáveis". É claro que há empresas admiráveis e socialmente responsáveis, mas a maioria realiza programas pontuais e o marketing reivindica crédito planetário. Há uma onda de "maquiagem verde".

Bem, quanto mais gente estiver informada e disposta a agir, melhor, mas ações de marketing corporativo não vão resolver o problema. Claro que, na margem, é melhor ter uma empresa gastando recursos para gerir um projeto ambiental do que não gastando, mas é sempre bom lembrar que a melhor contribuição da empresa para a sociedade está em ser produtiva e eficiente. Essa é a função social da empresa. O conceito de empresa sustentável é confuso. Pode-se falar, sim, em crescimento sustentável, em um padrão de crescimento cuja contribuição para a emissão de gás carbônico esteja dentro dos limites que evitariam uma catástrofe climática. A maneira realmente efetiva de lograr isso não é aguardar o resultado de ações voluntárias de marketing corporativo, ou campanhas para a consciência social das empresas, mas sim implementar o sistema adequado de incentivos. O que resolve é o sistema de preços e a solução tem que ser global. Na inviabilidade de um sistema de cotas que permita a livre negociação dos direitos de poluição, devemos implementar uma taxação universal e uniforme sobre a emissão de poluentes, de onde quer que provenham. Ou um ou outro resolvem. O que não faz sentido é adiar as discussões globais sobre o tema na esperança de que a consciência dos empresários leve a soluções efetivas.

O Brasil tem um registro incomum de crescimento econômico com pouco desenvolvimento social e muito impacto ambiental. O que mais contribui para esse modelo?

Discordo dessa afirmação de que o Brasil tem pouco desenvolvimento social e muito impacto ambiental. O Brasil tem uma das matrizes energéticas mais limpas do mundo, por conta da abundância de energia hidrelétrica. É verdade que temos sido muito pouco eficientes no controle do desmatamento da Amazônia, que avança celeremente, mas lembre que boa parte da Europa era coberta de florestas. O que aconteceu com as florestas da Europa? Viraram lenha e carvão. Para brecar o impacto da expansão econômica na Amazônia precisamos, uma vez mais, de incentivos de preços. Controles adiantam até certo ponto, mas dificilmente você conseguirá brecar o processo com multas do Ibama ou da polícia. O sistema de incentivos econômicos para estimular a preservação das florestas deveria ser global. É tão importante preservar uma árvore na Amazônia quanto nas florestas da Indonésia ou na África.

A "curva de Kuznets" sugere que a desigualdade de renda aumenta na fase inicial da industrialização e diminui quando o país alcança o desenvolvimento. Hoje se fala na "curva ambiental de Kuznets", que sugere que os impactos crescem durante os estágios iniciais do desenvolvimento, mas, a partir da obtenção de certo nível de renda, estabilizam e entram em declínio, aumentando a racionalidade ambiental. Para fazer o "bolo crescer" é inevitável gerar impacto ambiental?

Não conheço nenhum caso de país que tenha se desenvolvido aceleradamente sem deteriorar o meio ambiente. Se em tese é possível ou não, eu não sei, mas na prática desconheço. Não há registro disso. Não sei se entendo bem o que significa a "curva ambiental de Kuznets", mas, se for generoso com a expressão, entenderia que, como o desenvolvimento leva à maior afluência e reduz a taxa de desconto intertemporal, sociedades mais desenvolvidas se tornam mais conscientes do problema ambiental. Mas da consciência ambiental para a racionalidade ambiental vai uma longa distância.

Não há um pouco de determinismo nisso?

Não é um determinismo, é um padrão histórico. Quando os Estados Unidos se desenvolveram na velocidade com que o Brasil está se desenvolvendo, também destruíram as florestas. Você só consegue mudar esse padrão precificando a externalidade ambiental. Se fosse criado um incentivo financeiro do tipo "se você destruir a floresta, vai pagar x de imposto; se não destruir, vai ganhar x de dinheiro", o processo de desmatamento mudaria de figura imediatamente. Nenhum país até hoje colocou, de fato, o sistema de preços para funcionar no âmbito de questões ambientais. O sistema *cap and trade* que o presidente Obama está sugerindo poderia funcionar nesse sentido: quem for poluir mais do que o permitido tem que pagar para alguém poluir menos do que o prometido. Na lista dos ganhadores, pode estar quem, na verdade, ajuda a despoluir, o proprietário da mata virgem.

O problema da precificação pelo custo total, embutindo o custo das externalidades e dos impactos ambientais nos preços dos produtos, é que, além da complicação política, isso significa aumento de custo para empresas e consumidores. A sustentabilidade custa mais caro.

Qualquer que seja a precificação, não devemos ter ilusão: a solução para o problema ambiental é ter alguma perda de crescimento. É isso mesmo. Se alguém, para produzir aço, deve pagar algo para o proprietário da floresta não desmatar sua floresta, ou pagar algo para o cientista investir em pesquisa tecnológica sobre tecnologias alternativas, o resultado para a sociedade é que o aço será mais caro do que era anteriormente. Enquanto não houver consciência disso, a discussão estará fora de foco. Hoje, muito da discussão ambiental é como a discussão sobre a virtude. Não conheço ninguém contra a virtude como princípio, mas na prática poucos são os virtuosos, porque a virtude, na prática, é difícil. Idem para a discussão ambiental. Todos são a favor, desde que não se reduza o crescimento!

O desenvolvimento sustentável é possível ou será uma contradição em termos, na medida em que não se pode desenvolver conservando? Nicholas Georgescu-Roegen diz que, a longo prazo, a Economia será absorvida pela Ecologia.

O Georgescu era um pensador extremamente interessante e original, mas a absorção da Economia pela Ecologia envolve o conceito de entropia geral do universo, bem mais complicado. O fato é que não temos hoje um ritmo de crescimento sustentável. Para torná-lo sustentável, precisamos estabilizar o estoque de CO_2 na atmosfera. Como chegar lá? Você não vai estabilizar do dia para a noite. Vai se estabilizar emitindo cada vez menos. A maneira de obter isso é colocar um custo na emissão dos gases e ver como o sistema responde, ajustando esse custo para cima ou para baixo, ano a ano, para gerar o resultado desejado. Não consigo ver outra estratégia. Temos de taxar o carbono globalmente, incentivar a preservação de áreas verdes e procurar energias menos poluidoras. Para o mundo pouco importa se a água estiver na Amazônia ou na Indonésia, ou se a poluição for nos Estados Unidos ou na China. O sistema de preços e o sistema de incentivos para preservação das áreas verdes têm de ser únicos globalmente.

Como será a economia em 2039, quando o mundo estiver mais quente e a população brasileira estiver demograficamente estabilizada num território ainda rico de terra agriculturável, água e florestas? Os economistas desenvolvimentistas dizem que temos uma janela de oportunidade para completar a transição de economia exportadora de commodities *para economia exportadora de bens manufaturados. O que você acha desse debate?*

Eu diria o seguinte: não há nada de ruim em ser uma economia exportadora de *commodities*, como bem demonstram os casos da Austrália, Nova Zelândia e Canadá. Há problema quando a sua atividade exportadora funciona como um enclave sem *feedback* para o resto da economia, como aconteceu tantas vezes na África. Uma economia com *feedback* interno da atividade exportadora de *commodities* não tem nada de ruim. No nosso caso, poder exportar *commodities* é uma bênção, não uma maldição, porque, além dos minérios e do petróleo, temos solo arável e vasto, muito sol e água. E o agronegócio também agrega conhecimento e tecnologia. Temos que aproveitar nossas vantagens competitivas.

A agenda do presidente Obama pressupõe a retomada do crescimento econômico numa economia de baixa emissão de carbono. Isso significa uma nova fronteira científica e tecnológica e um novo tipo de infraestrutura econômica, como transportes elétricos. Como o Brasil pode se inserir nesse novo paradigma?

O etanol é um caminho óbvio. O que houve nos Estados Unidos foi um absurdo. Eles estão subsidiando a produção de álcool de milho, que é ineficiente e encarece o preço dos alimentos. Esse é outro exemplo evidente do problema anterior sobre o qual falávamos. Se você tiver um sistema de preços global, funciona bem. As distorções começam quando se procura tomar decisões soberanas individuais, não concatenadas. É melhor produzir etanol a partir do milho nos Estados Unidos, ou do açúcar no Brasil? É melhor produzir cana-de-açúcar no Brasil ou em Cuba? Essas são as perguntas a serem feitas e devem ser respondidas no plano estritamente econômico. Se não adotarmos uma regra universal, não vamos responder adequadamente ao problema.

Um mercado de direitos negociáveis de emissão pode ajudar a encontrar o caminho para reduzir a poluição do sistema?

Claro que sim. O problema é como distribuir o direito de emissão de tal sorte que os menos poluidores ou os que preservam as áreas verdes possam vender o direito para aqueles que precisam poluir mais do que deveriam. A dificuldade de implementar uma solução desse tipo é chegar a um acordo que não seja muito distorcivo entre os vários Estados soberanos e ter certeza de que os direitos não estão baseados em falsas premissas. Um preço universal me parece mais simples, embora, em princípio, não assegure com certeza, na partida, o controle desejado do processo de poluição. A menos que se consiga, desde o início, fixar o preço correto.

Como transformar a vantagem comparativa da Amazônia em vantagem competitiva? Muitos falam na criação da "economia da floresta em pé", com serviços ambientais, manejo sustentável de recursos, biodiversidade e biotecnologias. Há trinta anos fala-se disso, mas muito pouco se avança.

Gosto de soluções simples. As complexas acabam não funcionando. Não tem nada de errado em criar um incentivo para manejo sustentável de florestas, em explorar a biodiversidade de forma amigável ao ambiente. Pelo contrário, isso é muito saudável. Mas, se você complicar muito o sistema e tentar fazer uma administração micro do problema, vai se atrapalhar. Se você disser "vou pagar x por tantos quilômetros quadrados de árvores plantadas preservados na sua propriedade", pode funcionar. Mas se disser "certas árvores são melhores do que outras", "tal manejo é melhor do que outro", mesmo sendo a pura verdade, você cai, digamos assim, na granularidade da decisão. Se for simples, do tipo "poluiu, paga; preservou, recebe", qualquer que seja a poluição e a preservação, a mensagem fica clara, fácil de administrar. Quando você começa a colocar incentivos granulares, específicos, passa a lidar com uma colcha de retalhos complicada, difícil de administrar e que sempre dá chance para alguém esperto fazer arbitragens e operar nas falhas ou inconsistências do marco regulatório.

Poluiu, pagou.
Poluiu, pagou. Preservou, recebeu. Tão simples quanto isso. Se a árvore está em São Paulo, na Amazônia ou na Bolívia não importa, está preservando. Se a poluição for em São Paulo, na Amazônia ou na Bolívia, não importa. O ideal seria um sistema global e simples, e efetivo o suficiente para, de fato, gerar uma inflexão da deterioração ambiental global ao longo do tempo.

Luiz Carlos Bresser-Pereira

> "Somos uma democracia porque evoluímos com as cobranças da sociedade."

Luiz Carlos Bresser-Pereira nasceu em São Paulo, em 1934. É economista e cientista social. Formou-se em Direito pela Universidade de São Paulo, fez MBA na Michigan State University, PhD e Livre Docência em Economia na USP. É professor emérito da Fundação Getúlio Vargas. Foi professor visitante na Universidade de Paris I, no Departamento de Ciência Política da USP, no Nuffield College e no St. Antony's College, na Universidade de Oxford. Foi vice-presidente do Grupo Pão de Açúcar de 1963 a 1982, presidente do Banco do Estado de São Paulo em 1983 e secretário do governo Franco Montoro, em São Paulo, em 1985. Em 1987, no final do Plano Cruzado, foi ministro da Fazenda do governo José Sarney. Em 1995, foi ministro da Administração e da Reforma do Estado no governo Fernando Henrique Cardoso e, em 1999, ministro de Ciência e Tecnologia. É membro fundador do Cebrap, editor da *Revista de Economia Política*, colunista da *Folha de S. Paulo* e membro do Conselho de várias empresas. Publicou inúmeros artigos e livros sobre economia brasileira e ciências sociais, traduzidos em diversas línguas.

Há um novo tipo de pressão sobre a economia brasileira: mudanças climáticas derivadas da emissão de gases de efeito estufa. O desafio de construir uma economia de baixa emissão de carbono implica numa mudança de paradigma no pensamento econômico?

Primeiro não se deve dizer que há uma crise gerada pelo problema do desenvolvimento sustentável. Não é uma crise, é um desafio. Dentro desse desafio acho que existe o problema do aquecimento global e, mais amplamente, o da proteção do ambiente em geral no país e no mundo. Em relação ao aquecimento global, não sou especialista, mas tenho lido críticas muito fortes de cientistas afirmando que não há aquecimento global algum. Há controvérsia. Não me preocupo muito com isso porque, na dúvida, devemos tratar de limitar as emissões de gases de efeito estufa e ponto final. Para tanto, a cooperação entre os países é muito importante. Além disso, mesmo que o efeito estufa não exista, mesmo que os cientistas do Painel Intergovernamental de Mudanças Climáticas da ONU estejam enganados, há necessidade de proteger a natureza porque é nela que vivemos. É importante que o Brasil coopere com os demais países na luta pela proteção do ambiente. Entendo que o país mudou de posição corretamente nas negociações climáticas. Quando o Protocolo de Kyoto foi negociado, o Brasil defendeu uma argumentação inteligente, mostrando não só que não éramos os maiores poluidores como tínhamos créditos. Por quê? Porque as emissões correspondiam ao débito acumulado durante duzentos anos pelos países ricos que se industrializaram antes de nós. Portanto, em Kyoto, reconhecemos o problema global, não estabelecemos metas para nós e defendemos que os países ricos deveriam estabelecê-las.

Aceitou-se o princípio da responsabilidade compartilhada mas diferenciada.

Isso. Depois, a posição extremamente pouco colaborativa dos Estados Unidos demonstrou que um dos motivos pelos quais eles não estavam dispostos a cooperar era justamente esse princípio de que os países em desenvolvimento não teriam responsabilidades iguais, por enquanto. Mas a evolução do debate levou o Brasil e a China — a Índia, que eu saiba, ainda não — a mudar de posição. É claro que não vamos adotar as mesmas metas dos países ricos, mas também somos responsáveis pelo clima. Temos que cooperar. O presidente Lula fez uma proposta, que alguns acham muito ousada, de diminuir as emissões de gases causadores do efeito estufa de 36% a 39% em relação ao que seria emitido em 2020 se nada fosse feito, e se a tendência ao aumento da emissão dos gases continuasse a ocorrer. Acho uma boa proposta, especialmente porque temos emissões importantes derivadas da destruição das florestas. Como temos interesse em defender a Floresta Amazônica em qualquer hipótese e já vínhamos fazendo esforços desde governos anteriores — lembro o quanto o governo Fernando Henrique lutou por isso —, a nova proposta me parece pertinente.

Há economistas que consideram que as mudanças climáticas são a maior e a mais abrangente falha de mercado jamais vista.

Eu acho que não faz sentido falar em falha de mercado. Para começar, é pedir do mercado algo que ele não pode dar. Tenho uma experiência pessoal sobre isso. Em 1981, o grande economista Nicholas Georgescu-Roegen esteve no Brasil e fez uma conferência na Faculdade de Economia e Administração (FEA), da USP, onde já tinha estado como professor visitante. Nela, apresentou uma análise baseada no seu livro *A economia e a lei da entropia*, que é um marco nessa história, afirmando que o problema do aquecimento global era grave e que precisávamos tomar providência, nós a humanidade. Um economista brasileiro que acabara de fazer seu doutorado em Chicago e um professor visitante japonês opuseram-se ferozmente ao Georgescu, defendendo o argumento de que o mercado resolveria o problema — o que é ridículo. Lembro do velho Georgescu, um pouco gordo, respondendo: "o que vocês estão pensando é *parochial*" (paroquial); "isso é uma tolice, coisa de quem não percebe nada"; "não estou pensando em mim mesmo, penso nos meus netos". Eu achei muito interessante e o apoiei. Acabei ganhando um livro dele autografado. A meu ver o mercado não tem condições de resolver esse assunto. Acabou-se inventando um mecanismo de mercado que são os créditos de carbono. Acho melhor do que nada, mas também não resolve. O que resolveria mesmo era cobrar imposto sobre as emissões. Isso seria o correto.

A tecnologia e o engenho humano adquiriram a capacidade de alterar o planeta em uma fração do tempo histórico. Grandes mudanças não intencionais estão ocorrendo na atmosfera, nos solos e nas águas. Como o senhor vê a busca pela sustentabilidade? Moda? Ideologia? Necessidade?

É uma necessidade. Tudo indica que é uma necessidade, e é uma ideologia também, no sentido bom da palavra. Temos cinco grandes objetivos políticos, dos quais quatro são ideologias definidas historicamente pelas sociedades modernas. O primeiro, que veio da Antiguidade, é o da segurança e da paz. Depois, vem a liberdade e o liberalismo; depois, o desenvolvimento econômico e o nacionalismo; depois a justiça social e o socialismo, e, finalmente, a proteção do meio ambiente e o ambientalismo. Os últimos quatro são ideologias. Não há exatamente uma ideologia da segurança e da paz. Acho o ambientalismo muito importante. Muitos jovens que antes se preocupavam com o socialismo e com a justiça social migraram para o ambientalismo, mas acho que deveriam ficar com os dois. Seria mais razoável.

Estamos sob um cenário climático desanimador, segundo os cientistas. Se o cenário business as usual *continuar, em 2030 dispararemos um aquecimento superior a 2 °C, que deverá gerar mudanças climáticas. O senhor acha que a inovação tecnológica poderá mudar esse quadro, como mudou o prognóstico de catástrofe econômica antevista por Malthus no século XIX?*

Essa é uma grande discussão, porque tem um pessoal que não acredita na existência do aquecimento global. Tem outro que diz que o aquecimento global existe, mas a tecnologia resolve e, portanto, não precisamos nos preocupar com economia de energia. E tem os que dizem que, além do uso tecnológico, é preciso economizar energia. Estou com esses últimos. Acho que temos de economizar, porque inclusive há muito abuso no gasto de energia, muito desperdício e, portanto, muita possibilidade de racionalizar.

O aumento das emissões de carbono está diretamente associado à arrancada de produtividade do capitalismo nos últimos cinquenta anos. Milhões de pessoas melhoraram de vida. Mas a crise ambiental também veio se agravando no século XX, com colapsos de ecossistemas e macroexternalidades como Minamata (1956), Three Mile Island (1979), Bhopal (1984), Chernobyl (1986) e Exxon Valdez (1989). Por que os alertas para os impactos colaterais dos processos econômicos não foram ouvidos?

Não estou de acordo, não. Acho que os alertas estão sendo ouvidos. Acho que o problema do meio ambiente foi colocado na pauta mundial e ganhou uma prioridade grande. O fato de não se ter chegado a um bom acordo nas negociações climáticas, em Copenhague, por exemplo, é grave, mas de certo modo esperado. O governo americano não estava ainda em condições de se comprometer com nada, porque dependia de uma decisão do Congresso que não foi tomada. A demora na solução do problema é mais ou menos esperável. Quando começaram essas discussões nos anos 1980, depois da Conferência de Estocolmo, em 1972, dizia-se que países como a China e a Índia jamais poderiam ter os padrões de consumo dos países ricos. Ouvi essa frase muitas vezes e pensei: qual a justificativa que qualquer um de nós tem para dizer aos chineses e aos indianos que eles não podem enriquecer? Acontece que realmente eles começaram a se desenvolver, e de maneira rápida, e estão definitivamente dispostos a prosperar. Outro dia li um artigo do meu queridíssimo amigo Ignacy Sachs repetindo essa frase, de passagem. Ele conhece muito esse tema de o mundo não ter capacidade para suportar a China e a Índia consumindo o mesmo que os Estados Unidos. Tudo bem. Então, só há um jeito: diminuir o consumo de todo mundo. Só que pedir isso para chineses, indianos, bangladeshianos, paquistaneses, indonésios ou brasileiros me parece não fazer sentido. O problema que realmente se coloca é como redefinir padrões de vida aceitáveis para todos que impliquem em menos consumo de energia. Há, por exemplo, toda uma discussão muito interessante sobre cidades autossustentáveis. Uma ideia é misturar áreas de lazer, habitação, fábricas e escritórios nas grandes cidades, tudo próximo, em grupos, de forma que as pessoas possam morar perto do trabalho, o que diminuiria fortemente as emissões do transporte. O mundo vai ter de resolver esses assuntos.

Talvez a sociedade só se mova na beira da catástrofe — se tanto. As democracias de massa consideram os benefícios imediatos do crescimento mais importantes que ameaças futuras.

Veja, o país mais rico do mundo são os Estados Unidos e, paradoxalmente, são os que mais resistem a um acordo. Pode-se até acusar os indianos, mas acho que a maior responsabilidade é dos norte-americanos, porque querem continuar se desenvolvendo. Eles construíram uma sociedade incrivelmente desigual e os padrões de vida do povão, da classe baixa americana, são muito ruins, ainda. Há muito que melhorar. Se os americanos tivessem desenvolvido uma sociedade semelhante à sueca ou à dinamarquesa, com o padrão do norte da Europa, aí talvez você pudesse começar a dizer "agora vamos parar de crescer". Aí, a ideia do crescimento desaparece, ou fica em segundo plano, e a ideia da qualidade de vida, a partir de um sistema de desenvolvimento sustentável, passa a ser a prioridade. Isso vai acontecer de um jeito ou de outro, porque vai haver pressão para tanto, mas ainda vai demorar. O problema todo é saber se vai acontecer a tempo de evitar uma desgraça ou depois de muitas delas acontecerem.

Muitos acham que a expressão "desenvolvimento sustentável" é um oxímoro, uma contradição em termos, já que não é possível desenvolver conservando. Economia e Ecologia podem ser ajustadas? O Georgescu-

-Roegen diz que a Economia será absorvida pela Ecologia a longo prazo. Muitos dizem que os economistas ignoram a termodinâmica porque não gostam de pensar na entropia do sistema.

Nunca pensei direito sobre esse assunto. O desempenho econômico resulta, em última análise, na melhoria dos padrões de vida materiais da população, e essa melhoria sempre aconteceu com um gasto muito grande de energia. Mas também percebemos que podemos ter níveis de qualidade de vida muito bons com um gasto muito menor de energia. É evidente que temos de caminhar para isso. Temos de caminhar para compatibilizar o desenvolvimento econômico, a melhoria dos padrões materiais de vida, com a sustentabilidade do ambiente. Acho que isso é possível, mas implica num processo de cooperação muito grande, e enquanto o mundo estiver dividido em Estados-Nações será complicado. A rigor, esse problema é o primeiro fato a exigir um Estado mundial. É por isso que as discussões se dão nas reuniões da ONU, onde há condições de elaborar tratados globais que tenham algum *enforcement*, alguma capacidade de execução.

A sustentabilidade é uma poderosa ferramenta de marketing. O termo virou uma panaceia, tão flexível quanto vago e impreciso. Como o senhor vê a onda de "maquiagem verde"?

A cooptação é uma resposta à ameaça. Nos anos 1960 apareceu a contracultura dos *hippies*. Algumas daquelas ideias foram cooptadas, viraram marketing e passou-se a ganhar dinheiro com elas. Neutralizou-se uma parte do caráter revolucionário da contracultura. Agora, com o meio ambiente, o que as empresas estão fazendo é parecido. É mais ou menos inevitável. Faz parte das regras do jogo. O importante é não se deixar enganar.

Em 1972, o relatório Limites do crescimento, *do Clube de Roma, provocou polêmica por questionar a "ideologia do crescimento econômico", mas suas previsões revelaram-se erradas. Hoje, há de novo economistas propondo uma "economia de não crescimento" para os países desenvolvidos. A sociedade pode abdicar da ideia de crescimento econômico?*

Eu dou aulas também na França, e a França é um dos países mais ricos do mundo. A quantidade de pobres, lá, é muito grande. Nos Estados Unidos é muito pior, porque a distribuição de renda é pior. Como é possível deixar de crescer nessas condições? Alguém poderia dizer que, em vez de crescer, seria preciso distribuir, mas distribuir renda que não cresce é muito mais difícil do que distribuir renda que aumenta. Se houver crescimento, você pode manter o padrão dos ricos e ir diminuindo a diferença dos pobres. Se não há crescimento, para melhorar a distribuição é preciso tirar dos ricos e passar para os pobres — e, Virgem Maria, isso é muito difícil! Acho que as teses sobre o decrescimento um dia vão acontecer, mas ainda é cedo para falar sobre isso. É prematuro.

O Relatório do crescimento, da Comissão sobre Crescimento e Desenvolvimento, do Banco Mundial, afirma que há um "impasse conceitual" sobre como reduzir as emissões de carbono a níveis seguros até o meio do século, acomodando o crescimento dos países em desenvolvimento. A solução seria reduzir a dependência de carbono no crescimento global, promovendo a eficiência energética. Mas, ao mesmo tempo, para os países emergentes "alcançarem" a renda per capita dos países industrializados, o relatório sugere um crescimento anual médio de 5,7% na China, 5,3% no Brasil e 7,4% na Índia, até 2050. Como acomodar os custos socioambientais desse crescimento? Só a urbanização prevista para a China nos próximos anos é da ordem de mais 600 milhões de pessoas.

Tudo indica que a conta não fecha. Mas o processo de cooperação para resolver o assunto vai aumentar, porque vivemos num processo de competição e cooperação. Essa é uma lógica fundamental. Aqui os agentes são os Estados-Nações e eles vão ser obrigados a cooperar mais. Sempre haverá o famoso problema do carona, do *free rider*, que pretende deixar que os outros façam o esforço e tentar pegar carona na história. Esse é um problema complicado num sistema de cooperação, mas creio que terá de ser feito.

Em 2035 o planeta terá 8 bilhões de pessoas, menos recursos e uma temperatura alguns graus centígrados mais quente. Já a população brasileira atingirá "crescimento zero" em 2039, com 219 milhões, e entrará em decréscimo, num país ainda rico de terra agriculturável, água e florestas. Temos tempo e recursos para completar a modernização da nossa economia?

Você faz duas questões. Em relação à demografia, não estou muito preocupado, porque a democracia vai ajudar. Vai ajudar porque, por volta de 2030, a população do mundo deixará de crescer e começará a diminuir. Vamos ter problemas relacionados com essa diminuição. Nos países mais ricos já é realidade. Alguns desses países, como a França, já fizeram programas agressivos para aumentar a natalidade. O que é preocupante em relação ao aquecimento global não é o aumento da população, mas o aumento dos níveis de renda da população de todo o mundo, que, para continuar acontecendo, precisa de novas tecnologias. A segunda pergunta é sobre o Brasil. O Brasil realmente tem recursos naturais abundantes, e os está usando cada vez mais, expandindo sua economia. Eu, pessoalmente, você sabe, vivo numa briga. Acabei de publicar um livro chamado *Globalização e competição*,[47] no Brasil, nos Estados Unidos e na França, em que defendo fortemente que o Brasil adote políticas diferentes para crescer mais. Se você considerar de 2008 para 2010, enquanto a China cresceu 9,9% ao ano em média, o Brasil cresceu 3,2% — menos de um terço. Então, precisamos crescer mais para melhorar os padrões de vida da nossa população. Temos políticas erradas. E estão erradas porque são recomendadas pelos nossos competidores, que chutam a nossa escada. Hoje, quem está fazendo uma conferência aqui na Fundação Getúlio Vargas é o professor Ha-Joon Chang, autor do livro *Chutando a escada*.[48] Ele é um coreano-inglês que leciona em Cambridge. O livro mostra como os países ricos, quando viram a concorrência emergente dos países em desenvolvimento, passaram a dar conselhos sobre como se desenvolver, recomendando exatamente o oposto daquilo que eles próprios praticaram quando estavam no mesmo estágio de desenvolvimento — quando não continuam a praticar ainda hoje. Está claro para mim que, quanto mais cresço, mais crio problema ambiental. Mas digo que o problema ambiental precisa ser resolvido por todos juntos. Não aceito, em hipótese alguma, que os norte-americanos continuem no seu padrão de vida e eu seja obrigado, por algum acordo, entendimento ou pacto, a estacionar num padrão mais baixo. Há pouco escrevi um artigo na *Folha de S. Paulo* defendendo a discussão das metas de emissão de gases de efeito estufa *per capita*. Ninguém me disse ainda qual é o gasto *per capita* aceitável para o mundo de 2050, compatível com a sustentabilidade. Perguntei para uma pessoa em Genebra, muito envolvida em todas essas negociações, por que não conseguimos ver com clareza a emissão *per capita* que todos querem ver. Ela me disse que existem resistências violentas a pôr núme-

---

[47] Luiz Carlos Bresser-Pereira, *Globalização e competição: por que alguns países emergentes têm sucesso e outros não*, Rio de Janeiro, Campus Elsevier, 2009.

[48] Ha-Joon Chang, *Chutando a escada: a estratégia do desenvolvimento em perspectiva histórica*, São Paulo, Unesp, 2004.

ros nessa história, especialmente por parte dos Estados Unidos — o que obriga os diplomatas a ficarem pisando em ovos.

A antropologia afirma que a liberdade é o resultado de uma relação de adequação entre a população e os recursos disponíveis. Quanto menores as sociedades, mais igualitárias. Quanto mais complexas e populosas, mais regras, controles e disciplinas. O Brasil será um dos países menos congestionados do futuro. Isso favorece o nosso crescimento?

Sem dúvida. O Brasil podia estar crescendo, se não como a China, pelo menos como a Índia. Não há razão para crescer menos. Agora, em 2010, estamos crescendo a 5%, mas não de modo sustentável. Com o endividamento externo que já começamos a acumular outra vez, não se sustenta. O Brasil poderia crescer 7% ao ano durante muitos anos e isso seria muito bom para os brasileiros. Temos condições ambientais para isso, além de todas as demais condições. Por que não crescemos? Não crescemos essencialmente porque não sabemos administrar a nossa taxa de câmbio. Mas aí é outra história.

Vamos falar dela. O senhor tem manifestado sua preocupação com a desindustrialização e o câmbio, cuja sobrevalorização inviabiliza parte das exportações industriais pela concorrência dos importados. O país tem obtido superávits com exportações de commodities. A especialização em produtos primários torna mais difícil gerar empregos para atender a expansão demográfica?

É mais ou menos isso. A ideia de transformar o Brasil na fazenda do mundo e a China na fábrica é ridícula. É uma violência enorme contra o Brasil. O desenvolvimento econômico implica transferir tecnologia para setores cada vez mais sofisticados, que geram um valor adicionado *per capita* maior e que pagam salários mais altos, na média. Você também pode se desenvolver elevando o grau de sofisticação tecnológica e de valorização *per capita* no seu próprio setor industrial, mas é implantando em novos setores que se desenvolve mais. Se nós, brasileiros, não neutralizarmos a "doença holandesa", derivada da agropecuária e do ferro, e ficarmos só com esses produtos e o café, vamos crescer muito menos do que os outros países. Muito menos! Quando eu falo em neutralizar, penso num imposto em torno de 25% sobre esses bens, o que já resolveria o problema. Aí as pessoas me dizem: "não se preocupe, porque o *agrobusiness* está cada vez mais sofisticado". É claro que o *agrobusiness* também agrega valor. Mas, veja, são dois argumentos: uma coisa é agregar valor na produção direta de um bem — produzir cana-de-açúcar ou produzir soja —, outra coisa é valor adicionado — óleo de soja em vez de soja e açúcar refinado em vez de cana, que ninguém exporta mesmo. Todas as máquinas necessárias para produzir isso são feitas no Brasil. Ora, se você exporta em bruto e deixa a "doença holandesa" grassar, as máquinas tornam-se antieconômicas e você acaba importando máquinas de fora. Aí, sim, acabou-se. Você fica produzindo soja e ferro. É uma loucura completa! Mas pior ainda é deixar o Brasil virar um grande exportador de petróleo com o pré-sal. Aí, a loucura é total. O governo Lula não reconhece a existência da nossa "doença holandesa", que é pouco grave, sem dúvida, derivada da soja, do café, da cana-de-açúcar e do ferro, uma "doença de 25%", como eu chamo. Há "doenças holandesas" de 90% a 95% sobre o preço de venda. Nos Emirados Árabes, que neutralizaram a sua, o imposto sobre a venda de petróleo é de 98%. Ficar preso à agricultura, só à agricultura e mais nada, sem produção de máquinas, não faz sentido. Você vai acabar importando as máquinas, não vai dar emprego a essa gente que vem aí e o valor *per capita* da exportação vai ser baixo.

O pré-sal abre perspectivas econômicas e tecnológicas, mas também significa mais emissões de carbono e queima de combustível fóssil. Há quem veja ameaças aos avanços conquistados pelo país nas energias renováveis. O senhor teme a perda da vantagem competitiva da nossa matriz renovável?

O problema é o aumento do consumo de petróleo *per capita*. Esperamos que as tecnologias modernas reduzam isso. Agora, em quanto? Voltamos ao mesmo problema: para reduzir o consumo de petróleo precisamos de carros elétricos, ou seja, de tecnologia, de cidades melhor planejadas, de tecnologia urbana etc. Quando as inovações aparecerem, o consumo de petróleo vai começar a diminuir relativamente, mas continuará existindo, porque, enquanto for uma energia barata, será difícil pô--lo para escanteio.

O país precisa de investimentos em educação e infraestrutura para melhorar a competitividade e reduzir o "custo Brasil" agravado por estradas deficientes, portos congestionados, transporte ferroviário precário e falta de energia. O licenciamento ambiental frequentemente demonstra incompreensão da importância desses empreendimentos. Mas os relató-

rios de impacto ambiental apresentados pelas empresas revelam má vontade e desleixo com as externalidades. Como romper esse impasse?

Isso é uma dialética saudável. De um lado brigam porque os ambientalistas estão obstruindo, de outro gritam porque os empresários atropelam. É no processo político que as coisas se resolvem. A ideia de que há um ponto ótimo em que todo mundo chega a um acordo é fantasia. Claro que quando você faz uma lei ajuda, porque ela estabelece as regras do jogo e limita os conflitos. Não posso dizer se as nossas leis são boas ou não. Parecem razoáveis, talvez um pouco ambiciosas demais. Uma coisa que vejo com desagradado nesse processo são os representantes dos empresários, especialmente os do setor agropecuário, falarem o tempo todo em nome do interesse nacional, o que é um evidente exagero. Que defendam claramente os seus interesses, negociando ali, cedendo aqui ou não cedendo. É mais razoável do que tentar falar em nome do interesse nacional.

Economistas da Universidade de Princeton sugerem a existência de uma "curva ambiental de Kuznets" em que a poluição e os impactos ambientais cresceriam durante os estágios iniciais do desenvolvimento, mas, a partir da obtenção de certo nível de renda, estabilizariam e entrariam em declínio, junto com a intensificação da racionalidade ambiental. O senhor acha que, para "fazer o bolo crescer", é inevitável gerar impacto ambiental?

Estamos, aqui, conversando o tempo todo sobre essa curva. Historicamente, o que aconteceu foi que houve um gasto de energia muito grande no processo inicial de industrialização. A partir dos anos 1970 começou a surgir a preocupação ambiental e, aos poucos, os países mais desenvolvidos, especialmente os europeus, conseguiram diminuir a curva e agora ela está baixando. Vai baixar mais. A curva é boa para explicar a dinâmica de um país rico. Mas há uma diferença: agora nós podemos usar as tecnologias que não estavam disponíveis para a Inglaterra na época da sua industrialização. Isso é uma vantagem para nós. As tecnologias de hoje são muito menos poluentes do que eram.

Então o Brasil estaria se aproximando da racionalidade ambiental?

Acho que sim. Pelo menos no governo Fernando Henrique isso estava muito claro. No governo Lula também está claro. Eles estão cumprindo essa agenda. Afinal, somos uma democracia porque evoluímos com as cobranças da sociedade.

Em 1972, quando eu tinha vinte anos, 1% da Floresta Amazônica havia sido desmatada. Em 2009, 18% da floresta já se foi. Pela lógica dos impactos do desenvolvimento da "curva ambiental de Kuznets", esse destino seria inevitável?

Não, não. Eu acho evitável. Outra vez: a Europa e boa parte dos Estados Unidos, a França, a Alemanha e a Inglaterra eram florestas. Acabaram com tudo. Mas não precisamos acabar com tudo. Nós acabamos com a nossa Mata Atlântica aqui em São Paulo, mas agora é diferente. Quer dizer, existe uma consciência dos brasileiros de quererem preservar a Floresta Amazônica. Podemos nos desenvolver sem pôr tudo abaixo e converter a floresta em pasto ou plantação de soja.

O Brasil poderia criar uma "economia da floresta em pé"?

Já ouvi falar muitas vezes em "floresta em pé", "floresta sustentável" e "exploração madeireira sustentável", que é quando a empresa tira a madeira respeitando a regeneração natural da floresta. Já existem tentativas para aproveitar as biotecnologias e os serviços ambientais. Mas para tudo isso você precisa de muita regulação, regulação verificada, portanto precisa que o Estado seja o instrumento dessa política. Nós temos esse Estado. O Estado brasileiro, comparado a outros países do mundo do mesmo nível de desempenho econômico, é melhor que quase todos eles. Não adianta querer imaginar que seja possível resolver esses problemas estratégicos sem Estado. Ele é o instrumento de ação coletiva da sociedade.

Para que uma mudança de paradigma se concretize, muitos afirmam que os produtos e serviços deveriam ser precificados pelo "custo total", embutindo no preço o custo das externalidades e dos impactos socioambientais. O problema é que, além de isso ser complicado, a precificação e a sustentabilidade custam mais caro.

A sustentabilidade custa mais caro, mas não é este o ponto. Há dois problemas para se embutir os custos das externalidades nos preços. Uma coisa é eu, pesquisador, fazer uma pesquisa para montar cálculos desse tipo. Não para fazer contabilidade, mas para fazer cálculos. Quando você vai calcular o custo do produto, tem de ver quanto custou mesmo. Se tenho um produto que tem uma externalidade negativa muito alta, o que faço? Ponho imposto em cima. Quando baixo o imposto, a externalidade vira imposto e aumenta o custo do produto. Assim, aproximo o custo real, ou seja, o custo econômico mais o ambiental, do custo contábil. Esta

262   O que os economistas pensam sobre sustentabilidade

proposta é viável, até certo ponto, por meio da imposição de impostos sobre os produtores que geram mais poluentes.

Na medida em que a ideia de sustentabilidade se difunde, aumenta o interesse pelo conceito de ecoeficiência. O que o senhor acha?

Ecoefiência é tudo o que falamos aqui sobre tecnologia. Hoje está claríssimo, como não estava há cinquenta ou cem anos, que o desenvolvimento econômico e tecnológico é em grande parte um desenvolvimento que economiza energia e emite menos gases poluentes. Isso está muito claro para todo mundo. Já há impostos sendo criados e incentivos, como os créditos de carbono, que são uma solução útil, porém insuficiente. Isso já está acontecendo, aos poucos.

A agenda do presidente Obama pressupõe a retomada do crescimento econômico numa economia de baixa emissão de carbono. Isso significa uma nova fronteira científica e tecnológica e um novo tipo de infraestrutura econômica, como transportes elétricos, por exemplo. Como o Brasil pode se inserir nesse novo paradigma?

O Brasil já está inserido. Já estamos num mundo diferente. Não só o Brasil mas a maioria dos países está procurando soluções. Já surgiram políticas tratando da economia de energia e da diminuição das emissões de gases. Isso já está na agenda do governo, das empresas e da sociedade. Sabemos que é insuficiente por enquanto, mas o jogo está sendo jogado.

Há sinais de que o Congresso dos Estados Unidos está determinado a adotar tarifas de equalização de emissão de carbono contra Índia, China e Brasil se estes não adotarem metas de redução de emissões. O senhor acha que o aquecimento global pode se transformar em barreira comercial?

Pode. Mas, se os Estados Unidos adotarem, será tal escândalo que não vai se sustentar. Eles vão se isolar do resto do mundo. Não é viável. Volto a dizer: o importante é a emissão de gases de efeito estufa *per capita*. Isso é o que importa. A negociação dos acordos mostrará que os Estados Unidos emitem muito mais gases *per capita* do que é razoável. Não podemos cobrar que resolvam isso amanhã, mas teremos um número como parâmetro fundamental. Qual a quantidade de emissão de gás *per capita* total, viável, para um mundo com população estabilizada em 2030 ou 2040?

As ferramentas de análise econômica evoluem em velocidade compatível com a crise global? O presidente Sarkozy patrocinou uma revisão do conceito de Produto Interno Bruto. A preocupação excessiva do PIB com a métrica teria contribuído para desencadear a crise financeira de 2008, na medida em que desprezou os índices de endividamento das famílias e das empresas norte-americanas. Existe um "fetichismo do PIB"?

Sem dúvida existe um problema com o PIB, mas o mais lamentável é que, até agora, não se arranjou um substituto. O Índice de Desenvolvimento Humano (IDH) foi um grande avanço, mas o IDH só é comparativo, não permite registrar crescimento e uma série de coisas. Não mede o progresso direito. Seria preciso desenvolver um índice simples como o IDH, mas que pudesse competir com o PIB. Atualmente, os economistas usam o IDH e também usam o PIB.

Ricardo Abramovay

"O discurso ambientalista continuará precário enquanto não desenvolver uma compreensão mais refinada sobre o que é o mercado."

Ricardo Abramovay nasceu em São Paulo, em 1953. Formou-se em Filosofia na Universidade de Paris X, em Nanterre, fez mestrado em Ciência Política na Universidade de São Paulo, doutorado em Sociologia na Universidade Estadual de Campinas e pós-doutorado na École des Hautes Études en Sciences Sociales, na Université de Versailles Saint-Quentin-en--Yvelines, no Centre de Coopération Internationale en Recherche Agronomique pour le Développement e na Fondation Nationale des Sciences Politiques, em Paris. É professor titular do Departamento de Economia da Faculdade de Economia, Administração e Contabilidade (FEA-USP), coordenador do Núcleo de Economia Socioambiental da mesma instituição, diretor do Projeto Temático FAPESP sobre impactos socioeconômicos das mudanças climáticas e pesquisador do CNPq. É membro do Conselho Científico da Maison des Sciences de l'Homme de Montpellier. Publicou dezenas de artigos e oito livros, entre os quais *Paradigmas do capitalismo agrário em questão*.

Você é um pesquisador engajado na discussão sobre sustentabilidade. O Brasil tem um registro incomum de muito crescimento econômico, pouco desenvolvimento social e vasto impacto ambiental. Nossos economistas parecem nutrir indiferença pelas questões ambientais, tanto quanto os ambientalistas aparentam ignorar a Economia. O que mais contribui para esse modelo?

Uma das razões está na própria formação, não só dos economistas, mas do conjunto dos cientistas sociais, e não só no Brasil. As ciências sociais, desde que se organizam a partir do século XVIII, com a filosofia política, por um lado, e com a economia de Adam Smith, por outro, dão as costas para a natureza, emancipam-se da natureza. A característica central das ciências sociais é falar sobre a sociedade sem que os fatos da natureza tenham qualquer importância. Na Economia, isso é absolutamente óbvio no ensinamento que o estudante recebe logo nas primeiras semanas de aula, expresso no chamado "fluxo circular do produto e da renda". Aí ele aprende que existem duas categorias básicas para pensar o mundo da reprodução material da sociedade: os domicílios e as empresas. A renda flui dos domicílios para as empresas e das empresas para os domicílios e estamos conversados. Mas não é só na economia que isso acontece. Em outras ciências sociais — talvez com exceção da antropologia cultural, que foi obrigada a se debruçar sobre essa questão por estudar sociedades tradicionais e indígenas —, o social explica o social. Ou seja, o social é uma unidade autossuficiente de explicação, como na sociologia de Durkheim ou de Max Weber. Há uma passagem genial no finalzinho da *Ética protestante*, que fala sobre o que vai acontecer com o mundo quando se esgotar a última gota de petróleo e a última tonelada de carvão, mas é episódica. Mesmo em Marx, cuja obra nasce de uma reflexão sobre a relação entre a sociedade e a natureza, o limite do capital é o próprio capital. Na economia neoclássica, então, não há limite algum. Quando a questão dos limites naturais começou a ser colocada, a partir do relatório Meadows, do Clube de Roma, em 1970, não foram poucos os economistas que se dedicaram a mostrar que o crescimento econômico podia ser infinitamente preservado. Por quê? Porque a capacidade humana de encontrar soluções para problemas difíceis é tão surpreendente que os limites naturais sempre acabam encontrando uma solução de superação. Como os exemplos disso são eloquentes, historicamente, a teoria passa a soar como verossímil. O que é a macroeconomia? A macroeconomia é a capacidade que os economistas têm de compreender os fatores que determinam o crescimento econômico. Esses fatores são exclusivamente referentes à forma de organizar a sociedade e os limites são limites sempre tecnológicos.

Há pouco você mostrava as 806 páginas do livro do Mankiw, Introdução à economia,[49] *adotado pelas principais faculdades de Economia do*

---

[49] Gregory Mankiw, *Introdução à economia: princípios de micro e macroeconomia*, Rio de Janeiro, Campus, 1999.

mundo. No glossário não há verbete para "Sustentabilidade". Na letra "S" os verbetes pulam de "Swiss Air" para "Superávit orçamentário". É sintomático. Chega a ser engraçado.

A relação que os economistas mantêm com o meio ambiente e com o desenvolvimento sustentável está expressa nesse livro do Mankiw, adotado no mundo todo. O índice não contempla verbetes nem para "Sustentabilidade" nem para "Biodiversidade", ou seja, são não-questões para economistas. Meio ambiente tem uma entrada: "Meio ambiente e recursos comuns". O tema que os economistas discutem quando pensam em meio ambiente é como gerir recursos que não são propriedade privada, ou seja, os bens comuns. Já o verbete "Crescimento econômico" tem uma, duas, três, quatro, cinco entradas e depois tem: "Crescimento econômico e Banco Mundial", "Crescimento econômico e controle da população", "Crescimento econômico e direito de propriedade", "Crescimento econômico e estabilidade política", "Crescimento econômico e educação", "Crescimento econômico na África", "Crescimento econômico, pesquisa e desenvolvimento", "Crescimento econômico, poupança e investimento", "Crescimento econômico e produtividade" etc., ou seja, é como se nenhum desses temas — África, produtividade etc. — tivesse qualquer relação com a maneira pela qual a sociedade se relaciona com a natureza. É como se o homem não tivesse comércio com a natureza.

O Brasil é um país com uma singularidade ambiental expressa no clima, no sol, nas florestas, nos rios, na biodiversidade. Somos uma das mais duradouras molduras do naturalismo no mundo. Nosso desenvolvimento não deveria ter cultivado zelo pelo meio ambiente? Por que a formação social avança com desprezo pelo que a cultura afirma prezar?

O Roberto DaMatta diz que a sociedade americana sempre teve uma relação de reverência com a natureza. Parece um pouco exagerado, porque a devastação que ocorreu lá foi fantasticamente grande. Mas, na visão dele, no Brasil ocorre o contrário. Na nossa formação histórica, latifundiária e escravista, e na maneira como nos integramos ao mercado mundial, a relação com a natureza é de caráter patrimonialista. Um dos determinantes para responder à sua pergunta está expresso na música *Bancarrota Blues*, do Chico Buarque, que fala de uma fazenda, um casarão, uma imensa varanda, vários tipos de peixes e palmeiras, "mas, se você pagar, eu vendo". A característica fundamental da sociedade brasileira é a de não ser uma sociedade em que a apropriação da natureza

Ricardo Abramovay

passe pela valorização do trabalho e do conhecimento. Somos uma sociedade em que a apropriação da natureza passa pelo poder patrimonialista, pelo poder de competir em mercados não a partir de criatividade e de inteligência, mas do usufruto imediato visando ganhos. Esse modelo de apropriação da natureza é poderoso até hoje na nossa sociedade.

"Colher a fruta sem plantar a árvore", dizia Sérgio Buarque de Holanda.

Essa é a ideia. A apropriação do mundo e a criação de riqueza passa pelo poder familiar sobre a propriedade. Acabamos ficando com uma herança histórica que representa, de alguma forma, o pior de dois mundos: o mundo do patrimonialismo, com esse tipo de relação com a natureza, e o mundo da modernização e do crescimento acelerado, sem limites. Quando você junta os dois, o resultado é uma exploração tanto do mundo natural como da mão de obra, em que a noção de limite está afastada. Isso é característico do crescimento econômico brasileiro e da modernização dos anos 1970, e marca o padrão de ocupação da Amazônia contra o qual é tão difícil de se insurgir. Por quê? Porque se formaram instituições e mentalidades. Para as populações e as elites locais, é muito difícil conceber a ideia de que a Amazônia deveria se dedicar à preservação e, no máximo, à exploração sustentável da biodiversidade. Quando você avança um argumento desses, imediatamente ouve: "há 25 milhões de pessoas morando lá". Só que esses 25 milhões de pessoas não moram no interior da biodiversidade, porque, quando você a destrói para criar riqueza, você não beneficia esses 25 milhões de indivíduos. O tipo de criação de riqueza que se produz com a destruição da biodiversidade é efêmero e com baixa criação de emprego.

Patrimonialista ou não, as economias estão diante do desafio de baixar as emissões de carbono. Você acha que isso implica numa mudança de paradigma no pensamento econômico ou é só mais uma crise?

Acho que implica numa mudança paradigmática, se por paradigma entendermos mudanças de comportamentos, de mentalidades e de atitudes. O que é que não muda? Não muda o fato de que a economia continuará sendo uma economia privada, de que os agentes privados continuarão se voltando à obtenção de lucro e de que haverá processos competitivos. Não muda a economia capitalista. Mas o que está em jogo, hoje, em torno de uma questão de sobrevivência da espécie humana, não apenas da sobrevivência do sistema capitalista, mas da democracia e da civilização contemporânea, é a capacidade das economias descentralizadas de responder ao desafio da sustentabilidade. O nível de depressão, de destruição da biodiversidade, a ameaça representada pelo efeito estufa, os problemas apresentados pela escassez de água, sem falar da poluição atmosférica, tudo isso chegou a um ponto em que existe uma vasta e bem-informada literatura em torno da questão central, que é: uma economia apoiada em agentes tomadores de decisão a partir de seus interesses próprios, isto é, uma economia capitalista, pode ser um vetor de construção da sustentabilidade? Autores como Jonathan Porritt[50] e James Gustave Speth[51] estudam esse tema a fundo. Hoje, você tem uma massa de dados e uma reflexão crítica cujo eixo não é como vamos superar ou extinguir a sociedade capitalista por meio de revolução ou da reforma, mas sim como, no interior desse conjunto, é possível formular objetivos voltados para o social, como o desenvolvimento sustentável. A preservação da propriedade privada dos grandes meios de produção e troca, a preservação de regimes democráticos, a preservação do mercado como mecanismo de incentivo e de inovação, a concorrência e a propriedade privada, esses princípios podem sofrer mudanças, mas não está no horizonte de nenhuma força política expressiva acabar com eles. Essa não é uma questão trivial. Num regime de economia centralmente planificada, num regime teocrático tradicional ou numa sociedade indígena, a existência de objetivos sociais explícitos é constitutiva desse tipo de sociedade. Em economias centralizadas ou em sociedades teocráticas ou tribais, os objetivos sociais são explícitos e partilhados pelos membros da sociedade. Mas, numa economia descentralizada, numa economia de mercado, o sistema econômico não tem qualquer objetivo a não ser sua própria reprodução. Assim, a grande revolução paradigmática seria...

... dar um "sentido" à economia.

Exatamente. Esta é a quadratura do círculo no âmbito da economia descentralizada baseada em proprietários privados. Se o sistema não for

---

[50] Jonathan Porritt, *Capitalism: As If the World Matters*, Londres, Earthscan Publications, 2007.

[51] James Gustave Speth, *The Bridge at the Edge of the World: Capitalism, the Environment, and Crossing from Crisis to Sustainability*, Londres, Yale University Press, 2008.

capaz de elaborar objetivos sociais além do que cada agente individual quer, o resultado será absolutamente catastrófico — aliás, é catastrófico. Então, aí sim, você tem uma mudança de paradigma que vai além da mudança energética, da substituição do petróleo pelas fontes não fósseis. Esta é uma mudança importante, porque, de certa forma, recupera os grandes objetivos humanistas e do movimento socialista. Sociedade para quê? Riqueza para quê? Trata-se de pensar o sentido da riqueza.

Mas a sustentabilidade não pode ser uma representação, uma ideologia? De certa forma como foi a reengenharia, uma nova onda empresarial?

Claro, ela pode ser isso. Nesse sentido, ela seria totalmente compatível com os requisitos de uma economia descentralizada porque responderia à tendência natural, resultante dos processos competitivos, de aumentar a eficiência de cada agente individual, tal como essa eficiência se manifesta nos preços. Isso seria totalmente verdadeiro se não houvesse dois limites fundamentais que colocam questões inéditas para o capitalismo contemporâneo: o primeiro é a questão social, e o segundo, a relação entre a sociedade e a natureza. A capacidade das inovações tecnológicas e dos processos competitivos de enfrentarem esses dois problemas — a luta contra a miséria e a compatibilização da satisfação das necessidades com a resiliência dos ecossistemas — é uma questão crucial. A primeira você pode dizer que não é nova, porque desde, no mínimo, o *New Deal*, nos Estados Unidos, a legislação social protetora do *Welfare State* vem se desenvolvendo, e faz parte do capitalismo contemporâneo. Mas se a gente levar em conta que temos um horizonte de 2,5 bilhões de pessoas a mais até 2050, e que as necessidades de consumo não só crescem como vêm sendo de alguma forma satisfeitas pela ampliação da baixa classe média mundial, o tema de compatibilizar a satisfação das necessidades com os limites dos ecossistemas é candente e inédito. É candente para as empresas, para as empresas de seguro e para o planejamento. Há duas vertentes: uma diz "o mercado vai enfrentar esse desafio com a ajuda do Estado por meio de inovações tecnológicas", e a outra afirma "o mercado será incapaz de enfrentá-lo", mas não propõe uma economia centralmente planificada para fazê-lo — e nisso talvez esteja a sua fragilidade. Ninguém sabe direito como resolver esse desafio. A questão do século XX, a discussão entre economia centralmente planificada *versus* economia de mercado, de certa forma foi abolida pelo insucesso da planificação central e pela crise dos Estados ditos socialistas. Trata-se, agora, de saber, no âmbito da economia de mercado, o que é possível fazer para que o desenvolvimento sustentável seja alcançável. Eu acho que dá para fazer muita coisa.

Sobre a resiliência dos ecossistemas, economistas da Universidade de Princeton sugerem a existência de uma "curva ambiental de Kuznets", segundo a qual os impactos cresceriam durante os estágios iniciais do desenvolvimento, mas, a partir de certo nível de renda, estabilizariam e entrariam em declínio, junto com a intensificação da racionalidade ambiental. Você acha que, para fazer o bolo crescer, é inevitável gerar impacto ambiental?

Em primeiro lugar, se a "curva ambiental de Kuznets" fosse verdadeira, o impacto ambiental das economias mais desenvolvidas seria decrescente, e ele não é decrescente, é crescente. No fundo, o que essa tese pretende é que existiria um descasamento entre o crescimento econômico e o uso dos recursos. Em princípio, para uma economia de mercado isso poderia ser verdade, porque, como o capitalismo é competitivo, ele é induzido pelas próprias necessidades da concorrência a produzir cada vez mais com menos recursos, usando menos material e menos energia. A ideia de que o capitalismo é essencialmente um regime de desperdício não é totalmente verdadeira, porque cada agente capitalista individual faz o possível para otimizar a sua produção. Só que, ao mesmo tempo, o que acontece como resultado dessas ações individuais? Há um efeito não antecipado: como as coisas vão se tornando mais baratas e, como isso contribui para o crescimento dos mercados, o consumo aumenta. Resultado: mesmo que haja descasamento por unidade de produto, há aumento dos impactos ambientais agregados porque a produção aumenta. Portanto, trata-se de uma hipótese teórica que não vem sendo confirmada pelos dados empíricos.

Nos últimos quarenta anos, 18% da Floresta Amazônica foi destruída. Pela lógica dos impactos do desenvolvimento da "curva ambiental de Kuznets", esse destino seria inevitável.

Pois é. O mínimo que se pode dizer com relação a isso é que destruir a Floresta Amazônica não é a expressão mais acabada do que representa o capitalismo em termos de inovação, de modernização e de competitividade. Ao contrário, a destruição da Floresta Amazônica é uma excrescência, um atraso, uma herança do patrimonialismo, um protocapitalismo.

Ricardo Abramovay

Há trinta anos se fala do desenvolvimento de uma "economia da floresta em pé", mas, na prática, avançou-se pouco. O extrativismo não retém o êxodo rural. O manejo sustentável das florestas nativas não avança. O marco regulatório de acesso aos recursos genéticos e conhecimentos tradicionais desestimula a pesquisa científica e as empresas. A primeira opção econômica na Amazônia continua a ser converter floresta em capim. É possível criar uma economia da floresta em pé no Brasil?

Seria, desde que houvesse uma mudança no tipo de coalizão empresarial que domina a Amazônia. Quando isso começa timidamente a mudar, a coalizão dominante insiste em encarar os recursos existentes como voltados fundamentalmente para a agropecuária. Pegue os grandes frigoríficos. Quando você vai discutir, eles defendem a ideia de que a Amazônia tem um potencial de pastagens altamente nutritivas, capazes de oferecer ao Brasil e ao mundo um gado sustentável, não baseado em confinamento. E, ao mesmo tempo, dizem "precisamos preservar a biodiversidade". Quando você argumenta "então vocês não podem comprar carne de áreas degradadas", respondem: "a gente não compra, desde que o governo nos diga quais são essas áreas". Isso mostra que predomina a concepção de que é legítimo ganhar dinheiro com a destruição da floresta. Essa mudança de mentalidade dos agentes econômicos a respeito dos recursos e a utilidade social do que fazem começam a se modificar, mas a força da tradição predatória é muito grande. Essa é a dificuldade, a meu ver, de levar adiante o projeto de desenvolvimento que a Academia Brasileira de Ciências preconiza, de desenvolver a pesquisa voltada para o aproveitamento da biodiversidade na Amazônia com finalidades industriais, de colocar a Amazônia a serviço da biomimética,[52] que é a fase mais avançada da revolução industrial contemporânea. Em princípio o potencial é extraordinário. O que não há são atores sociais com força suficiente para levar esse potencial adiante. Sobram atores sociais cujas práticas e visão de mundo vão num sentido totalmente oposto à exploração sustentável.

Você acha que a precificação pelo custo total, embutindo no preço o custo das externalidades e dos impactos socioambientais, induziria à

---

[52] A biomimética visa estudar a natureza e utilizar esse conhecimento em diferentes domínios da ciência. Um exemplo é o velcro, desenvolvido pelo engenheiro George de Mestral a partir da observação de sementes de grama dotadas de espinhos e ganchos que se prendiam nos pelos de seu cão.

mudança de paradigma que se espera? Não significa aumento de custo para empresas e consumidores?

Não necessariamente, não sempre. No começo, possivelmente sim, mas, a partir do momento em que as inovações tecnológicas embutidas na ideia de sustentabilidade se materializarem, a curva de aprendizagem tende a ser decrescente. O exemplo disso é o Pró-Álcool. O Pró-Álcool era um programa totalmente subsidiado, e houve uma curva de aprendizagem que o tornou competitivo. A mesma curva de competitividade está se exprimindo nas energias eólica e solar. A discussão aí não é, a meu ver, se a precificação é necessária; a discussão é se a precificação é suficiente. Eu acho que a precificação é necessária, mas não suficiente.

Por quê?

Porque não existem mercados capazes de emitir sinais com relação aos custos reais dos produtos. Para criá-los será necessário um conjunto de artifícios por meio dos quais serão imputados preços aos produtos, que passarão por concepções de justiça, discussões sobre o que é justo, o que não é justo e qual é o custo ambiental de alguma coisa. A tradução do custo ambiental em preço não é automática. Passa por uma filtragem, por uma espécie de digestão do fenômeno natural em direção ao fenômeno preço, e esse processo não é automático. Esse processo vai ter de ser feito por alguém, por instituições, que terão concepções de justiça determinadas e que são socialmente dadas. Portanto, vai ter uma grande briga política aí.

O licenciamento ambiental frequentemente demonstra incompreensão da importância dos investimentos em infraestrutura. Mas os relatórios de impacto ambiental apresentados pelas empresas também revelam má vontade e desleixo com suas externalidades. Você acha que a autoridade ambiental é imatura? Como avançar nesse impasse?

A autoridade ambiental é imatura, de um lado, e, de outro, a coalizão empresarial indutora desses investimentos trata a questão da sustentabilidade de forma quase que inteiramente cosmética. O documento da Federação das Indústrias de São Paulo (FIESP) divulgado antes da COP--15, em Copenhague, diz que a questão do aquecimento global é importante, que é necessário fazer alguma coisa, que o Brasil está muito avançado nesse sentido e que já fez o que tinha de ser feito, que é o Pró-Álcool e a energia hidrelétrica. Os países ricos é que são atrasados, eles é que têm de nos imitar. Como? Importando álcool! Esse tipo de sinalização empresarial não é irrelevante, ainda que entidades sindicais, de trabalhadores e de patrões, frequentemente sejam burocráticas e pouco representativas. Por mais que se questione a representatividade da FIESP, ela é uma instituição importante. Quando uma instituição dessas, no momento em que estamos vivendo, em vez de sinalizar para o empresariado que precisamos rumar globalmente para uma economia de baixo carbono, diz que a nossa lição de casa está feita, o que eles estão dizendo é *"business as usual* é lucrativo e vamos continuar assim". Isso atende aos setores ligados à infraestrutura, que são os que justamente deveriam ter uma pauta de sustentabilidade do começo ao fim. A pauta deles é puramente formal.

A diretoria do Ibama responsável pelo licenciamento das hidrelétricas de Juruá e Santo Antonio, no rio Madeira, pediu demissão, em 2007, por causa das pressões políticas. Em 2009, os responsáveis pelo licenciamento da hidrelétrica de Belo Monte, no rio Xingu, também pediram demissão. O que isso indica?

Indica duas coisas. Primeiro, que a viabilidade ambiental de construção de hidrelétricas na Amazônia pode ser seriamente questionada, porque as áreas de inundação são imensas e os impactos na população são grandes. Por outro lado, a estrutura estatal de fiscalização e de interação com os agentes privados e com a sociedade civil para levar esses projetos adiante é extremamente precária. Ou seja, o Estado brasileiro está muito mais equipado para promover obras de infraestrutura voltadas ao crescimento econômico do que para promover o desenvolvimento sustentável.

É possível desenvolver conservando? O desenvolvimento sustentável não será uma contradição em termos?

Acho que "crescimento sustentável" é uma contradição bem mais nítida. Aí sim, como é possível fazer a economia crescer conservando? A economia ecológica tem uma resposta importante: você pode promover o crescimento não apoiado na maximização do produto, mas na maximização da qualidade. É certo que algum grau de degradação vai haver. Mas a questão fica mal colocada se, por "crescimento sustentável", se entender a integridade intocável dos ecossistemas, de um lado, e a satisfação de necessidades materiais, de outro. Mas se você pensar em resiliência dos ecossistemas, isto é, a preservação da capacidade dos ecossistemas de oferecerem os serviços básicos identificados, por exemplo, na Avaliação do Milênio das Nações Unidas, não se trata de manter a natureza intocada e intocável. Trata-se de preservar os serviços básicos oferecidos pelos ecossistemas e compatibilizá-los com o crescimento. A hipótese que cada vez mais economistas formulam é que a qualidade no crescimento econômico é compatível com a resiliência dos ecossistemas, e que as oportunidades daí decorrentes são impressionantes, como fronteira tecnológica. Agora, a expressão "desenvolvimento sustentável" significa outra coisa. Porque, na ideia de desenvolvimento, tal como ela foi desenvolvida a partir da obra de Amartya Sen e traduzida nos relatórios das Nações Unidas, o central é a expansão permanente das liberdades humanas. Essa, sim, é uma mudança rigorosamente paradigmática. A riqueza deixa de ser um fim e passa a ser um meio. A característica-chave da economia capitalista é que a riqueza é um fim por si só. Na visão do Amartya Sen, ao contrário, a riqueza é um meio para permitir, ou não, aos indivíduos realizarem a finalidade última da expansão das suas liberdades. O Amartya Sen tem um texto muito bonito chamado "Por que devemos preservar a coruja-pintada",[53] em que ele discute com os adeptos da "curva de Kuznets" para mostrar como a preservação da natureza pode ser uma finalidade em si para as sociedades humanas.

A sociedade pode abdicar da ideia de crescimento econômico?
Acho que sim. O fato de você ter uma quantidade grande de economistas detentores de prêmios Nobel discutindo essa questão mostra que o tema deixou de ser monopólio de radicaloides, como há dez anos. Antes, era tema folclórico. O que eu acho importante na ideia do Herman Daly é que o não crescimento econômico não é sinônimo de estagnação, nem de renúncia à inovação, nem de renúncia à iniciativa de empresários privados. Embora não fique claro quais são os meios para chegar lá, o que ele mostra é que é preciso investir na mudança da qualidade do *throughput*, quer dizer, na qualidade total da oferta de bens e serviços. Em vez de você ter uma medida abstrata da prosperidade que é a soma de tudo o que se produziu de novo, independentemente da qualidade da produção, a qualidade do crescimento é a capacidade de produzir de maneira cada vez melhor, ou seja, com menos energia e materiais, o que a sociedade precisa. Uma questão difícil é: como definir essas necessidades? Ho-

[53] Amartya Sen, "Por que é necessário preservar a coruja-pintada", *Folha de S. Paulo*, Caderno "Mais", 24/3/2004.

je, elas são definidas no mercado e parte-se do princípio de que são infinitas. Ora, as necessidades não podem ser infinitas. Mas ninguém sabe qual é o processo pelo qual a humanidade vai passar da idade em que julga as necessidades como infinitas para aquela em que percebe que não podem ser infinitas. Sabe o monge Zossima, do final da segunda parte de *Os irmãos Karamázov*, do Dostoiévski, quando ele fala sobre a riqueza? Na visão tradicionalista, o controle social sobre o aumento da riqueza é dado por vínculos tradicionais. O capitalismo se emancipa do tradicionalismo ao tornar isso infinito. Hoje, precisamos de uma negação da negação, para usar a expressão de Marx, na qual, no âmbito da preservação das liberdades individuais, dos indivíduos emancipados e do mundo leigo e dessacralizado, possamos ter limites que não sejam dados por convicções religiosas, mas por consideração pela espécie humana. Eu não sei que cara isso vai ter.

Por que os alertas para os impactos colaterais dos processos econômicos nos últimos cinquenta anos não foram ouvidos? Não lhe parece que, nas democracias, a conveniência imediata prepondera sobre as ameaças futuras? A sociedade não considera os benefícios do crescimento mais importantes?

Até hoje o meio ambiente nunca ganhou eleição, mas talvez isso esteja começando a mudar. Por quê? Porque sempre apareceu como um discurso setorializado ou abstrato e distante das necessidades cotidianas, coisa de classe média alta. Acho que o catastrofismo e o alarmismo sem dúvida prejudicam o ambientalismo, mas, além disso, há uma ambiguidade da qual nem ele, nem a esquerda, conseguem se livrar. Pelo discurso ambientalista tudo leva a crer que o capitalismo e o mercado são os grandes responsáveis. De fato são, por muitas catástrofes ambientais. No entanto, é simplório derivar daí a conclusão segundo a qual você precisa suprimir o capitalismo e abolir os mercados para enfrentar esses problemas. O discurso ambientalista continuará precário enquanto não desenvolver uma reflexão que permita fazer essa passagem de maneira inteligente, não baseada nessa suposição que foi catastrófica para o século XX. A meu ver, essa passagem implica numa compreensão mais refinada sobre o que é o mercado como forma de alocação de recursos. A intelectualidade contemporânea, a esquerda, os ambientalistas, os pensadores de inspiração liberal temos uma relação com os mercados ou de endeusamento ou de demonização. A Economia neoclássica supõe mercados, mas não estuda mercados. Ela não analisa os mercados concretamente, empiricamente, socialmente. Do outro lado, os que demonizam os mercados padecem do mesmo erro: os tratam como instituições aéticas, amorais, destrutivas da natureza e da integridade humana. O ditado que diz "amigos, amigos, negócios à parte" sugere que, nos mercados, não há fraternidade. Isso vem da mais nobre tradição das ciências sociais, de Marx e de Max Weber. Uma corrente do pensamento social contemporâneo, a Nova Sociologia Econômica, tem feito um esforço grande para estudar os mercados do ponto de vista sociológico, não como ficção científica dos "pontos de equilíbrio entre oferta e procura" dos manuais de Economia, mas como estruturas sociais e construções humanas submetidas a pressões e participações variadas. Quando a gente encara desse ângulo, passa a entender fenômenos como a tendência dos movimentos sociais contemporâneos se dirigirem cada vez mais diretamente às empresas privadas, aos grandes grupos, às grandes corporações, muito mais do que aos Estados e às organizações multilaterais, que eram os principais alvos nos anos 1980 e 1990. A partir do ano 2000, aumentam os episódios como a pressão sobre a Nike pelo trabalho infantil. O movimento social focado na responsabilização das empresas está crescendo.

A percepção dos impactos ambientais vem se acumulando e seus efeitos se tornando explícitos e transparentes.

E nas democracias desenvolvidas os benefícios do crescimento já não contam tanto. Se você pegar um jovem na França ou na Espanha, o cara não quer um trabalho de oito horas por dia, bonitinho, com carreira etc. Na Europa e nos Estados Unidos, parte importante da sociedade não almeja trabalho convencional voltado para a aquisição de riqueza. Há mais do que uma tomada de consciência. As pressões da sociedade em relação aos impactos das atividades econômicas e à biodiversidade serão cada vez mais importantes no próprio funcionamento dos mercados. Por exemplo, o Forest Stewardship Council (FSC), que fazia avaliação de impacto sobre florestas, hoje avalia cadeias produtivas inteiras e agora está começando a avaliar os impactos sociais da implantação de grandes empresas em uma região da Indonésia, ou do Brasil, onde for. Aquilo que deveria ser uma preocupação do Estado está virando uma preocupação empresarial. Cada vez mais vai se tornar uma preocupação empresarial. Por isso é tão importante que os movimentos sociais entendam como as empresas se organizam. Já há empresas se antecipando à legislação ambiental.

Ricardo Abramovay

Os ambientalistas são contra transgênicos, hidrelétricas e florestas plantadas. O que você acha desses temas?

Sou contra a expressão "florestas plantadas" porque é uma contradição em termos, mas acho absurdo se opor a plantações arbóreas, a menos que alguém me mostre que podemos ter papel barato produzido por microempresas de fundo de quintal. Plantações arbóreas para a produção de papel são perfeitamente legítimas. Com relação aos transgênicos, o raciocínio é semelhante: é claro que os transgênicos podem comprometer a biodiversidade em diversas situações, mas a obtenção de transgênicos voltados à melhoria da qualidade alimentar de populações prejudicadas será um mal? Muitas instituições internacionais não comprometidas com os interesses da Monsanto pensam a mesma coisa. As empresas subestimaram a inteligência do público quando começaram a dizer que os transgênicos acabariam com a fome do mundo. Isso provocou uma indignação na opinião pública europeia, que foi ruim para todos. Com relação às hidrelétricas, depende de onde são feitas: no Sudeste e Sul, onde a possibilidade de construção de novas usinas está praticamente esgotada, elas tiveram uma função social muito útil. Na Amazônia há problemas muito maiores do que no Sudeste e Sul.

O cenário climático é desanimador. Você acha que a inovação tecnológica poderá mudar esse quadro, como mudou o prognóstico de catástrofe econômica antevista por Malthus no século XIX?

Acho que sim. Temos que achar os meios. O que a literatura mais respeitável diz? O livro do Thomas Friedman, *Hot, Flat and Crowded*,[54] mostra a quadratura do círculo: 60 a 70 milhões de pessoas ingressando nas classes médias por ano, com novas aspirações de consumo, e, ao mesmo tempo, ecossistemas com limites. Há um fantástico potencial de pesquisa tecnológica voltado para esse tema. A massa crítica para um processo acelerado de transição tecnológica já existe, ao menos na Grã-Bretanha, Estados Unidos, China, Alemanha, França e Japão. Existe decisão política, com respaldo empresarial forte, de buscar um caminho. Se vamos alcançar, ninguém sabe.

---

[54] Thomas Friedman, *Hot, Flat and Crowded: Why We Need a Green Revolution and How It Can Renew America*, Nova York, Farrar, Straus and Giroux, 2008.

A sustentabilidade é uma poderosa ferramenta de marketing. Há empresas admiráveis e socialmente responsáveis, mas a maioria realiza programas pontuais e o marketing reivindica créditos planetários. Como você vê a onda de "maquiagem verde"?

É real, existe, mas existe também um movimento de aprofundamento dos parâmetros para julgar a relação que a empresa tem com a natureza e com a sociedade. Isso não depende da tecnocracia no interior da empresa ou no governo, mas da mobilização social para que esses parâmetros sejam cada vez mais explícitos, públicos e reais. A grande tendência da responsabilidade socioambiental corporativa é organizar os relatórios em torno da transparência e da verificação independente por entidades competentes. Um parâmetro para julgar se uma empresa está fazendo *greenwashing* ou se é séria, é se ela se expôs ao crivo de organizações independentes que não têm compromisso com os interesses dos acionistas. Esse tipo de instituição está surgindo com força.

O que você acha da ecoeficiência? Há críticos que consideram a ecoeficiência uma panaceia, pois não há empresa que não queira produzir mais e melhor com menos.

Para 85% dos países que não integram o mundo desenvolvido, não é panaceia. As oportunidades de ganho baseadas no contrário da ecoeficiência são imensas, seja na exploração predatória da Amazônia ou na exploração predatória de mão de obra barata. O desafio da ecoeficiência, isto é, da criação de coalizões empresariais voltadas para o uso inteligente dos recursos e para a valorização do trabalho e da inteligência humana, é um desafio para o qual a esmagadora maioria da humanidade está a séculos de distância.

Também há hype *e demagogia no ambientalismo. William McDonough e Michael Braungart, autores de* Cradle to Cradle, *propõem a fabricação de "nutriveículos" cujas emissões seriam positivas: o vapor d'água seria capturado e reusado, o carbono seria vendido à indústria de borracha, o óxido nitroso viraria adubo, os pneus capturariam partículas limpando o ar e todas as partes poderiam ser desmanteladas e reusadas. Isso não lhe parece* over?

Pode ser, mas há duas visões. A visão tecnocrática é que precisamos de geninhos para bolar esse tipo de coisas e resolver os problemas. Outra visão é que essas propostas fazem parte da maneira como o mundo da produção material voltada para a oferta de utilidades vai se organizar. Se esse tipo de coisa for ensinado nas escolas, se os economistas, os sociólogos, os engenheiros e os químicos, começarem a se mobilizar nessa direção, certamente vai haver diferença na hora da concepção dos projetos. É claro que há exagero, porque eles simplesmente negam a lei da entropia. Mas, entre a lei da entropia do Georgescu e o otimismo tecnológico do McDonough, há um espaço grande e um conjunto fantástico de iniciativas potenciais e reais. Mais importante do que saber se eles têm razão ou não, seria introduzir essa visão nas organizações. Se formos capazes de pressionar nessa direção, acho produtivo.

Se em vinte anos tivermos três vezes mais automóveis o planeta estará entupido de congestionamentos de "nutriveículos".
Certamente. Esse é o ponto frágil da argumentação deles. Eles colocam em questão o fato de o nosso consumo estar baseado em desperdício, mas alegam que não serão necessários sacrifícios para mudar os padrões de consumo, graças à ecoeficiência. Essa é uma tese altamente polêmica.

A agenda do presidente Obama pressupõe a retomada do crescimento econômico numa economia de baixa emissão de carbono. Como o Brasil pode se inserir nesse novo paradigma?
O Brasil está atrasadíssimo nesse paradigma. Eu fiz um trabalho agora em que mostrei que o estado de São Paulo, o mais desenvolvido do país, apresenta redução nas emissões por unidade de produto industrial desde 1995. Cada real produzido na indústria do estado de São Paulo está sendo produzido com menos emissão de carbono, e cada real consumido pelas pessoas tem menos emissão de carbono. No entanto, a indústria de São Paulo está consumindo mais energia do que antes, contrariamente ao que acontece na indústria de outros países do mundo. Não sei qual a razão. Vamos precisar abrir a indústria para saber. Mas é nítido que o esforço importante feito com o etanol para descarbonizar a matriz energética nos transportes não está sendo acompanhado por um esforço equivalente nas outras áreas da indústria. O resto continua no *business as usual*. A opção tecnológica feita pelo Brasil no caso do transporte individual nos livrou de várias crises. As hidrelétricas também ajudaram. Mas o carro a álcool, é preciso lembrar, é uma exclusividade brasileira. Isso significa que estamos descolados dos avanços que vêm ocorrendo na indústria automobilística mundial, como carro elétrico e carro a hidrogênio. Apesar dos

esforços conjuntos da indústria automobilística, do governo e do setor empresarial de tentar levar esse padrão produtivo para outros países, não houve sucesso. Nenhum país expressivo adota a tecnologia de motor exclusivamente a álcool. Então, há um risco de descolamento da indústria automobilística brasileira em relação à indústria mundial, que não é irrelevante dado o peso da indústria automobilística no Brasil. Além disso, você tem um problema sério de eficiência. Uma caminhonete SUV (Sport Utility Vehicle), um tanque de guerra de duas toneladas que conduz duas pessoas no trânsito de São Paulo, não é eficiente mesmo movida a álcool. A questão da eficiência e do excessivo incentivo à mobilidade individual nas grandes metrópoles vem sendo encarada com seriedade nos países desenvolvidos, particularmente na Grã-Bretanha e na França. Entre nós, parece que o paraíso continua a ser a posse de um veículo individual.

Você acha que o aquecimento global pode se transformar em barreira comercial?
Acho que essa visão é tacanha e mesquinha, e vem caracterizando uma parte expressiva da diplomacia brasileira. Cada vez que se procura levar adiante o preceito civilizatório de que o comércio não é apenas troca de bens, mas troca de bens a partir de ações conduzidas por civilizações, cada vez que se propõe embutir no comércio aspectos sociais e civilizatórios, parte da diplomacia brasileira se ergue para dizer: "Isso não, isso é protecionismo". Penso o contrário. O Brasil deveria estar na vanguarda do movimento para transformar a Organização Mundial do Comércio, e todas as demais organizações multilaterais, em organizações que tivessem como princípio básico de funcionamento a inclusão de cláusulas referentes à integridade e preservação dos ecossistemas e à melhoria das condições de vida das populações carentes. Precisamos fazer isso de forma cada vez mais aprofundada. Isso é um trunfo que o Brasil tem. Mas, é claro, se adotarmos a atitude da FIESP no documento que mencionei, de dizer que "toda essa questão é para impedir a livre concorrência no mercado mundial", vamos garantir o nosso lugar de país retardatário nobremente conformado em ser um grande exportador de matérias-primas no plano mundial. Acho que este é um tema fundamental no qual a diplomacia brasileira tem sido muito equivocada.

Ricardo Abramovay

Índice onomástico

Abramovay, Ricardo, 149, 265
Aliber, Robert Z., 193
Arendt, Hannah, 46
Arida, Persio, 235
Arnt, Ricardo, 12, 45, 287
Assis, Machado de, 224
Bacha, Edmar Lisboa, 51, 63, 139
Barros, José Roberto Mendonça de, 119
Becker, Berta, 143
Belluzzo, Luiz Gonzaga de Mello, 155
Blair, Tony, 185
Bonaparte, Napoleão, 195
Bonifácio, José, 221
Boulding, Kenneth, 16
Boyle, William, 38
Braungart, Michael, 81, 115, 279
Bresser-Pereira, Luiz Carlos, 175, 251, 258
Brown, Lester, 151
Brundtland, Gro Harlem, 7, 142
Buarque, Chico, 267
Camargo, Pedro, 125
Cardoso, Fernando Henrique, 27, 33, 48, 51, 119, 135, 235, 251-2, 261

Chang, Ha-Joon, 258
Chávez, Hugo, 136
Churchill, Winston, 187
Clark, Gregory, 182
Coase, Ronald, 20, 112
Collor de Mello, Fernando, 175
Comte-Sponville, André, 162, 164
Costa e Silva, Arthur da, 11
Coutinho, Luciano Galvão, 87
Daly, Herman, 22, 139, 275
DaMatta, Roberto, 267
Darwin, Charles, 79
Delfim Netto, Antonio, 11
Diamond, Jared, 141
Dostoiévski, Fiódor, 276
Dubner, Stephen J., 55
Durkheim, Émile, 266
Elias, Norbert, 158
Figueiredo, João Baptista, 11
Franco, Gustavo H. B., 101
Franco, Itamar, 51
Franco, Roberto Messias, 147
Friedman, Thomas, 243, 278

Furtado, Celso, 205
Galeano, Eduardo, 189
Geisel, Ernesto, 11, 157, 190
Georgescu-Roegen, Nicholas, 19-20, 41, 57, 74, 91, 107, 148, 166, 247, 253
Ghosn, Carlos, 47
Giannetti, Eduardo, 65-6
Girardi, Eduardo, 120
Goethe, Johann Wolfgang von, 103
Gray, John N., 36, 42, 44
Grossman, Gene, 27-8, 58
Gudin, Eugênio, 83
Hardin, Garret, 21
Hegel, Georg Wilhelm Friedrich, 167
Hirsch, Fred, 77
Hitler, Adolf, 62
Holanda, Sérgio Buarque de, 268
Jaguaribe, Hélio, 42
Jank, Marcos, 146
Kahn, Herman, 16, 42
Kalecki, Michal, 156
Keynes, John Maynard, 76, 156-7, 160, 217
Kindleberger, Charles P., 193
Klabin, Israel, 42

Krueger, Alan, 27-8, 58
Kubitschek, Juscelino, 177, 180
Kuznets, Simon Smith, 27-8, 39, 58-9, 68, 104-5, 129-30, 143, 167-8, 178-80, 207, 222-3, 245-6, 261-2, 271, 275
Lavoisier, Antoine, 17
Lawson, Nigel, 185-6
Lévi-Strauss, Claude, 58
Levitt, Steven D., 55
Livingstone, Ken, 47
Lula da Silva, Luiz Inácio, 11, 31, 37, 48, 61, 80, 146, 155, 189-90, 195, 197, 199-200, 252, 260-1
Malebranche, Nicolas, 78
Malthus, Thomas, 16, 23, 43-4, 46, 52, 76, 79-80, 89, 104, 108-9, 112, 133, 150, 161, 164, 182, 200, 220, 239, 254, 278
Mankiw, Gregory, 266-7
Marshall, Alfred, 70-1
Marx, Karl, 30, 46, 80, 157, 159-60, 164, 170, 266, 276, 277
Marx, Roberto Burle, 127
McDonough, William, 81, 115, 279-80
McNamara, Robert, 12
Médici, Emilio Garrastazu, 180, 189
Mercadante, Aloizio, 197
Mestral, George de, 272
Minc, Carlos, 59, 146, 149
Montoro, Franco, 135, 251
Natel, Laudo, 11
Nobre, Carlos, 143

Nóbrega, Maílson Ferreira da, 175, 193
North, Douglass, 188
Obama, Barack, 47, 62, 82, 97, 111, 136, 153, 172, 191, 200, 213, 246, 248, 263, 280
Ortega y Gasset, José, 35
Ostrom, Elinor, 192
Pearce, David, 75
Pessoa, Fernando, 224
Petrônio, 78
Phelps, Edmund, 131
Pinto, Carlos Alberto Alves de Carvalho, 11
Porritt, Jonathan, 269
Prancha, Neném, 112
Prebisch, Raúl, 189
Queiroz, Eça de, 224, 226
Quércia, Orestes, 155
Resende, André Pinheiro de Lara, 33
Rodrigues, Nelson, 8
Rodrigues, Roberto, 146
Rosa, Noel, 66
Rousseau, Jean-Jacques, 78, 159
Rousseff, Dilma, 197
Sachs, Ignacy, 255
Samuelson, Paul, 23
Sarkozy, Nicolas, 63, 114, 148, 214, 264
Sarney, José, 33, 51, 155, 175, 235, 251
Schmidheiny, Stephan, 81, 114
Schumpeter, Joseph Alois, 13, 137
Schwartzman, Stephan, 12
Sen, Amartya, 114, 275
Singh, Manmohan, 21
Smith, Adam, 103, 226, 266
Spence, Michael, 139
Speth, James Gustave, 269

Stengers, Isabelle, 162
Stern, Nicholas, 15, 51
Stiglitz, Joseph, 93, 114, 148, 151-2
Thatcher, Margareth, 185
Tobin, James, 198
Tsé-Tung, Mao, 21, 184
Unger, Roberto Mangabeira, 48, 69
Veblen, Thorstein, 169
Veiga, José Eli da, 135, 142, 149
Velloso, João Paulo dos Reis, 180
Vianna, Sérgio Besserman, 215
Victor, Peter A., 138-9
Voltaire, 159
Wallace, Alfred Russel, 79
Weber, Max, 35, 194, 266, 277
Weitzman, Martin L., 54, 237
Wittgenstein, Ludwig, 84
Wolf, Martin, 51, 109, 197, 235,
Zakaria, Fareed, 177
Zappa, Frank, 239

Sobre o organizador

Ricardo Arnt é jornalista desde 1971 e diretor da revista *Planeta*. Foi editor da revista *Exame*, do *Jornal Nacional* da TV Globo, do *Jornal do Brasil*, da *Folha de S. Paulo* e diretor da TV Bandeirantes. Foi sócio da Report Comunicação, gerente de comunicação da Presidência da Natura e ajudou a fundar o Instituto Socioambiental. Recebeu vários prêmios, entre os quais o Prêmio Esso de Jornalismo, o Maria Moors Cabot Award e o Premio Gaia Internazionale. É autor de dez livros, entre eles *O que é política nuclear* (Brasiliense, 1983); *Um artifício orgânico: transição na Amazônia e ambientalismo* (Rocco, 1992); *O destino da floresta* (Relume Dumará, 1994); *Jânio Quadros: o Prometeu de Vila Maria* (Ediouro, 2004) e *As últimas praias* (Terra Virgem, 2006).

ESTE LIVRO FOI COMPOSTO EM SABON
PELA BRACHER & MALTA, COM CTP
E IMPRESSÃO DA EDIÇÕES LOYOLA EM
PAPEL PÓLEN SOFT 80 G/M^2 DA CIA.
SUZANO DE PAPEL E CELULOSE PARA A
EDITORA 34, EM ABRIL DE 2011.